Margarete Baur-Heinhold   *Alte Bauernstuben*

Margarete Baur-Heinhold   *Alte Bauernstuben*

Aufnahmen Helga Schmidt-Glassner

Margarete Baur-Heinhold # Alte Bauernstuben

Dönsen, Küchen, Kammern – Von den Alpen bis zur See

Verlag Callwey München

CIP-Titelaufnahme der Deutschen Bibliothek
Alte Bauernstuben: Dönsen, Küchen, Kammern – von
den Alpen bis zur See / Margarete Baur-Heinhold.
Aufnahmen Helga Schmidt-Glassner. – 4., unveränd.
Aufl. – München: Callwey, 1989
ISBN 3 7667 0930 5
NE: Baur-Heinhold, Margarete (Mitverf.);
Schmidt-Glassner, Helga (Ill.)

4., unveränderte Auflage 1989

© 1979 by Verlag Georg D. W. Callwey, München
Alle Rechte vorbehalten, auch die des auszugsweisen Abdruckes,
der photomechanischen Wiedergabe und der Übersetzung
Schutzumschlagentwurf   Baur + Belli Design, München,
unter Verwendung der Abbildungen 204 und 361
Überzug   Schnitzerei auf der Stubentür aus Wertingen,
Bayerisches Nationalmuseum, München (vgl. S. 38)
Gesamtherstellung   Ludwig Auer GmbH, Donauwörth
Lithos   Brend'amour, Simhart GmbH & Co., München
Printed in Germany
ISBN 3 7667 0930 5

Einleitung

Jahrhundertelang bewahrte die Bauernstube in nahezu allen Landschaften ihr Aussehen, aber nach dem Zweiten Weltkrieg hat sich ihre Funktion und ihre Bedeutung grundlegend geändert. Der Außenstehende mag das bedauern, denn romantische Vorstellungen mußten aufgegeben werden.

Die veränderten Lebensbedingungen prägen sich auch in der Stube, die bisher ein Hort des Familienlebens und der Tradition war, aus. Es gibt wesentlich mehr Bauernhäuser, die sich in ihrer alten Gestalt, in der Haut oder dem Mantel erhalten haben. Einige wurden von den Eigentümern sorgfältig restauriert, bei anderen helfen die Denkmalpflege-Ämter zur Erhaltung, schützen den Bau als denkmalwürdig. Im Inneren aber hört der »Machtbereich« der Denkmalpflege auf.

Ein Buch über Bauernstuben kann nicht allein die Bilder von heimelig trauten Stuben zeigen, die Sehnsucht eines Bewohners einer modernen Stadtwohnung erwecken und glauben machen, daß hier immer der wahre Himmel gewesen sein dürfte. Die reichen, gelegentlich abgebildeten Stuben können Zeugnis vom Leben und der Wohnkultur der großen, wohlsituierten Bauern geben, die ärmeren Stuben sind dagegen heute des Lebens entleert, das sie früher in ebendiesen Formen entstehen ließen und zeigen nichts mehr von der Härte der Bauernarbeit vergangener Jahrhunderte.

Für die Bergbauern des Alpen- und Voralpengebietes mit kargen Böden und hartem Klima, für die Bewohner der mitteldeutschen Gebirgsschwelle mit steinigen Äckern und Wiesen, in der nur die Täler fruchtbar sind und wo in einem milden Klima Obst und Gemüse gedeihen, war Zusatzverdienst immer nötig. Das gleiche gilt für den Norden für die Bauern in den Geestlandschaften.

Nebenverdiensterwerb konnte entweder hausgebunden sein, oder die Männer mußten auswärts Arbeit suchen. Diese Nebenerwerbstätigkeiten, oft in harter Arbeit bis in das schwindende Tageslicht geleistet, konnten zur Heimindustrie werden. Im Alpengebiet, in Südtirol, im Grödnertal, in Oberammergau und Berchtesgaden, im Erzgebirge und in der Rhön entstanden aus dem zur Verfügung stehenden Material die heute wieder so gesuchten Holzerzeugnisse: Menschen, Tiere, Spielzeug, Krippenfiguren und geschnitzte Andachtsbilder. Die ganze Familie war nach des Tages Arbeit, oder die Kinder nach der Schule, mit der Herstellung der Figuren, oder wie im Bayerischen Wald, im Fichtelgebirge, mit der Bemalung von Hinterglasbildern oder von Trinkgläsern beschäftigt. In Oberfranken mußte die Korbmacherei gedeihen, die Weide wuchs an den Rändern der Gewässer, nicht aber das Getreide in hinreichender Menge auf dem steinigen Boden des Jura. Sie alle waren Bauern, Kleinbauern, die sich nur durch Zusatzarbeit erhalten konnten. Heimarbeit für die Frauen war nach der Tagesarbeit das Sticken, Klöppeln, Stricken, Spinnen, Flechten von Strohhüten, Arbeiten, auf die sich meistens eine Talschaft, ein Dorf spezialisieren konnte. Die Beiderwandweberei in der Holsteinischen Geest war dagegen wohl meist von Männern betrieben.

Die zweite Möglichkeit des Zugewinns bestand darin, außerhalb des Wohnortes Verdienst zu suchen. Die Männer wanderten aus, suchten während des Sommers Arbeit in der Fremde, während Frauen und Kinder inzwischen die Landwirtschaft bis in den Herbst hinein allein versorgten. Durch halb Europa zogen die fleißigen Bergbauernsöhne, suchten und fanden Arbeit als Maurer, Stukkateure, Zimmerleute, Schreiner, Holzschnitzer, auf großen Höfen auch als Erntearbeiter, oder sie verdingten sich in einem Bergwerk.

In manchen Gegenden, wie im Engadin, nahmen die Männer fremde Kriegsdienste, vor allem zur Zeit des Söldnerwesens; Kriegsdienste, die vom einfachen Soldaten über den Fähnleinführer bis zum großen, reichgewordenen Condottiere reichten.

An der Nordsee, im Friesland, fuhren die Männer auf Walfang, brachten reiche Beute, Reichtum und Andenken an fremde Länder mit, der bäuerliche Betrieb war nur eben für den eigenen Bedarf eingerichtet.

Nicht nur der karge Boden war Ursache der Armut auf den Höfen, auch die Zersplitterung des Bodenbesitzes durch Erbteilung ließ oft nicht genügend Ertrag, trotz allen aufgewendeten Fleißes, für den Lebensunterhalt.

All das müßte sich der Beschauer vergegenwärtigen, wenn er heute die musealen Stuben in den Freilichtmuseen oder in den großen Museen durchwandert.

Kaum etwas ist von dieser Not in den heute zu besichtigenden Stuben zu sehen. Sie sind nahezu alle museal aufbereitet, bisweilen ist darin zuviel Hausrat aufgeschichtet, in keiner von ihnen aber kann begreiflicherweise die Arbeit jener bescheidenen Kleinbauernstuben gezeigt werden. Nur Webstühle finden sich noch in der Wohnstube.

Die Stube als zentraler Raum

Bis zum Zweiten Weltkrieg und bevor die Industrialisierung auch im häuslichen bäuerlichen Bereich die große Wandlung bewirkte, war die Stube der Mittelpunkt des Hauses, sein »Herzstück«, wie es häufig genannt wird. Hier versammelte sich die Familie zum Essen und zum Gebet. Die Nachbarn kamen zum Gespräch, zum Austausch von Neuigkeiten. Spinnstuben, einst wesentlicher Mittelpunkt häuslicher Geselligkeit, sind verschwunden. Früher haben Frauen und Mädchen bis zur Dunkelheit, bis zum Schlafengehen gearbeitet, sei es am Spinnrad oder auch nur mit dem Strickstrumpf. Der Bauer liegt nicht mehr auf der »Loderbank«, auf der »Gautsche«, dem Gutschibett, neben dem Ofen, die allein dem Hausherrn, allenfalls dem Sohn, zustand, niemals den Frauen, sondern er holt sich wie der Städter in einem möglichst bequemen Sessel vor dem Fernsehgerät sitzend die Welt ins Haus. Zentralheizung wird eingebaut und die hohen Türschwellen verschwinden.

Wenn auch in der neuen »alten« Stube der Kachelofen wieder aufgerichtet wird, um das Bild zu erhalten, wird er nun häufig mit Öl beschickt.

Durch neue landwirtschaftliche Geräte und eine neue Bewirtschaftung des Bodens und des Landes wurde ebenfalls weitgehend das Aussehen von Stuben und Vorratskammern verändert. Rührfaß und Zentrifuge sind als Küchengerät verschwunden, ebenso die großen weiten Milchbehälter in den Vorratskammern, bei denen der Rahm mit breiten Holzmessern, die heute nur noch ein beliebtes Sammelobjekt darstellen, abgerahmt worden war. Auch den Wassertrog in der Küche zum »Stabilisieren« der Butter gibt es nicht mehr, denn die Küche, die in ihrer Bestimmung erhalten blieb, wird umgestaltet. Statt Wirtschafts- und Haushaltgeräte findet ein Sofa Platz, die Küche wird wohnlicher, aus der reinen Arbeitsküche wird die Wohnküche.

Wusch man sich früher am Brunnen vor dem Hause, zumindest wo das Wasser reichlich gegeben war, wie in den quellreichen Gebirgs- oder Mittelgebirgsgegenden, so wurde heute ein Bad oder wenigstens eine Dusche im Haus installiert. In keinem der alten Grundrisse ist ein Abort eingezeichnet. Als Luxus mußte das »Häusl« oder ein Bretterverschlag auf der Tenne angesehen werden. Häufig gab es nur eine Sitzgelegenheit auf der Lauben oder »Labn« über dem Misthaufen oder ein Brett im Stall. Auch diese neuen hygienischen Bedürfnisse änderten die Einteilung der Räume im Hause.

Die Waschmaschine macht die »große Wäsche« hinfällig, Mägde werden dafür nicht mehr gebraucht. Das Hühnergatter in der Stube, der Aufenthalt des Federviehs in der Nacht und im Winter, ist längst verschwunden, ja selbst die Hühnerhaltung wird von den meisten Bauernhöfen aufgegeben. Die Landwirtschaft wird spezialisiert. Knechte- und Mägdekammern sind nicht mehr nötig, die Räume können jetzt anderweitig, z. B. für Feriengäste, genutzt werden. Aus einer Vorratskammer oder der Küche wurde das Badezimmer, aus einer Schlafkammer eine Wohnküche.

Die veränderten Lebensbedingungen, die hier nur kurz beleuchtet wurden, erklären, warum es die Bauernstube im alten Sinn nicht mehr geben kann. Der Raum für den täglichen Gebrauch, Aufenthalt oder Feierabendbeschäftigung ist heute die Wohnküche. Die ehemalige Stube ist zur »guten Stube«, zum Wohnzimmer, geworden, wo man bei festlichen Gelegenheiten Gäste bewirtet. Sie ist nun stets sauber und aufgeräumt, zeigt kaum Spuren von Arbeit.

Feuer, Wasser und Licht

Die elementarsten Bedingungen für das Leben, Hausen und Wirtschaften unter einem Dach sind Feuer, Wasser und Licht.

Seit eh und je wurde das Feuer heilig gehalten und viele Bräuche, seien sie mythologischer oder rechtlicher Art, reihten sich darum. Besonders ausgeprägt waren die Bräuche im niederdeutschen Gebiet, in denen sie so lange fortdauerten, als es einen Herd gab mit offener Feuerstelle, der umkreist werden konnte. Das Herdfeuer mußte in allen Landschaften, bei allen Völkern, bewahrt werden. Es war die Hausfrau, die es aus religiösen Gründen zu erhalten hatte und ihr Ansehen stand auf dem Spiel, wenn es ausging. Es mußte auch der Feuersicherheit wegen gehütet werden und es sollte außerdem fortbrennen, weil das Feuermachen in alter Zeit mühsamer war und nicht das »Schnellfeuer«, wie eine alte Bäuerin noch vor kurzem das Streichholz nannte, zur Verfügung stand.

Vor der Erfindung des Streichholzes wurden Funken mit Stahl und Stein erzeugt, die vom Zunder aufgenommen werden mußten. Gut abgelagerte Buchenspäne mußten bereitliegen, meist unter oder über dem Ofen aufgeschichtet, um das Feuer sofort aufzunehmen und es dem Ofen weiterzugeben.

In katholischen Gegenden war es auch der Brauch, daß entweder die Hausleute selbst das Osterfeuer vermittels eines Baumschwammes mit nach Hause brachten, oder Kinder liefen von Haus zu Haus, oft stundenweit im Gebirge, und brachten das Osterfeuer zu entlegenen Anwesen. Sie warfen ein kleines Stück des glimmenden Schwammes in das Herdfeuer, bekamen etwas geschenkt und rannten wieder weiter. So wurde auch in katholischen Gegenden die antike Heiligkeit des Herdfeuers weiter im Brauchtum bewahrt.

»Der rote Hahn«, gefürchtet als Naturgewalt zu allen Zeiten, flatterte häufig aufs Dach, ohne daß der Mensch sich Nachlässigkeit vorzuwerfen gehabt hätte. Blitzschlag, Feuersturm, der ganze Ortschaften einäscherte, waren häufig genug Ursachen von Katastrophen. Was der einzelne tun konnte, nicht nur den Patron gegen Feuer, den hl. Florian, anzurufen und ihn in den Herrgottswinkel zu hängen, geschah durch das Anbringen der sog. Feuerstülpen über der Glut des Herdfeuers, solange es noch den offenen Herd gab. Damit wurde vor allem verhindert, daß die wärmesuchende Katze sich den Schwanz verbrannte und in Panik dann auf das Dach lief und das Reet- oder Strohdach zum Brennen brachte. Peter Rosegger erzählt in »Der erste Christbaum« in der »Waldheimat«:

»Die Mutter hatte mir auf dem Herde ein Bett gemacht mit der Weisung, die Beine nicht zu weit auszustrecken, sonst kämen sie in die Feuergrube, wo die Kohlen glosten; das knisterte in der stillfinstern Nacht so hübsch und warf manchmal einen leichten Glutschein an die Wand, wo in einem Gestell die buntbemalten Schüsseln lehnten.«

Ebenso lebensnotwendig wie das Feuer ist für Mensch und Tier das Wasser. In gebirgigen Gegenden ist die Gewinnung des Wassers kaum jemals ein Problem gewesen. Die Quellen fließen meist reichlich, Baumstämme wurden ausgehöhlt, die das Wasser zu den Brunnen vor dem Hause leiteten zu sanft plätscherndem Strahl. Den Menschen im Flachland floß keine Quelle gewissermaßen direkt ins Haus. Das Wasser mußte gegraben und vermittels Zieh- oder Pumpbrunnen gefördert werden.

»Dorf Salchow ist schlicht und einfach genug. Der Bakken am Ziehbrunnen steigt auf und ab«, so erzählt Fontane in seinen »Wanderungen im Spreewald«.

Auch heute in den Zeiten der Wasserwerke und der Wasserleitungen kommt es in Einöden noch vor, daß das Haus nur seinen eigenen Pumpbrunnen hat. Der Schwengel wird, nicht ohne eine gewisse körperliche Anstrengung, bewegt, damit das Wasser fließt.

Das Licht erhielt der Mensch zunächst nur vom offenen Herdfeuer. Es genügte, um abendliche Arbeiten, besonders in der dunklen Jahreszeit, zu verrichten. Im übrigen stand der Bauer mit dem ersten Licht des Tages, noch in der Dämmerung, auf und legte sich beim Dunkelwerden zu Bett. Sparsamkeit war auch hier das Gebot. Nicht immer jedoch reichte das Herdfeuer als Lichtquelle aus, und so erfand der Mensch eine zusätzliche Beleuchtung, den Kienspan, die Ölfunzel, die Kerze, je nach den Möglichkeiten, die ihm Natur und Bodenbeschaffenheit boten. Die am häufigsten verbreitete und benutzte Beleuchtung erfolgte mit dem Kienspan. Im Gebirge lieferte die Buche den Kienspan, im Flachland und bei sandigem Boden dienten entsprechende Föhrenstämme dazu. Es war eine etwas mühselige Arbeit, die feinen Späne zu gewinnen. Sie wurden nach Fertigstellung entweder unter den Ofen, sofern dafür Platz war, oder auf den Ofenstangen getrocknet. Einmal in Brand gesetzt, benötigte der Kienspan dauernde Wartung, denn er brannte schnell herunter, er mußte geschneuzt und in der eisernen Klemme des Halters weitergeschoben werden. Auf dem Tisch wurde dem Kienspan ein Schüsselchen untergestellt, damit herabfallende Glut nicht in die Platte einbrannte. Aus Gründen des Feuerschutzes wurde der Kienspanhalter auf dem Riemenboden auf eine Steinplatte gestellt, die in den Boden eingelassen war. Der Kienspan hatte seinen festen Platz in der Nähe des Herdes. Das war zweckmäßig, da das Licht nur im Winter, also in der Nähe der Ofenwärme, benötigt wurde. Zur Sommerszeit gingen der Bauer und das Gesinde »mit den Hühnern« ins Bett.

Bereits 1907 wurde in Bayern ein Gesetz erlassen, das den Gebrauch des Kienspanes wegen Feuergefahr verbot, oder den Leuchtkamin vorschrieb. Er wurde dennoch jahrelang weiter verwendet, erzählt Franziska Hager in »Das alte Dorf«.

Für den Stubentisch geeigneter als der Kienspan war die Ölfunzel, mundartlich auch Trankrüsel genannt. Von der Decke hing eine mit Fett, Öl oder Tran gefüllte Schale. Der Docht ragte, vergleichbar den antiken Öllampen, aus einem Schnabel heraus, er war an einem Schwimmer befestigt. Diese Lampen verbreiteten ein nur sparsames Licht.

Im Norden wird vor allem der Trankrüsel in Gebrauch gewesen sein, denn der Fisch- und

Walfang brachte reichlich diesen Brennstoff, während Holz für die Späne kaum zur Verfügung stand. Selten wurde in den Bauernhäusern, auch wenn sie zu den reichen Anwesen zählten, die Wachskerze gebrannt. Es sind zwar zeitlose Leuchter aus Schmiedeeisen erhalten, die auf den frühen Gebrauch von Wachskerzen hinweisen, jedoch dürften sie nur für große Festlichkeiten oder für die Totenwache gebraucht worden sein. Wachs war außerordentlich teuer und zunächst waren die Abgaben von Wachs für die Kirche und die Klöster zu leisten.

Gewinnung von Feuer, Wasser und Licht war die Voraussetzung für die menschliche Behausung, für die Siedlung, sei es in der Einöde wie auch im Dorf. Auf welche Weise diese Elemente in die Stube mit hereinspielten, sie erst wohnlich machten, wird bei den einzelnen Stubentypen und deren besonderen Merkmalen behandelt werden.

Der Bauernstand

Bei der Betrachtung der einzelnen Landschaften werden die Unterschiede zwischen reichen und armen Bauern, zwischen schlichten und aufwendigen Stuben deutlich. Es wird auch augenfällig, daß in einzelnen Landschaften überhaupt keine Stuben erhalten sind, nicht einmal in Museen, daß in anderen Gegenden wieder die Zeugnisse früherer Wohnkultur reichlich vorhanden sind. Das kann nicht allein damit abgetan werden, daß hier der Boden ertragreich, das Klima mild, das Wetter einigermaßen ausgeglichen ist. Der Volkscharakter spielt ebenfalls mit herein und prägt sich in der Ausstattung der Stuben aus. Nur der freie Bauer kann nach Belieben mit Haus und Hof schalten und walten, wie groß oder armselig auch sein Besitz sein mag. In Leibeigenschaft oder unter der Gutsherrschaft war das nur in geringem Maße möglich.

Die Leibeigenschaft bedeutete seit dem Mittelalter die persönliche Abhängigkeit von einem »Leibherren«. Ihm mußten Geld- und Naturalleistungen gebracht werden, auch war der Leibeigene zu Fronden, Dienstleistungen, verpflichtet. In Süd- und Westdeutschland gab es eine verhältnismäßig milde Form der Leibeigenschaft, die dem Bauern noch viel Freiheit und die Möglichkeit der Eigentumsbildung ließ. Diese Form der Abhängigkeit war eigentlich kaum noch Leibeigenschaft zu nennen. Wenn der Zehnte, der immer in Naturalleistungen bestand, was hart genug war, an den Gutsherrn oder das Kloster abgeliefert war, mußten viel-

leicht in schwerem Gelände Vorspanndienste geleistet werden, aber sonst war der Bauer frei, zu tun und zu lassen was er wollte. Er konnte je nach Vermögen seine Stube einrichten.

Nicht so in Ostdeutschland. Hier war die Leibeigenschaft zu viel strengerer Bindung an die Gutsherrschaft geworden. Ehemals freie bäuerliche Kolonisten verloren die Freizügigkeit, ungemessene Fronde wurde ihnen auferlegt, selbst die Kinder waren zu Gesindezwangsdienst gezwungen. Diese Erbuntertänigkeit wurde seit dem 18. Jahrhundert Leibeigenschaft genannt, ein Ausdruck, der am ehesten für Mecklenburg und Pommern zutraf. Vor der Agrarreform im 19. Jahrhundert war dort die gesamte bäuerliche Bevölkerung mit schweren Fronden belastet. Die Bewirtschaftung der großen Gutsherrschaften war nur möglich durch ebendiese Fronden, als da waren Spanndienste, Ackerbestellung und Baufuhren, auch persönliche Dienste auf dem Gutshof. Der Gutsherr hatte zwar eigenes Gesinde, aber zur Zeit der Feldbestellung und der Ernte war der leibeigene Bauer zu unentgeltlicher Arbeit gezwungen. Besonders bei den Erbuntertanen Ostdeutschlands hatte dann die Bewirtschaftung des eigenen Pachtgutes zurückzustehen. Da trotzdem die Abgaben bezahlt werden mußten, kamen die Bauern mehr und mehr in Schulden und in immer größere Abhängigkeit. Die Pachtgüter verfielen, wurden vom Gutsherrn eingezogen. Mit diesem »Bauernlegen« wurde in Preußen erst durch Friedrich II., den Großen, ein Ende gemacht. Eine bäuerliche Wohnkultur konnte so kaum entstanden sein. Der Bauer war nicht der Beachtung wert.

Theodor Fontane ist in seinen »Wanderungen durch die Mark Brandenburg« für diese Landschaften eine bemerkenswerte Quelle. Er beschreibt eingehend Herrensitze und Kirchen, er erwähnt hier und da ein reizend gelegenes Dorf. Die Häuser seien ärmlich, aber es gäbe z. B. eine schöne Kastanienallee. Das ist alles, was er darüber berichten kann. Dagegen finden die Herrenhäuser ausgiebige Beachtung.

Ein literarisches Dokument von großer Anschaulichkeit für die Lebens- und Gutsverhältnisse auf dem Lande, hier in Mecklenburg, gibt Fritz Reuter in »Ut mine Stromtid«, das um 1848 erschien. Das Leben auf dem Lande, wie es von einem Landmann erfahren wurde, zeigte die Abhängigkeit der Pächter vom Gutsherrn des höheren und niedrigen Adels. Von den Pächtern wiederum waren die Taglöhner abhängig, die hier und dort Arbeit nahmen, je nachdem der Dienst benötigt wurde. Die Pächter konnten

zwar Eigentum bilden, soweit es die persönliche Habe betraf, aber Boden und Haus gehörten ihnen nicht, waren nur gepachtet. Es ist begreiflich, daß nur transportables Gerät eine gewisse Verfeinerung erfuhr, soweit es die Verhältnisse erlaubten, nicht aber die eingebauten Stubenteile, wie sie für Landschaften mit freien Bauern überliefert und erhalten sind. Die Abbildungen von Stuben aus den verschiedenen Landschaften werden dafür den Beweis liefern.

Auch die Bauernkriege hatten weite Landschaften verarmen lassen, die Bevölkerung dezimiert, Besitz vernichtet. Noch einmal sei auf eine literarische Quelle verwiesen, den Roman von Grimmelshausen »Simplicius Simplicissimus«. Die Bauernkriege suchten besonders die Landschaften Württemberg, Franken, Elsaß und Thüringen heim. Die württembergischen Bauern wurden geschlagen bei Böblingen, die fränkischen bei Königshofen, die elsässischen bei Bergzabern und Scherweiler, die thüringischen bei Frankenhausen. Die Leiden und Opfer der Bauern für ein besseres Leben waren dennoch nahezu erfolglos, denn Sieger waren letzten Endes die Landesfürsten.

Daraus mag die Struktur der Bauerngüter resultieren. Es gibt Kleinbetriebe am Oberrhein, im Neckargebiet, Pfalz und Mittelrhein, Oberhessen, Unterfranken, in Mitteldeutschland überhaupt. Großbetriebe breiteten sich jenseits der Elbe und Saale aus. Mittel- und Großbauernhöfe sind an einer Nord-Süd-Achse feststellbar, dabei zeichnen sich Schwerpunkte in Schleswig-Holstein, Hannover, Westfalen, Oberschwaben und im südlichen Bayern, sodann in Südtirol und Nordtirol und in der Schweiz ab.

Bei der Betrachtung der einzelnen Landschaften zeigt sich deutlich, daß es Schwerpunkte gibt in der bäuerlichen Wohnkultur. In dem engeren Bereich dieses Themas wird zu erklären versucht, warum es in diesen und jenen Landschaften eine hochentwickelte Wohnkultur gegeben hat mit künstlerisch und handwerklich hochwertigen Stuben, und warum in anderen Landschaften nicht.

In Teilen Schleswig-Holsteins, wo die alte Bauernfreiheit immer behauptet worden war, z. B. in Dithmarschen, gibt es die reichsten Bauernstuben, ebenso im alpinen Bereich in der Urschweiz, im Engadin und in Tirol.

Die oberdeutsche Stube

Der Uranfang menschlichen Hausens dürfte gewesen sein, daß Mensch und Tier in einem Haus, in einem Raum lebten und eine Feuerstelle Wärme und Licht spendete. Es wird von einem ober- und einem niederdeutschen Haustyp gesprochen, wobei der oberdeutsche Haus- und damit auch Stubentyp den weitaus größeren Teil dieser Betrachtung einnimmt. Er erstreckt sich von der Steiermark bis nach Hessen und einen Teil des Rheinlandes, bis hinaus nach Pommern. Das niederdeutsche Haus findet sich von Westfalen bis nach Schleswig-Holstein.

Um zur Stube zu gelangen, also zu einem abgeschlossenen Raum allein für die Menschen, mußte die Trennung von Mensch und Tier vollzogen werden. Der Zeitpunkt, wann dies im bäuerlichen Bereich geschah, läßt sich nicht mit Sicherheit bestimmen. Der Wandel vollzog sich allmählich, der Vorgang überlagerte sich in den einzelnen Landschaften. In den Gebirgstälern und schwer zugänglichen Einöden kam die Neuerung später als in größeren Siedlungen, die durch den Verkehr mit Märkten und Städten diese Kultur des Wohnens früher aufnehmen konnten. Die Erscheinungen überlappten auch in den einzelnen Landschaften. Nach dem heutigen Stand der Forschung darf angenommen werden, daß die Stube im Süden, im Alpengebiet, entstand und daß sie im Laufe der Jahrhunderte nach Norden wanderte. Die Trennung von Mensch und Vieh vollzog sich im niederdeutschen Gebiet erst später. Über die Herkunft des Namens Stube gibt es verschiedene Ansichten. Allgemein wird der Begriff von »stuba«, der Badestube, hergeleitet.

Wahrscheinlich begünstigte der frühe Haufenhof, die Streusiedlung, die Entwicklung der heizbaren Ofenstube. Ob die »stuba« in das Haus als Wohnraum eingeschoben wurde, ist endgültig nicht zu klären, muß also Hypothese bleiben.

Jedes Haus hat seinen Mittelpunkt in der Stube, und in der Stube wiederum gibt es den zentralen Ort. Hier unterscheiden sich ober- und niederdeutsche Stube, und im oberdeutschen Gebiet wiederum die Stuben nach der religiösen Bindung.

In der oberdeutschen Stube ist der »Herrgottswinkel« der gewissermaßen ruhende Pol in der Stube. Nach der Reformation, im Zuge der Gegenreformation, wurde der Tischwinkel, die Ecke zwischen zwei Fensterreihen, zum Herrgottswinkel. Hier war der Platz für das Kruzifix. Daneben hingen die Heiligenbilder, Schutzpatrone, Namenspatrone, die Muttergottes. Gestickte Tücher mit frommen Sprüchen hängen heute wie damals vom Eckbrett.

Die Bilder in der Bauernstube beim Herrgottswinkel waren zumeist Hinterglasbilder, unempfindlich gegen Feuchtigkeit und Staub, leicht zu reinigen, denn die bewegte, schimmernde Oberfläche des Glases, Decke und Malgrund zugleich, brachte die Farben auf dem dunklen Holz wie auf der hellgetünchten Wand zu heiterem Leuchten.

Das Verlangen nach diesen Hinterglasbildern mit durchwegs religiösem Inhalt schuf eine Heimindustrie besonders in den ärmeren Glasmachergebieten des Bayerischen Waldes, den angrenzenden Gebieten Böhmens und Oberösterreich, und auch im Schwarzwald. Die ganze Familie, einschließlich der Kinder, war in die Serienherstellung mit eingespannt. Wie die Hinterglasbilder wurden auch die benötigten Kreuze in Serien hergestellt und auch hier entwickelten sich Heimindustrien, zu deren bekanntesten wohl die »Herrgottsschnitzer« von Oberammergau gehören.

Kaum jemals hängt der Herrgott vor der bloßen Wand. Selten fehlen die Palmzweige hinter dem Kreuz. Am Palmsonntag werden die »Palmbuschen« in der Kirche geweiht und die schönsten Zweige kommen dann hinter das Kruzifix. Diese silberglänzenden Kätzchen vom Haselnußstrauch, eben Palmkätzchen genannt, waren nicht allein als Schmuck gedacht, sondern vor allem als schützende Kraft für das Hauswesen. Sie sollten den Blitz bannen, das schlimmste Übel, das ein Haus treffen konnte. Noch vielerlei andere Bräuche rankten sich um den geweihten »Palm«. Im Stall schützten sie vor der Drud, in das Brautbett wurden sie eingenäht, beim Almauftrieb wurde mit Palmzweigen ein Kreuz auf die Leitkuh gezeichnet. Fruchtbarkeit versprachen auch Maiskolben im Herrgottswinkel. In protestantischen Gegenden war in dem Tischwinkel ein Kästchen eingebaut, das die Bibel für die häusliche Andacht aufnahm, die der Hausvater hielt.

Bestimmendes Merkmal der oberdeutschen Stube ist die Diagonale vom Herrgotts- oder Tischwinkel zum Ofen, der meist ebenfalls in einer Ecke zu stehen kommt. Er ist von der Wand häufig durch eine Bank abgesetzt, die sog. Hölle, Höll oder Hell genannt, der wärmste Platz der Stube, der auch als Schlafplatz dienen konnte. Diese Regel wird durchbrochen in den Erkerstuben. Der Erker wird in seinem Halb- oder Segmentbogen, in seinen drei- oder vierseitigen Formen von entsprechenden Fenstern er-

2 Badestube

hellt. Hier gibt es keinen Hergottswinkel, sondern der Erker ist der zentrale Wohnplatz und
das Kreuz hängt an einer der Wände.

Die oberdeutsche Stube zeigt insgesamt eine gewisse Eintönigkeit, gleichzeitig aber auch eine
tiefe Ruhe. Sie ist in ihrer Einfachheit klar über-
schaubar.

Wenn Victor von Geramb einst im »Führer
durch das Steirische Volkskundemuseum« fest-
stellte, daß das Stüberl wohl am meisten dazu
berufen sei, das finden zu lassen, was man in
einem guten Heimatmuseum an erster Stelle suchen dürfte: »ein ruhiges Zurücksinken in den
Frieden der Heimat«, so erscheint das eine poe-
tische Verklärung der Lebensumstände der damaligen Zeit, auch wenn gesagt werden kann,
daß in den alten Stuben Ruhe und Geborgenheit
sich auszudrücken scheinen.

Österreich *Rauchstube und Rauchkuchl*

Voran stehe ein Zitat aus der Erzählung von
Peter Rosegger »Einer jener Tage« aus »Waldheimat«:

»Die Bäuerin macht auf dem großen Herd Feuer
für das Mittagsmahl. Der Rauch bedeckt schon
die Stubendecke, daß es über uns wie ein Wol-
kenhimmel ist. Zeitweise, wenn etwa kämpfen-
des Hühnervieh den Raum durchflattert, wird
der Rauch niederwärts gepeitscht und umflort
unsere ohnehin trüben Gesichter, bis er allmählich bei einem Oberfensterl abziehen kann.«

Das Ereignis dieser Erzählung ist um die Mitte
des 19. Jahrhunderts anzusetzen und kann als
Beweis dafür angesehen werden, daß in der Steiermark ebenso wie in Kärnten die Rauchstube
noch in Gebrauch war.

Die Rauchstube war, um einen modernen Ausdruck zu gebrauchen, ein Mehrzweckraum, sie
diente zum Schlafen, Kochen und zu vielerlei
Arbeiten. Das Geflügel war in einem Gatter in
der Nähe des Ofens untergebracht. Durch ein
Loch in der Außenwand konnte es ins Freie
gelangen. Im Ofen wurde das Brot gebacken, im
Saukessel das Schweinefutter bereitet, neben
dem Ofen stand vielleicht auch der Kessel für
den Kälbertrank.

Die Rauchstube im Steirischen Volkskundemuseum in Graz stand in der Nähe der Pack bei
Köflach und wurde aus dem Haus des Lipper-
bauern, das bis etwa 1520 zurückzuführen ist,
hierher versetzt. Anfang des 16. Jahrhunderts ist
für den Stubenraum dieser Art ein spätes Datum, denn zu dieser Zeit war in anderen Landschaften schon die rauchfreie Stube, der Stubenofen als Hinterlader, bekannt und in Gebrauch.
Heute soll diese Art des Hausens noch in den
Gebirgsgegenden Albaniens zu finden sein.

Die *Rauchstube ob der Pack bei Köflach* (Abb.
52–55) gilt als die älteste erhaltene Rauchstube
mit allen erhaltenen altartigen Elementen. Um
die Tischecke zeigen sich noch die altertümlich-
sten Formen. Ursprünglich waren die Fenster
nur eine Balkenbreite hoch, um das Gefüge der
Wand, um die Tragfähigkeit der Balken nicht zu
schwächen. Das Haus ist in Blockbauweise ausgeführt und so ist auch in der Stube der Blockbau noch sichtbar. Fugen werden mit Moos
oder mit Werg verstopft, die Fensterluken mit
Holzschiebern verschlossen, denn Glas wäre
zunächst für die ärmeren Bauern unerschwing-
lich gewesen. Um aber tagsüber bei widrigem
Wetter in der Stube wenigstens einen Schimmer
von Licht zu haben, wurden die Luken auch mit
Schweinsblasen überspannt. Die größeren Fenster in der Stube stammen bereits aus späterer
Zeit. Die Fenster waren übereinander versetzt
angeordnet, um den Rauch rascher entweichen
zu lassen. Aus frühester Zeit scheint auch die
Bank am Tisch zu stammen. Ein Brett in seiner
ursprünglichen, unregelmäßigen Form, wie es
eben aus einem gegebenen Stamm zu schneiden
war, erhielt vier Beine und scheint durch die
Sitzenden im Laufe von Generationen blank gescheuert worden zu sein. Holzstangen unter der
Bretterdecke halten die Last des Brennmaterials
und der Kienspäne.

Die Forschung nimmt an, daß die Rauchstube
die Urform des Hausens darstellt und wenigstens auf das 1. Jahrtausend nach Christus zu-
rückgeht. Victor von Geramb erwähnt dazu im
»Führer durch das Steirische Volkskundemuseum«, daß der Wohnraum »nach der Völker-
wanderung durch Berührung und Durchdrin-
gung südgermanischer (deutscher) und nordger-
manisch-finnisch-russischer, also in die Alpen-
länder durch die Slawen hereingetragener Primi-
tiv-Wohnkultur, entstand. Denn genau der-
selbe Steinofen findet sich seit zwei Jahrtausen-
den nachweisbar in Skandinavien, Finnland und
Rußland, während die Einrichtung der übrigen
Rauchstube (Herd, Tisch, Tischecke) deutsch,

3 Erker in Eppan, Südtirol

13

also westgermanisch ist.« Die Schlußfolgerung mag zulässig sein, da zahlreiche überraschende Übereinstimmungen zwischen Skandinavien und Finnland einerseits und Kärnten und Steiermark andererseits nachgewiesen sind, sich aber in den dazwischen liegenden Landschaften und Ländern nicht finden.

Das Wesentliche an der offenen Rauchstube ist der Herd, der immer mit einem Feuer- und Funkenhut überdacht ist. Unter dem Funkenhut schwingt am Kesselhaken (Kesselreiden, Kesselschwing, Kesselhean) der schwere große Kessel über das Feuer, der für heißes Wasser sorgt oder in dem auch, wie gesagt, u. a. das Schweinefutter kocht. Feuerroste mit Pfannen oder dreibeinige Grapen, d. h. eiserne Töpfe, dienen der Zubereitung der menschlichen, meist sehr einfachen Nahrung. Fleisch gab es höchstens zu den hohen Feiertagen. Das am Schlachttag gewonnene Fleisch wurde geräuchert und über das ganze Jahr verteilt. Der Herd ist immer aus Steinen gemauert, besitzt nur einen Funkenhut aber noch keinen Kamin, der erst in einer späteren Stufe der Wohnkultur entwickelt wurde. Das »Schwarzgeräucherte« gab und gibt es in allen Landschaften – nur die mundartliche Bezeichnung wechselte –, denn überall wurde der Rauch des Herdfeuers zum Konservieren der Nahrungsmittel, d. h. des Fleisches, der Würste und des Speckes, genützt.

Im gemauerten Backofen, der in der Frühstufe meist an den Herd angebaut ist und dessen Ofenloch zur leichteren Handhabung sich ebenfalls etwa in Tischhöhe befand, wurde die Glut eingebracht, die nach Erhitzung des Ofens wieder herausgenommen werden mußte. Der Ofen wurde dann mit Reisig bzw. einem Federwisch gesäubert und anschließend das Brot mit einer Ofenschaufel eingeschoben. In armen Haushalten schlüpften auch gelegentlich die Kinder nach dem Abkühlen in den Backofen zum Schlafen. Diese Zuflucht vor der Kälte der Nächte bot sich ihnen allerdings nicht oft, denn Brot wurde nur selten gebacken.

In bezug auf das offene Feuer erstaunt, daß in keinem Fall Feuerstülpen erhalten sind, ein Schutzgerät gegen oder für das offene Feuer, wie sie in den niederdeutschen Häusern mit offener Feuerstelle allenthalben anzutreffen sind. Hier mußte anscheinend nicht befürchtet werden, daß eine Wärme suchende Katze sich zu nahe an das Feuer legte. Das Feuerloch nahm nächtens die Glut auf, wurde mit Asche bedeckt, sie wurde wohl auch in das Ofenloch des Hinterladers in der Stube gekehrt oder in dem Backofen

verwahrt. Es gab allerdings auch Backöfen, die nicht vom Herd aus beschickt wurden, sondern seitlich davon. Für die Rauchstube ist typisch die Doppelfeuerstätte. Der Feuer- oder Funkenhut hält nur, wie der Name schon besagt, die Funken ab, daß sie nicht an die hölzerne Decke fliegen können oder weiter hinauf auf den Boden, den Getreide- oder Heuboden, zu dem, wenn er offen ist, nur der Rauch aufsteigt. Der Rauch konservierte nicht nur Fleischwaren, sondern man hielt auch das geräucherte Korn und Heu für Mensch und Vieh für besonders bekömmlich. Eine Aufhängevorrichtung aus Stangen ließ das Holz zum Feuern trocknen, denn nasses Holz brennt schlecht und erzeugt noch mehr Rauch. Diese sehr frühen Rauchstuben wurden teilweise noch im 18. Jahrhundert beibehalten.

Noch eine weitere Funktion wird der Rauchstube zugeschrieben, jedenfalls bringen einige Forscher die Feststellung, daß die Rauchstube zugleich auch als Dampf- und Schwitzbad gedient habe. Welche Technik und Erfindungsgabe dazu nötig war, ist kaum mehr vorstellbar. Die Stuben waren etwa 6 × 6 bis zu 9 × 9 m im Geviert, im allgemeinen 2,5–3 m hoch und hatten eine Öffnung bis zum offenen Dachstuhl hinauf. Mit verhältnismäßig kleinen Öfen sollte also eine Wärme erzielt werden, die ein reinigendes Schwitzbad ergab. Welche Arbeit dazu nötig war, ist schwer vorzustellen. Zunächst mußten wohl die Hühner aus ihrem Gatter entlassen werden, denn sicherlich waren für diese jene Hitzegrade nicht eben förderlich. Wasserdampf schlägt sich bekanntlich umgehend auf kältere Gegenstände nieder, auf das Mobiliar, auf Wände und Decken, auf das Bettzeug, die Lebensmittel, und es war daher wohl nötig, dieses aus der Stube zu bringen. Außerdem waren die Blockbauten meist auch nicht so dicht, daß sich nicht da und dort immer wieder Luftlöcher gebildet hätten. Jene Art der Schwitzbäder wird es wohl nur in seltenen Fällen gegeben haben.

In das Freilichtmuseum in Amerang ist eine Badestube übertragen worden, wie auch hie und da noch einzelne Badestuben erhalten sind. Es war zweifellos zweckmäßiger, eine Badestube inmitten des Haufenhofes zu errichten, fensterlos, klein, mit einem Ofen, der von außen beschickt wurde. Eine intensivere Wärme konnte so in kurzer Zeit erzielt werden und gleichzeitig wurde weniger Brennmaterial verbraucht. Möglicherweise sind einige der Häuser, die dann später als Brechelstuben zum Rösten des Flachses verwendet wurden, ursprünglich Badestuben

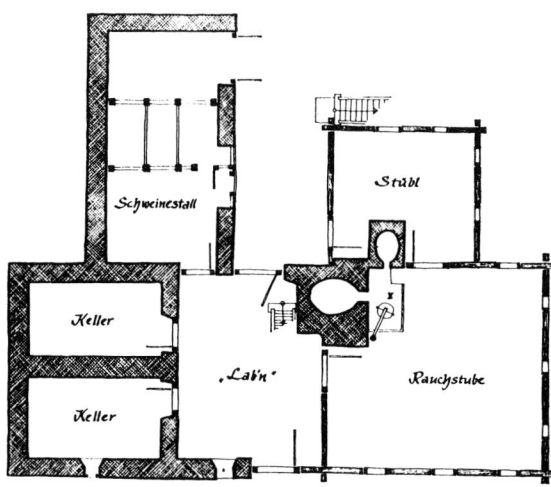

4 Grundriß des Salleger Moar aus Naitsch bei Heilbrunn

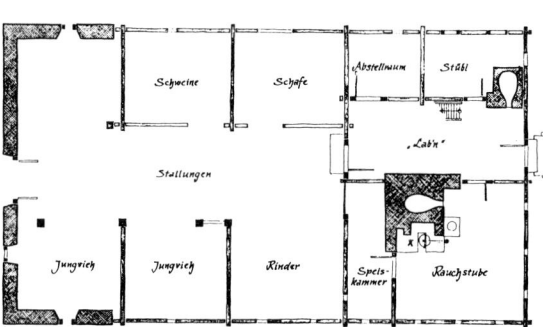

5 Grundriß des Einhofes Säuerling aus Einach an der Mur

gewesen, so lange, bis eine hohe Obrigkeit die Badestuben als unsittlich verbot. Heute verfallen auch die Brechelstuben oder sie werden museal aufbewahrt. Der Vorgang des Röstens und Brechens des Hanfes kann noch im Heimatmuseum in Feuchtwangen verfolgt werden, und hier wird ohne weiteres deutlich, daß die Raum- und Wasserverhältnisse eine ursprüngliche Verwendung als Badestube möglich machten. Merkwürdigerweise ist von Badestuben hauptsächlich in Skandinavien und im Alpengebiet die Rede. In Skandinavien sind sie heute noch in Gebrauch und neuerdings wird das Schwitzbad, die Sauna, in moderne Häuser eingebaut, fast ebenso selbstverständlich wie das Badezimmer. Der Einfluß von Skandinavien auf das Alpengebiet scheint auch hier erhärtet, wenn man die erwähnte Theorie von Geramb gelten lassen darf, so könnte die Badestube auch von dorther den Weg in das ostalpine Gebiet genommen haben.

Die Badestube, die »stuba«, hatte bereits zu sehr früher Zeit – die Entstehungszeit ist nicht mehr exakt festzustellen – einen von außen beschickten Ofen, einen Hinterlader, so daß reinlicher Dampf erzeugt werden konnte, ohne daß durch Asche der Raum des Schwitzbades verunreinigt wurde. Die spätere Entwicklung scheint darauf hinzudeuten, daß diese rauchfreie Stube dazu führte, eine Ofenstube in das Gefüge des Hauswesens einzuschieben. Der Ofen als Hinterlader war damit gleichzeitig als Stubenofen gegeben. Die Stube blieb so frei auch von Aschenresten, es gab keinen Schmutz, wenn der Ofen ausgeräumt und neu beschickt werden mußte. Er erhielt sein Feuer fast ausschließlich direkt vom Kochherd aus, der weiterhin zum Kochen diente. Dieser erhielt seinen eigenen Bereich, die »Rauchkuchl« entstand.

Der Herd mit seinem offenen Feuer und seinem entsprechenden Rauch mag in den niederdeutschen oder auch skandinavischen Herdfeuern eine Parallele haben, aber es ergeben sich im Wesen doch grundlegende Unterschiede. Beim *Salleger Moar* (Abb. 51, 57), heute im Freilichtmuseum in Stübing bei Graz, wurde ein »Stübl« angebaut mit einem Hinterladerofen, der von der Feuerstätte in der Rauchstube aus beschickt wurde. Der Salleger Moar ist ein besonders eindrucksvolles Beispiel zunächst für die Urform eines ostalpinen Rauchstubenhauses, eines Mittelflurhauses, das bis 1409 nachweisbar ist. Erst im Jahre 1778 wurde die rauchfreie Stube daran angefügt.

Der Einhof, vulgo *»Säuerling«* (Abb. 59), stammt aus Einach an der Mur und ist heute ebenfalls im Freilichtmuseum in Stübing. Dieses Rauchstubenhaus gehört nicht zu einem Haufenhof, sondern vereinigt unter einem First Stube und Wirtschaftsgebäude. Der Bau ist jüngeren Datums als der Salleger Moar, er geht in das 16. Jahrhundert zurück. Im First ist die Jahreszahl 1751 eingeschnitzt, so daß mit einiger Wahrscheinlichkeit angenommen werden kann, daß der Ausbau des »Stübls« ähnlich wie beim Salleger Moar um diese Zeit erfolgte. Auch in der Rauchstube des Säuerling findet sich die Staffelung der Fenster.

Ob es schon zu früher Zeit Bretterböden in den Rauchstuben gegeben hat, mag dahingestellt sein, auf jeden Fall war der Herd mit Steinplatten oder Backsteinen eingefaßt, zum Teil aus Gründen der Feuersicherheit, zum Teil vielleicht auch aus Gründen der Sauberkeit. Gestampfter Lehm dürfte in der frühen Zeit, später auch noch in ärmeren Stuben der allgemein verwendete Bodenbelag gewesen sein. Lehm wurde mit Ochsenblut vermischt und ergab dann nach dem Durchtrocknen einen harten Bodenbelag.

Dem Wanderer durch die Freilichtmuseen, dem Besucher der Rauchstuben in den Museen von Graz und Klagenfurt – und nur dort noch kann er solche Stuben finden – mag auffallen, daß er meist nur ein einziges Bett sieht. Vielleicht denkt er, wenn er mit leichtem Schauder diese kargen Räume durchwandert, daß das Museum eben nicht so viele alte Betten gefunden habe, die aufgestellt hätten werden können.

Wieder kann Peter Rosegger Zeugnis geben in seiner Erzählung »Wie der Meisensepp gestorben ist«:

»Nach Art der Waldhütten standen die Familienstube und Schlafkammer gleich in der Küche. Am Herd in einem Eisenhaken stak ein brennender Kienspan, von dem die Stubenecke in einen Rauchschleier gehüllt war. Neben dem Herd auf Stroh lagen zwei kleine Knaben und schlummerten. . . . An der Ofenmauer saß das Weib des Sepp . . . Und hinter dem Ofen in der einzigen Bettstatt, die im Hause war, lag der Kranke.«

Auch in der Erzählung »Als ich zur Drachenbinderin ritt« schildert er, daß in deren Haus ein kleines Mädchen neben dem Herd auf dem Stroh lag und schlief. Das einzige Bett gehörte dem Kranken oder dem ältesten Bewohner.

Die Betten können offen oder als Tafelbett (Abb. 60) konstruiert sein, so daß man sie als eine Art Tisch oder als beliebige Ablage benutzen konnte.

Die Möbel waren einfach, hie und da gab es vielleicht eine kleine Schnitzerei, ein Abwehrzeichen, den Sechsstern, das Sonnenrad, das gleichseitige Dreieck, manchmal auch einen kleinen Blumenstrauß als Lebensbaum, aber Malerei verbot sich allein durch den Rauch, den Rußniederschlag. Die Möbel mußten häufig mit Sand abgerieben werden.

Die betrachteten Rauchstuben sind oder waren hauptsächlich in der Steiermark und in Kärnten verbreitet. Sie können sicherlich den allgemeinen Typus, die Funktion der Rauchstubenhäuser klar darstellen, wenn auch hier, wie bei allen Museumsobjekten, bei allen überlieferten Stuben, eingeräumt werden muß, daß es sich um zufällig erhaltene Objekte handeln kann, zum mindesten was diese frühen Stuben anlangt. In Maria Saal bei Klagenfurt ist ebenfalls noch eine Reihe dieser alten Häuser übertragen und die Rauchstuben entsprechend rekonstruiert worden. Sie weichen nicht oder kaum von den in der Steiermark gefundenen und translozierten Stuben ab. Im Laufe von einigen Jahrzehnten ist alles verschwunden, was nicht in Museen gesammelt wurde. Man kann hier und da auf Almhütten (Abb. 110) noch das offene Herdfeuer finden, das in den Boden vertieft ist und um das schlichte Bänke zum Sitzen gestellt sind, doch werden auch sie immer weniger, denn der Herd mit Propangas kommt auch auf den höheren Almen immer mehr in Gebrauch und erleichtert den Sennen die Arbeit.

Das Haus von Peter Rosegger scheint bereits die weitere Entwicklung anzuzeigen. In einer anderen Erzählung wieder verweilt er des längeren bei dem Kachelofen in der Wohnstube:

»So recht gemütlich ist nur der große, breite, behäbige Kachelofen mit seiner Ofenbank ... Daheim in meinem Vaterhaus, da stand so einer! Ganz hinten in der linken Stubenecke, wo es immer etwas dunkel war. Über der breiten Ofenbank war eine Reihe viereckiger Plattkacheln und darüber in weißen Lehm eingefügt die runden Kacheln mit hervorquellenden Bäuchen, in welchen sich die lichten Stubenfenster mit ihren Kreuzen spiegelten.«

Der Ähndl oder der Urähndl habe ihn setzen lassen, meint der Vater, wenn er nach dem Alter des Ofens gefragt wurde. Jahreszahlen waren auf diesen Öfen kaum angebracht.

Das Freilichtmuseum *Mondseer Rauchhaus* (Abb. 66) zeigt eine Weiterentwicklung bäuerlichen Hausens eines von den Rauchstubenhäusern verschiedenen Typus. Rauchkuchl und Rauchhaus gehören zwei verschiedenen Kultur-

stufen an. Der Mondseer Hof wurde erst 1959 hierher übertragen, als das Haus dem Bau der Autobahn weichen mußte. So kann dieses Gehöft noch einmal die alten Formen und Einzelbauten aufzeigen: der Troadkasten, das Hoarbad, die Hausmühle, das Dörrbadl, Ausdrücke, die auf die ursprüngliche Verwendung und auf die spätere Nutzung hinweisen.

Das Haus wurde 1416 zuerst urkundlich erwähnt, aber im First findet sich die spätere Jahreszahl 1708. Es dürfte der Zeitpunkt von Umbauten gewesen sein, vielleicht gab es auch hier zunächst eine Rauchstube und die Ofenstuben wurden erst zu Beginn des 18. Jahrhunderts angebaut, wie bei den steirischen Anwesen festzustellen war.

Das Mondseer Rauchhaus mag für den gesamten Typus des altbayrischen Siedlungsgebietes vom Lech bis zur Traun stehen. Es ist ein Einfirsthaus mit Wohnraum, Rauchküche, Stall und Stadel unter einem Dach, ein Mittertennhaus. Der zweistöckige Hausstock ist ein Kantholz-Blockgefüge, der Stall zweckmäßigerweise aus Bruchsteinen gemauert. Ein Kamin fehlt auch hier noch und der Rauch steigt durch das Dach von der offenen Herdstelle auf, trocknet und räuchert das Getreide.

Von der giebelseitigen Haustüre tritt man unmittelbar in die Rauchkuchl, die Türe gibt das Licht und läßt auch den Rauch rascher in das Dach und durch die Dachluken abziehen. Der Herdraum wird in dieser Gegend »das Haus« genannt. Auffallenderweise befinden sich in diesem »Haus«, d.h. Kuchl und Vorraum, zwei Feuerstellen, und zwar eine für die Bauersleute und eine für die Altenteiler, so wird es wenigstens überliefert. Die Feuerstelle links vom Eingang und zu seiten der Wohnstube hat auch einen Backofen angebaut, während die Feuerstelle rechts, die dem Altenteiler gehörte, keinen Backofen aufweist. Das wird damit begründet, daß die Altenteiler, die Austragler, wie sie auch mundartlich heißen, das Recht auf das Brot von der Bäuerin hatten, so mußte die Altbäuerin nicht selbst backen, was zu damaliger Zeit einen besonderen Kraftaufwand benötigte. Zwischen den beiden Öfen führt der Gang über eine kleine Treppe zur Tenne. Links und rechts von diesem Flur oder »Haus« liegen die Stuben für die Bauern (Abb. 61, 63, 64) bzw. für den Austragsbauern. Neben der Wohnstube der Bauersleute liegt die Schlafkammer, die wenig Wärme durch eine verschließbare Luke in der Herdwand erhält. Die Altenteilerstube ist etwas kleiner als die der Bauern und außerdem ist das Bett für die alten

Leute hier wegen der Wärme aufgestellt. Die beiden Stuben gleichen einander, diagonal zum Ofen liegt der Herrgottswinkel mit der Tischecke, eine Ofenbank umgibt den Kachelofen (Abb. 61, 65). Der Herrgottswinkel zeichnet sich gegenüber der Bauernstube durch größere Bescheidenheit aus, aber da die Einrichtung kaum ursprünglich ist, ist dem hier keine besondere Bedeutung beizumessen.

In der Kunstgeschichte ist es möglich, den Ablauf der Stile zu verfolgen, einzelne Werke der Architektur, Plastik, Malerei und des Kunstgewerbes zeitlich genau festzulegen, denn in der Hochkunst prägt sich jeweils der Geist der Zeit aus. Nicht so in der Volkskunst. Hier spielen noch andere Faktoren mit herein, soziale Gegebenheiten, das Verhältnis von Groß- und Kleinbauern, von unablässiger mühevoller Arbeit und mehr oder weniger bedeutendem Wohlstand, der damit auch die Möglichkeit gibt, bei größerer Freizeit sich mit Fragen des Schmuckes und der Wohnkultur zu befassen. Die Entstehungszeiten der verschiedenen Stubentypen müssen sich notwendigerweise überschneiden, je nach den erwähnten Lebensbedingungen.

Die Stuben der einfachen Ausführung sind selten signiert oder datiert und wenn Jahreszahlen angebracht sind, irgendwo am Haus oder an einem Balken im Inneren, auch wenn urkundlich das Bestehen eines Anwesens verfolgt werden kann, so bedeutet das noch keineswegs das Alter der Stube.

Die erhaltenen Rauchstuben in der Steiermark werden allgemein in das 15.–17. Jahrhundert datiert, in eine Zeit also, da in anderen Landschaften, in Südtirol etwa, bereits höchste Wohnkultur gepflegt wurde.

Seit dem 13. Jahrhundert gibt es sichere Belege dafür, daß die Stube im Alpenraum vorkommt und im 15. Jahrhundert ist sie bereits häufig im oberdeutschen Gebiet festzustellen, während doch auch, wie Urkunden und Jahreszahlen bezeugen, gleichzeitig noch reine Herdhäuser ohne eine Stube gebaut wurden.

In der Forschung fehlen heute noch die Zeugnisse von mehreren 100 Jahren, zum mindesten was einzelne Landschaften anlangt. Es kann nur vermutet werden, daß es entlang der bayerischen Grenze von Passau bis zum Fichtelgebirge rauchstubenähnliche Wohnräume gegeben haben kann, also in der Struktur ähnlich den erhaltenen Räumen in Kärnten und in der Steiermark. Für das bayerische Gebiet ist die Rauchstube nicht mehr mit Sicherheit festzustellen.

Die Anfänge des *Salleger Moar* (Abb. 51, 57) können bis 1409 zurückverfolgt werden, aber Angaben über die Rauchstuben fehlen, und die Urkunden besagen nicht, daß die Rauchstube in der überlieferten Form auch aus dieser Zeit stammt. Bemerkenswert spät, 1778, für einen verhältnismäßig großen Haufenhof wurde die Stube angebaut.

Mit dem Jahre 1803 ist eine *Sennhütte im Freilichtmuseum in Kramsach* (Abb. 110) bezeichnet. Sie zeigt wiederum das Nebeneinander zweier verschiedener Feuerstätten: zum einen die urtümliche Form des offenen Herdes, an dem man rundherum sitzen konnte, wie es auch im 20. Jahrhundert auf den Almen noch der Brauch war. Andererseits aber ist auch schon eine Ofenstube eingebaut. Es handelt sich hier um eine Alm, die längere Zeit im Jahr bewirtschaftet werden konnte und wahrscheinlich zu einem größeren Anwesen gehörte. Diese Alm stammt zwar aus Tirol, doch darf sicherlich angenommen werden, daß es ähnliche Einrichtungen auch in Kärnten und in der Steiermark gab. Offener Herd und Stubenofen konnten je nach der Lage der Almen und Wohlhabenheit der Bauern noch im 20. Jahrhundert gefunden werden. In einer der ältesten überlieferten Stuben, in dem erwähnten *Salleger Moar* steht beim Eßtisch eine Siedelbank (Abb. 51), eine Truhenbank, deren Lehne nach zwei Seiten umgelegt werden kann, ein Sitzmöbel, das sich von den Niederlanden aus im 3. Viertel des 15. Jahrhunderts in Deutschland, in der Schweiz und über die Hansestädte nach Skandinavien verbreitete. Die Siedelbank war zunächst ein bürgerliches Möbel. Sie wurde außerdem besonders dort heimisch, wo die Wärme von einem offenen Kamin kam. So konnte man in den doch verhältnismäßig kalten Räumen nach Belieben mit dem Rücken oder dem Gesicht zum Feuer sitzen.

Die Bauern in Süddeutschland verwendeten die Siedelbank kaum, in Österreich ist sie zumindest in den Rauchstuben häufiger zu finden. Die Siedelbank konnte auch als Notbett für Kinder gelten. Im übrigen aber sorgte der Hinterlader, der Kachelofen, für gleichmäßige Wärme in der Ofenstube.

Die übrigen Bänke sind meist ohne Lehne. Die Sitzgewohnheiten der Bauern waren anders als heute. Die Ellenbogen wurden auf die Tischplatte gestützt, und selbst den Bänken entlang der Stubenwand lehnte man sich meist nicht an, sondern saß vornübergebeugt, stützte dabei die Ellenbogen auf die Oberschenkel, nahm also eine Haltung ein, die einen näheren Bezug zum

»Nachbarn«, zum Freund und Besucher herstellte.

Das dreieckige Kästchen in der Tischecke nahm die wenigen Wertsachen auf, die das Hauswesen besaß, die Bibel, das Gebetbuch, falls jemand lesen konnte, den Rosenkranz, die Wetterkerze und nicht zu vergessen den Schnaps gegen allerlei »Wehdam«.

Die Einrichtung der Stube spiegelt selbstverständlich die sozialen und gesellschaftlichen Verhältnisse der Bauernfamilie wider. Das Verhältnis Bauer und Gesinde ist für die Eigenart des ländlichen Wohnens von Bedeutung.

Im Norden ist der Standesunterschied größer als im Süden. Im Alpengebiet, besonders in der altbayerischen Landschaft, wurden die Dienstboten die »Ehalten« genannt. Sie halten zur Ehe des Bauernpaares. Sie sitzen meist mit am Tisch, selbstverständlich in hierarchischer Rangordnung, aber sie gehören eng dazu. Es gibt aber auch am Ofen den sog. Knechtstisch, einen Klapptisch, an dem nach Bedarf der Knecht essen konnte. Der Klapptisch wurde auch wegen der Wärme dem Austragsbauer oder der -bäuerin zugewiesen. Bei zahlreichen Knechten und Mägden war wohl auch ein größerer Tisch im Flur, Flötz oder Ern nötig, er stand dann ebenfalls in einem Winkel zwischen Stubenwand und Fenster, und wie die Bauernfamilie löffelten die Dienstboten aus einer Schüssel.

Die Tische hatten zumeist eine Lade, in die nach Beendigung der Mahlzeit der Löffel gelegt wurde. Er wurde am Tischtuch abgewischt und kam dann in die Schublade, ohne vorher den Weg über die Spülschüssel genommen zu haben. Löffelrehme für die täglich gebrauchten Löffel finden sich im Alpengebiet kaum. Als Besonderheit wurden sie im Ausseer Land von Sennen mit reichen Verzierungen und mit bemalten Löffeln hergestellt. Sie dienten kaum dem Gebrauch, sondern waren Braut- und Hochzeitsgaben.

Zum Essen genügten Löffel, um die Knödel aus der gemeinsamen Schüssel herauszuklauben, oder den Sterz, die Polanta, aus der Pfanne herauszustechen. Zum Kartoffelschälen nahm man den Löffelstiel. Fleisch gab es, wie gesagt, selten, nur an hohen Festtagen, das waren früher nur sechs im Jahr: die »drei Heiligen Tage« – Weihnachten, Ostern und Pfingsten –, sodann Lichtmeß, Faschingsdienstag und Kirchweih. Infolge einseitiger, schlechter, vitaminarmer Ernährung, auch infolge der dumpfigen, schlecht gelüfteten Kammern gab es mehr Tuberkulosefälle auf den Bauernhöfen als allgemein bekannt ist. Die

»kräftige Bergluft« oder Landluft allein macht noch keine kräftigen Menschen. Das Fleisch zerlegten die Männer mit ihren »im Griffe feststehenden Messern«, die wegen der Rauflust eigentlich verboten waren zu tragen. Und die Frauen fischten sich dann das Fleisch heraus. Fast alles wurde überdies aus einer gemeinsamen Schüssel gelöffelt. Nur wenn es das Gericht erforderte, gab es Teller, und daher mußte mit den Teller- und Schüsselborden ein Aufbewahrungsort gefunden werden. Für den Kaffee gab es riesige Tassen mit und ohne Henkel, in die das meist sehr harte Brot eingebrockt werden konnte. »Kaffee essen«, rief die Bäuerin, wenn die Vesper fertig war.

Die älteste Form des Schrankes ist der eintürige Kasten, der Küchen- oder Kleiderkasten. Die Theorie, der Schrank sei aus zwei aufeinandergelegten Truhen entstanden, läßt sich seit geraumer Zeit nicht mehr halten. Die Behauptung kam vermutlich durch den Stil der Renaissance auf, als die betonten Horizontalen wohl den Eindruck erwecken konnten, daß hier zwei Truhen aufeinandergelegt worden seien und so den Schrank gebildet hätten. Schon lange vor der Renaissance, in früher Gotik gab es den eintürigen Almer, den Milch- und Brotschrank.

Ein kleiner farbiger Akzent in der schwarzbraunen Stube dürfte von jeher das bunte Tongeschirr gewesen sein, wie es auch Rosegger beschreibt. Je nach Besitztum des Bauern stand es auf einem einfachen Brett oder auf einem eigenen Gestell an der Wand mit verschiedenen Reihen – ein Möbelstück, das, bis in unsere Zeit beibehalten, praktisch und ein Raumschmuck ist.

Meist gab es längs des Unterzugs verschiedene Haken oder Bretter, um Gegenstände des täglichen Gebrauchs, Hüte, Stiefel, auch Kleidungsstücke aufhängen zu können.

Im Laufe der Jahre wurde die Ofenstube mehr und mehr auch in der Steiermark und in Kärnten üblich, und als Neuerung wurde in der Küche der rauchabziehende Kamin eingeführt. Der bislang übliche Funkenhut wurde durch eine große Kaminhaube ersetzt. Der Rauch mußte nicht mehr durch Dachluken seinen Weg ins Freie machen; er zog jetzt senkrecht in die Höhe, so daß am Ende des Kamins der Himmel sichtbar wurde. Die Räucherware, Speck, Würste, Fleisch wurden nun zum Räuchern in den Kamin gehängt. Sie hingen nicht mehr im freien Raum über dem Feuer. Bei Regen oder Schnee konnte der Kamin vorübergehend mit einer Klappe bedeckt werden, wie auch der Hinterladerofen sich mit einer Klappe schließen ließ, wenn das Feuer auf den Herd konzentriert werden sollte. Selbst als das offene Herdfeuer aufgegeben und in einem geschlossenen Herd untergebracht war, in den dann die Kochtöpfe und Pfannen zur Ersparnis der Feuerung eingelassen wurden, konnte mittels der Ofenklappe die Hitze in dem Hinterlader nach Bedarf reguliert werden.

Die Forschung nimmt an, daß von der Steiermark aus sich die Rauchstuben über Österreich bis in das Gebiet Salzburg verbreiteten. Auch die Rauchkuchl hielt sich hier am längsten, sogar bis in unsere Tage. In der Nähe des Rauchhauses in Mondsee gibt es höher am Berg noch hie und da das offene Herdfeuer, an dem das Essen bereitet wird. Das Kaminfeuer in Frankreich, über dem auch heute noch gelegentlich der Bratspieß mit dem Huhn gedreht wird, hat mit dem bäuerlichen Herdfeuer kaum etwas gemein, zeigt aber gleichwohl noch Relikte an die städtischen großen Herde mit Kaminhaube und Paradegeschirr, wie sie in Malerei und Graphik, ebenso in den Puppenstuben dokumentiert sind.

Angaben, wie die Ofenstube in das Rauchhaus gekommen ist, können aus den Grundrissen nicht mehr zweifelsfrei herausgelesen werden. Wurde sie als die »stuba«, die Badestube, in das Haus als geschlossenes Gehäuse eingeschoben? Wurde die Mittertenne um diese Stube verkleinert? Es sind Vermutungen. Nur beim Sallegger Moar wird deutlich, daß die Stube angefügt wurde.

Die Ofenstuben

Die bedeutendste künstlerische Leistung der bäuerlichen Kultur und ihre reichste Entwicklung begann im 16./17. Jahrhundert; Mitte bis Ende des 19. Jahrhunderts ist die große Zeit, nicht nur im Alpengebiet, ebenso in niederdeutschen Landschaften, zu Ende.

Wahrscheinlich orientierten sich die Bauern, zum mindesten die begüterten, für ihre Ofenstuben an den Wirtsstuben. Hier an den Einkehren der großen Rottstraßen und Handelswege traf sich viel Volk, vornehme Reisende mit ihrer Begleitung, die Dienerschaft, die Fuhrknechte. Der begüterte Reisende mußte eine »standesgemäße« Unterkunft haben, auch einen Speiseraum, wo er unbehelligt vom gemeinen Volk tafeln konnte, der Raum genug bot, daß seine Dienerschaft ihm aufwartete. Es mußte auch Schränke dort geben, wo das bessere Geschirr verwahrt werden konnte.

Kärnten und Steiermark

Während die Bauern in Kärnten und der Steiermark noch in Rauchstuben hausten, zeigt die *Wirtsstube aus Neumarkt/Steiermark* (Abb. 63) eine Vertäfelung, die mit der Jahreszahl 1607 datiert ist. Hier sind alle Elemente späterer Bauernstuben bereits enthalten, wie sie sich im Alpengebiet finden. Das Baumaterial des Hauses spielt dabei keine Rolle. Die Vertäfelung kann auf Stein oder auf Holz aufgelegt sein. Die Wände sind aus Zirbel- und Eichenholz, darüber legt sich die Balkendecke aus Lärchenholz, den einzigen Schmuck bilden die einfachen Profile zwischen den einzelnen Feldern, die Rahmung der Fenster und Türen, dazu schlichte Intarsie auf den Türen und die geschnitzte Rosette auf dem mächtigen Unterzug.

Ursprünglich lag diese Stube im ersten Stockwerk eines Einkehrhauses am alten Saumweg von Salzburg, wie zu jener Zeit die Gaststuben auch in den Märkten und Städten immer im Obergeschoß untergebracht waren. Das Erdgeschoß war für Warenstapelung und Kontor bestimmt. Das Gasthaus diente nicht nur Säumern, sondern auch reichen Kaufleuten, die auf diesen Saumwegen zogen. Die Stühle und die Lehnenbank können darauf hindeuten, daß hier Herrschaften mit anderen Sitzgewohnheiten als die Bauern saßen.

Eine Besonderheit scheinen auch die »Krauthaufen« genannten Öfen aus der Steiermark zu sein. Einer der frühesten erhaltenen Öfen ist vermutlich der »Krauthaufen« im angebauten Stübl des schon mehrmals erwähnten Sallegger Moar (Abb. 57). Auf einem aus Bruchsteinen gemauerten Unterbau sitzt eine Halbkugel auf, in die wiederum kugelförmige Segmente eingelassen sind. Der Ofen macht einen sehr altertümlichen Eindruck, so daß man ihn wohl in eine frühere Zeit zurückdatieren würde, jedoch lassen die Stuben und ihre Öfen, wie schon betont, in kaum einem Fall eine genaue Datierung zu, es sei denn, eine Jahreszahl ist angebracht, und selbst dann sind noch Zweifel möglich, denn wie soll man mit Sicherheit wissen, welches Ereignis diese Zahl festhalten will. Der Schluß jedenfalls liegt nahe, daß die gemauerten Öfen mit den eingelassenen Kugeln charakteristisch für Öfen der Steiermark sind. Das *Austragsstüberl im Steirischen Volkskunde-Museum in Graz* (Abb. 56) hat über gemauertem Unterbau einen rechteckigen Ofen mit glatten grünen Kacheln und darüber einen flachen »Krauthaufen«.

Die einfachen Stuben Österreichs unterscheiden sich, von den Öfen abgesehen, kaum voneinander. Vertäfelung kennt man im 16./17. Jahrhundert zunächst nur von den Wirtsstuben her. Bei den Blockbauten sieht man die Balken unverputzt auch in der Stube und lediglich die Ofenseite ist der Feuersicherheit halber aufgemauert. Da die Stämme nicht so genau aufeinanderpassen, entstehen undichte Stellen, Luft kann ein- und ausziehen, so mußte man daran denken, die Wände zu dichten. Die Fugen wurden mit Werg, Moos, Lehm oder Mörtel ausgestopft, weiß gekalkt, so entstand gleichzeitig ein Schmuck für die Wand. Dichtung war bei der Blockbauweise immer nötig und entsprechendes Material wurde gebraucht, solange die Wände nicht total verputzt wurden. Eine sehr interessante Schlafkammer mit Fugendichtung ist im Oberösterreichischen Landesmuseum in Linz erhalten. Sie kann höchst anschaulich auch die jahrhundertelange Tradition dieser Ofenstuben zeigen, was Wand, Decke und Mobiliar anlangt. Die Kammer ist ein Original aus *Gallham*, sie stammt aus einer *»Holzprügelsölde«*, einem Kleinhaus aus dem Raume *Prambachkirchen/ Bezirk Eferding* (Abb. 74, 77). Nach dem Alter des Baues ist das Haus mit Beginn des 18. Jahrhunderts entstanden, als Typus aber bereits auf das Spätmittelalter, auf das 15. und 16. Jahrhundert zurückzuführen, jedoch auch noch bis zum 20. Jahrhundert charakteristisch für das nördliche Hausruckviertel.

Die Möbel sind, wie immer, nicht ursprünglich zugehörig, stammen aber alle aus der Gegend um Eferding. Sie werden der sog. Volksgotik Oberösterreichs zugeordnet, besonders der des Innbach- und Polenztales, und sind gemeinhin bekannt als die Eferdinger Leisten- oder Spreißelmöbel. Diese Art Möbel wurde noch zu Beginn des 18. Jahrhunderts hergestellt, wieder ein Beweis für die ungebrochene Tradition in verschiedenen Landschaften.

Das Hauptmerkmal der Eferdinger Spreißelmöbel sind die immer wiederkehrenden geometrischen Ornamente, das Sonnenrad, gleichseitige Dreiecke in konzentrischen Kreisen, die zwischen profilierten Leisten oder in Quadrate eingeschrieben sind. Der Raum ist heute möbliert mit Kastenbett, Siedel mit umlegbarer Lehne, Tisch, hohem Spreißelkasten, datiert 1705, einer kleinen Truhe und einem Ofen.

Auch dieser Raum ist eigentlich als Mehrzweckraum zu verstehen. Es kann in ihm gewohnt, gekocht und geschlafen werden. Das Bett ist ein Kastenbett, wie es auch z. B. in Niederbayern (Abb. 74, 139, 198), in Oberbayern und anderen Landschaften zu finden ist. Kastenbetten waren dort notwendig, wo die Schlafkammer direkt unter dem Dachboden lag. Der verschließbare Kasten bot allein die Möglichkeit, Käfer, herabrieselndes Heu, oder was sonst auf dem Dachboden gelagert war, von den Betten fernzuhalten. Nicht immer, aber bei diesem Eferdinger Kastenbett, war am Kopfende ein Gitter zur Lüftung angebracht. Ein Brett am Fußende gab die Möglichkeit, verschiedene Gegenstände dort abzulegen, nicht zuletzt auch das Nachtgeschirr. Das mag praktisch sein, wenn man an die sanitären Verhältnisse vergangener Zeiten denkt, aber nicht unbedingt hygienisch.

In den gedämpften Farben der Stube, Dunkelbraun mit Weiß, Gelb und Hellblau, steht auf einem weißen, gemauerten Sockel der Ofen aus schwarzgraphitierten Hohlkacheln, der ebenfalls aus dem Bezirk Eferding (Gemeinde Strohheim) stammt, in das 17. Jahrhundert datiert wird und wohl auch schon auf eine längere Tradition zurückgehen kann. Bevor die Öfen farbig wurden, waren sie mit schwarz-grauem Graphit eingefärbt. Hohlkacheln sind seltener anzutreffen; die Topfkacheln finden sich im ganzen Alpengebiet. Wände im Blockbau werden noch im 19. Jahrhundert errichtet, nicht mehr jedoch die Rauchstuben; literarische Zeugnisse berichten, daß die Menschen die Rauchstuben »nicht mehr leiden mögen«.

Mit dem Verschwinden der Rauchstuben beginnt die Farbe in die Stuben einzuziehen. Die Möbel müssen nun nicht mehr mit Sand abgeschrubbt werden, denn keine Rußschicht verschmutzt mehr die Farbe. Die altertümlichere Form des eintürigen Möbels bekommt durch Farbe einen »modernen« Aufputz, die dunklen Stuben erhalten mehr Licht; aus den Blockwänden werden nun größere Öffnungen herausgesägt, Fensterrahmen geben entsprechenden Halt.

Wohnen, Kochen und Schlafen sind, von den ärmeren Haushalten und Austragsstuben abgesehen, im 16. Jahrhundert in der oberdeutschen Stube durchweg getrennt, und nun entwickeln sich landschaftliche Besonderheiten je nach Bodenbeschaffenheit, Nationalcharakter und auch Möglichkeiten eines Nebenerwerbes. Die ärmsten Bauern oder bäuerliche Taglöhner, die vielleicht nur Vieh und Boden für den Eigenbedarf hatten, die aber ebenfalls zum Bauernstand zu zählen waren, hatten nur zeitloses und schmuckloses, zum Leben unbedingt notwendiges Mobiliar. Da kam es durchaus häufiger vor, daß die Kinder im Heu schliefen, so wie es Johanna Spyri in »Heidi« beschreibt, dort allerdings verklärt und ohne die bittere Notwendigkeit, die aus der Armut erwuchs.

Nun schlafen die Kinder nicht mehr, oder nur noch in den allerärmsten Stuben, auf dem Stroh am Boden, sie hatten ein »Ziehbettlein« (Abb. 131), das unter die elterliche Schlafstatt geschoben war und für den nächtlichen Gebrauch herausgezogen wurde; es gab auch das Kastenbett (Abb. 205) oder Truhenbett, das auch, wenn nicht belegt, als Einstieg in die hohen Betten diente, oder auch ein Pendant war zu einer wirklichen Einstiegtruhe.

Nicht jeder Knecht allerdings konnte in einer Knechtskammer schlafen. Häufig genug schliefen Roßknecht und Roßbub im Pferdestall auf einem einfachen Strohsack, und auch nicht für jede Dirn gab es Platz in der »Menscherkammer«, wie es im Oberbayerischen bezeichnend heißt. Eine Ecke im Kuhstall mußte häufig genügen.

Das Baumaterial des Hauses prägt sich auch in der Stube selbst aus. Der Blockbau, der immer in der Region der hoch- und geradegewachsenen Fichten und Tannen vorherrschte, bekommt nun ein gemauertes Untergeschoß, der Grund war zumeist ein obrigkeitlicher Erlaß zur Schonung der Wälder. Es sollte zum mindesten das Erdgeschoß aufgemauert sein. Ausnahmen waren hie und da möglich.

Kienspan oder Kerze flackern nicht mehr in der Zugluft der Luken. Dichtungen sind nicht mehr nötig. Nicht zuletzt erschien allmählich ein Steinbau »moderner«, hob das Ansehen der Besitzer, sah nach größerem Wohlstand aus.

Im 16. Jahrhundert wurde es allgemein üblich, das ganze Erdgeschoß des Wohnteils aufzumauern. Nur für das Obergeschoß hielt man Jahrhunderte hindurch am Blockbau fest und das in allen Blockbau-Gegenden. Im Erdgeschoß wurde in den alten Blockbauten zur Feuersicherheit die Küche gemauert und gewölbt. Die Schwierigkeit lag darin, die notwendige Höhe der Wölbung zu erzielen, denn die darüberliegenden Stuben gingen für das Wohnen verloren. Der Boden war nicht mehr eben. Mit dem Stockwerksbau verschwanden die gewölbten Stubendecken, die möglicherweise auf ein ehrwürdiges Alter zurückgeführt werden können. Hermann Phleps glaubt den Ursprung in der frühesten Menschenbehausung mit dem offenen Dachraum zu sehen, und als dann die Alemannen die Stube erfanden, habe sich die Decke nach oben weiten müssen, das habe ein freieres Gefühl gegeben als die mehr lastende waagrechte Decke. Man möchte solchen Behauptungen allerdings mit einiger Skepsis begegnen, und die Wölbung eher auf eine konstruktive Notwendigkeit zurückführen. Der besonders nüchtern denkende Allgäuer und auch die Menschen aus dem Schwarzwald dürften kaum auch noch im 19. Jahrhundert derartige Gefühle zum Ausdruck haben bringen wollen.

Im Freilichtmuseum »Mondseer Rauchhaus« stehen, nur durch wenige Jahre getrennt, eine Stube mit Blockbauwand, sehr spät, vielleicht erst im 18. Jahrhundert entstanden, und eine mit aufgemauerter Wand, datiert 1778, das *Austragshaus vom Schmiedbauer in Winslroid bei Oberhofen* (Abb. 75). Die Stube ist sehr schlicht, enthält nicht das Anheimelnde einer Vertäfelung, nur das Lebensnotwendige, den Eßtisch im Herrgottswinkel, das Schüsselrem, eine bemalte Truhe und den Verschlag für die Hühner, eine umlaufende Bank, eine schlichte Balkendecke mit Unterzug. Entweder wurde für den Altenteiler gespart, oder das Zuhaus gehörte zu einem kleineren Anwesen, denn das Mondseeland zählte nicht zu den wohlhabenden Landschaften. Einen weiß gekalkten Ofen schmücken grüne, reliefierte Kacheln mit Reiterdarstellungen. Neben dem Ofen führt eine Türe in eine Vorratskammer, einen Abstellraum. Das Haus gehört zum Typus des salzburgisch-bayerischen Einhauses, das im Altbayerischen vom Lech bis zur Traun verbreitet ist.

In der Einrichtung besteht keinerlei wesentlicher Unterschied durch die Jahre hindurch, sie ist zeitlos und dürfte so gewesen sein.

Ein »Suppenspucker« (Abb. 61) wird ursprünglich in der Altenteilerstube kaum aufgehängt gewesen sein. In einer Glaskugel ist hier und auch in anderen alpenländischen Stuben die Heilig-Geist-Taube über der Schüssel oder der Pfanne, aus der gemeinsam gegessen wurde, aufgehängt. Der Essensdampf zog nach oben, verdichtete sich in der kühlen Glaskugel und fiel als Wassertropfen in das Essen, daher der Name.

Im *Vierkanthof aus St. Ulrich bei Steyr* (Abb. 71) macht sich heute im Österreichischen Freilichtmuseum Stübing Wohlstand und dadurch auch höhere Wohnkultur bemerkbar. Der donauländische Vierkanthof ist auf einen verhältnismäßig kleinen Raum zwischen den Städten Linz, Enns, Steyr und Wels beschränkt. Das Gebiet ist außerdem durch mehrere Klöster und Schlösser ausgezeichnet, was allein schon auf

6 Gewölbte spätgotische Balkendecke aus dem Schulhaus aus Mooseppan, Südtirol

größeren Reichtum und Fruchtbarkeit des Bodens hindeutet. Möglicherweise hatte der Vierkanthof sein Vorbild in den Schlössern und Burgen des Landes. Wohnhaus und Wirtschaftsgebäude sind um einen Innenhof unter einem Dach vereinigt. Durch das Vorhaus, hier kurz das »Haus« genannt, können die ebenerdigen Räume betreten werden. Die Stube mit dem halbhohen Getäfel wirkt durch die größeren Fenster und die weiß getünchte Wand wesentlich heller. Die weiß gestrichene Decke läßt den Raum höher erscheinen, während die anderen ohnehin nicht hohen Räume durch die dunklen Holzdecken bei aller Gemütlichkeit und Wärme zusätzlich noch in der Höhe gedrückt wurden. Der Raum macht einen heiteren Eindruck (Abb. 69), man glaubt außerdem, daß hier gesündere Menschen gewohnt haben müßten, als in den entlegeneren Gebirgsgegenden. Auch eine gepolsterte Sitzbank neben dem Kachelofen mit Trockenreck scheint für Wohlhabenheit und bequemeres Dasein Zeugnis abzulegen. Eßtische und Sitzbänke sind bemalt und auch typisch für die Gegend. Der Herrgottswinkel mag für die Frömmigkeit der Menschen dieser Landschaft zeugen. Farbige Hinterglasbilder schimmern neben dem Gekreuzigten, Efeu rankt sich, Blumen und Kräuter sind dazugesteckt und kunstvolle Stickerei hängt vom Eckbrett, auf dem sich der Herrgottswinkel aufbaut.

Der Bretterboden wird geschrubbt, samstags und sonntags werden die Fleckerlteppiche aufgelegt. Der Ofen mit den graphitfarbenen Topfkacheln wurde einige Jahrhunderte lang in Südtirol wie in Oberösterreich hergestellt. Charakteristisch daran sind auch die flachen Kacheln mit Hirschdarstellungen.

Die Florianer Möbel gehören zu den kunstvollsten Möbelmalereien, die aus Oberösterreich erhalten sind. Leuchtende Farben, fantasievolle Details, welche die Flächen teppichartig wie kunstvolle Gobelins überziehen, übermalte Kupferstiche, medaillonartig eingefaßt, dies alles zusammen ist für diese Möbel charakteristisch. Auch aus einem *Vierkanthof, aus dem Traunviertel*, Raum Enns – St. Florian, stammt die »Hohe Stube« (Abb. 68, 70, 72), heute Oberösterreichisches Landesmuseum Schloßmuseum Linz. Die Möbel kommen aus dem Stiftsland von St. Florian. Jedes einzelne ist von höchster Qualität, zeigt die Hochblüte der Möbelmalerei zwischen 1765 und 1790 im Gebiet des unteren Traunviertels. Die Stuckdecke ist eine getreue Kopie einer Hohen Stube im Hof Zittayer z'Hargelsberg. Eine Paradestube kann im 18.

Jahrhundert vermutlich für die meisten Höfe angenommen werden. Hierher kam die Aussteuer, die »Ausfertigung«, der neuen Bäuerin, und der »Kammerwagen« zeigte die Mitgift und aus welchem Haus die Braut kam. Benutzt wurde die Stube kaum, höchstens durften einmal sehr angesehene Gäste übernachten. Nicht in der Stube selbst zeigte man, was man besaß, nicht augenfällig machte man seine Schätze, seinen Wohlstand, die »gute Stube« wurde nicht jedem vorgeführt; »die Leute täten meinen, man wollte angeben«, heißt es mundartlich gefärbt im altbayerisch-österreichischen Raum.

Tirol, Südtirol und Vorarlberg

Südtirol ist besonders reich an schönen, kunstvollen Stuben mit geschnitzten Vertäfelungen. Sehr heimatverbunden und traditionsbewußt gab es und gibt es dort bis in die heutige Zeit noch Stuben, die ziemlich getreu ihr altes Aussehen bewahrt haben, die versuchen, das 20. Jahrhundert auf gute Weise in die überkommene Stube mit hereinzunehmen.

Südtirol wurde von jeher durch die große Rottstraße von Verona über den Brenner aufgeschlossen, der Boden ist ergiebig, das Klima mild, Wein und Obst gedeihen, der Handel blühte.

Ehrfurcht vor dem Überkommenen zeigt sich auch dort, wo die Dinge nicht mehr gebraucht werden. Sie wurden, sei es durch Liebhaber, einsichtige Pfleger der heimatlichen Tradition, oder durch die Besitzer selbst in Museen gerettet und somit zu wertvollen Urkunden für frühere Stubenkultur.

Aus Südtirol kamen zwei gewölbte Decken in Museen: Eine gotische Bohlenstube aus der Zeit um 1550 aus dem *Johannser-Hof*, ehem. *Villanders* aus Klausen im Eisacktal, heute im Volkskunstmuseum Innsbruck (Abb. 82). Die Scheitelhöhe ist bezeichnet mit geschnitzten Rosetten in Kreisen, die Decke liegt in Segmentbogen auf den Blockwänden auf, die Decke des Erkers ist zum Teil gemauert.

Mit einem gedrückten Segmentbogen ist die Stube aus dem Klösterle St. Florian bei Margreid/Südtirol, heute im Stadtmuseum Bozen, überwölbt. Es handelt sich hier zwar nicht um die Stube eines Bauern, aber es kann immerhin der Schluß gezogen werden, daß wohlhabendere Bauern, wie auch die auf dem Johannser-Hof, ähnliche Decken hatten (Abb. bei Ritz, Geschnitzte Bauernmöbel).

Der Ofen hat hier nur noch einen tonnengewölbten Aufsatz, nichts um ihn herum lädt zu entspannendem Liegen ein. Die Bank zwischen Ofen und Fensterseite wird als wärmster Sitzplatz ältesten Insassen erlaubt gewesen sein.

Auch beim Klösterle ist die Stube völlig vertäfelt, die große Mauertiefe wird durch zwei eingetiefte Felder deutlich, die Schnitzerei ist strenger als die von der Stube in Klausen. Stilisierter Kielbogen und abgetreppte Basis weisen noch ungebrochen auf die Zeit der späten Gotik. Technische Notwendigkeit, die Vertäfelung auf dem Untergrund mit Holznägeln anzubringen, ergibt ein weiteres Schmuckmotiv und unterstreicht die solide handwerkliche Arbeit.

Mit Aufsetzen eines weiteren Geschosses über die Stube, um mehr Raum für Schlafkammern zu gewinnen, mußten die gewölbten Decken aufgegeben werden, denn die Stubendecke bildete dann zugleich den Fußboden der Kammer. In den Museen Bozen und Innsbruck sind die Stuben Südtirols wohl noch nach ihrer Herkunft bekannt, die Struktur des Hauses jedoch ist nicht mehr überliefert. Ob es sich um eine gemauerte Wand handelte, oder das Haus im Blockbau ausgeführt war, die Vertäfelung war jedenfalls der Wand aufgelegt, verdeckte den tragenden Grund völlig.

Die Stube aus *Klausen in Südtirol* (Abb. 81) kann aus dem 15. Jahrhundert stammen. Zirbel und Fichte sind das Material. Es findet sich der gotische Kielbogen in der Türe. Flache Profilleisten gliedern die Wände in schmale, hochstrebende Felder, die mit kunstvollem Maßwerk geschlossen sind – ausgeprägte Schmuckmotive der Gotik. Es erscheinen aber auch nach der Türe breite Felder, wie sie dann im 16. Jahrhundert im Stil der Renaissance üblich wurden. Die beiden Stile vermischen sich. An das gotische Maßwerk lehnen sich in flacher Reliefschnitzerei stilisierte Akanthusblätter. Es kann angenommen werden, daß die Stube am Schnittpunkt zweier Epochen entstand, gegen Ende des 15. Jahrhunderts oder um die Jahrhundertwende.

Die reiche Vertäfelung um den Ofen legt auch die Vermutung nahe, daß es sich um ein herrschaftliches, nicht um ein bäuerliches Anwesen handelte. Der Museumseinrichtung nach könnte es jedoch ein bäuerliches Anwesen gewesen sein, denn der gemauerte Tonnenofen mit seiner »Ofenbruck«, auf der die Kinder winters schlafen konnten, dürfte nur im Hause von Bauern gebräuchlich gewesen sein. Auch die Ofenbank mit der hölzernen Kopfstütze wird kaum in adeligen Anwesen Verwendung gefunden haben. Die Stützen für die Ofenbruck ergaben zugleich ein Trockengerüst und Rückenlehnen am gewölbten Teil des Ofens.

Bei der *Gerichtsstube aus Niederdorf im Hochpustertal in Südtirol* (Abb. 84, 85, 87), heute im Tiroler Volkskunstmuseum, Innsbruck, sind es noch Wandnischen, welche zur Aufbewahrung vielleicht von Akten und Gesetzbüchern dienten. Sie sind nur durch reiche Ornamentierung hervorgehoben, bleiben aber unverschlossen. Nach dieser Zeit begann man die Nischen mit Türen zu verschließen, es kam zu eingebauten Kästchen.

Der Schmuck dieser Stube, die ja nicht eigentlich zu den Bauernstuben zählt, aber doch zum bäuerlichen Leben gehört, wenn auch die niedere Gerichtsbarkeit durch einen Herrn ausgeübt wurde, konzentriert sich ganz auf die Umrahmung der Wandnischen, auf die überaus kunstvoll geschnitzte Holzdecke. Profilierte Leisten gliedern die Wände aus Zirbelholz in schmale Felder, schlichte Schnurornamente rahmen die tiefen Fensternischen.

Die Fülle der Ornamente bringt den ganzen Reichtum der Zeit vor Augen: florale Motive wechseln mit geometrischen, Rosetten, Eicheln und Pinienzapfen, Zopfmuster, Flechtwerk, Schnüre, Voluten folgen einander mit der damals typischen Unregelmäßigkeit, ohne Symmetrie und Ordnung. Die Bekrönung der Felder der Türe zeigt nun die Rosette, nicht mehr das Maßwerk, wie bei der Stube aus Klausen. Der Ofen dient nicht bäuerlichen Notwendigkeiten, er ist nicht mit einem Trockengestell umgeben. Mit seinen Reihen reliefierter Kacheln, den tiefen Topfkacheln, der Graphitfarbe und dem gesamten Aufbau ist er dem Ofen aus Ingleiten (heute Schloßmuseum Linz) verwandt. Der Ofen ist auch hier von der Stubenwand ein wenig abgerückt, die Wand zu einer Sitznische ausgeweitet, die aber nicht wie bei bäuerlichen Anwesen die Möglichkeit zum Schlafen bot. Die Grundhaltung der Stube ist bäuerlich, nicht jedoch die Nutzung. Umgekehrt läßt sich aus dieser Gerichtsstube schließen, daß sie das Vorbild abgegeben haben wird für bäuerliche Stuben und daß hier nur das für das tägliche Leben Notwendige eingebracht wurde, wie es die Stube aus Klausen zeigt mit dem »bewohnbaren« Ofen, der als Schlafstatt benutzbaren Ofenbruck und der Ofenbank mit Kopfstütze, die wieder ein praktisch nutzbares, aufklappbares Kästchen ist.

Im 17. Jahrhundert ändert sich das Wesen der

Stube in Tirol und Südtirol nicht, nur in der Ausstattung, im Ornament.

Die Stubendecken werden durch schlichte Profilleisten in Kassetten eingeteilt, nur ein Feld wird besonders hervorgehoben, sei es, daß ein Quadrat mit einem eingeschnitzten Stern in die Decke eingefügt ist, oder der Erker wird durch ein reichverziertes Feld in breitem ornamentiertem Achteckrahmen, der eine Darstellung der Heilig-Geist-Taube, ein »Auge Gottes« oder eine kunstvolle Rosette als Mittelpunkt einschließt, ausgezeichnet. Schlichte Profilrahmen gliedern die Felder in nun breitere Rahmen. Der Schmuck liegt jetzt nicht mehr in den Bekrönungen der Felder in den Friesen zwischen Wand und Decke, sondern konzentriert sich auf Türumrahmungen und Wandkästchen. Fensternischen erhalten nur eine schmale Randleiste mit Zahnschnitt oder Perlstab. Das Tiroler Volkskundemuseum beherbergt zwei hervorragende Beispiele: die *Stube* aus dem *Gemeindehaus in Fiß* aus dem Oberinntal von 1686, und eine *Stube aus Ladis* (Abb. bei Ritz, Geschnitzte Bauernmöbel), ebenfalls aus dem Oberinntal von 1692. Das Material ist durchwegs Zirbelholz, andere Hölzer wie Ahorn oder Nußbaum werden als zusätzlicher Schmuck verwendet. Die Stubenordnung bleibt auch im 18. Jahrhundert die gleiche: diagonal zum Herrgottswinkel der Ofen, nur die Ausstattung ändert sich. Die

Schnitzerei tritt zurück und mehr und mehr erhält die Farbe den Vorrang. Die weitverbreitete Anschauung: im Süden Malerei, im Norden Schnitzerei, läßt sich nicht mehr halten; in jeden Landschaften, sofern sie imstande sind, dank eingangs erwähnter Lebensbedingungen Kunstvolles hervorzubringen, entstehen geschnitzte und bemalte Gegenstände. Der Geschmack der Zeit, und hier darf auch das Wort Mode gebraucht werden, ändert sich. Im 18. Jahrhundert dringt die Farbe auch da in die Stuben ein, wo es sich um holzreiche Gegenden handelt.

Zwei Stuben aus dem *Thannheimer Tal in Tirol* (Abb. 88–99) geben in leuchtender, heiterer Farbigkeit den Beweis heute im Bayerischen Nationalmuseum, München.

Wände und Decken sind wie ein Gehäuse mit Malerei überzogen und ergeben ein Bild von großer Geschlossenheit und trotz der vielerlei Motive doch auch wieder von großer Ruhe. Es wird angenommen, daß beide Stuben vom gleichen Maler ausgeziert wurden. Ein Name ist bisher nicht bekannt geworden, ähnliche Malereien ließen sich nicht feststellen. Es könnte nur angenommen werden, daß es sich um einen Meister handelt, der auch Fassaden und Decken bemalte. Degenhart vielleicht oder sonst ein Maler des Lechtales.

Gemeinsam ist nur das Parkettmuster, die Illusionsmalerei geschichteter Holzblöcke, sparsam bei der einen Stube an den Türen, reichlicher und sich vordrängend, dominierend in der anderen.

In zierlichen Rokokorahmen sind in zeitgenössischen Kostümen Halbfiguren von Heiligen mit ihren Attributen dargestellt, dazwischen Figurenszenen aus dem Alten und Neuen Testament.

Ein grüner Kachelofen mit Symbolfiguren setzt einen weiteren farbigen Akzent. Der Ofen kann schon aus dem 16./17. Jahrhundert stammen, denn zu dieser Zeit wurden derartige Kacheln bereits hergestellt, wie der Ofen in der Probstbauernstube aus Fischhausen-Neuhaus, datiert 1561, zeigt. Da die Modeln sich recht lange erhielten, mag der Ofen aber auch erst im 18./19. Jahrhundert geformt worden sein.

Die zweite *Stube aus dem Thannheimer Tal* (Abb. 88–92) ist dagegen in helleren, lichteren Farben gehalten. Unter Heiligen in schlichten Ovalrahmen sind Blumen frei auf die Fläche gesetzt. Profilleisten trennen auch hier die Wandflächen voneinander und teilen die Decke in Quadratfelder ein, deren jedes mit Blumensträußen und abwechselnd mit Rokokorahmen bemalt sind. Wie nahezu überall ist die Ofenwand aufgemauert, der Ofen mit Lehm verputzt und bemalt, im Unterteil rot, in der aufgesetzten Halbkugel terrakottafarben mit weißen aufgelegten Bändern. Der angefügte rechteckige Teil konnte zum Aufwärmen von Speisen dienen. Seit dem 16. Jahrhundert war dieser Lehmofen für das Allgäu charakteristisch. Von Norden her scheint der Einfluß in dieses Tal gekommen zu sein. Es gehört zwar politisch zu Tirol, aber das Lechtal öffnet sich nach Norden und so kann die Bindung an das Allgäu größer gewesen sein, denn in Tirol sind solche Öfen nicht mehr zu finden.

Im 19. Jahrhundert dringt die Farbe selbst in die Stuben des unverputzten Blockhauses ein. Die Stube des *Wegleithofes aus St. Walburg* (Abb. 79, 80) im Ultental, Südtirol, heute im Österreichischen Freilichtmuseum in Stübing, beläßt zwar das Holz in der Naturfarbe, legt nur rund um den Raum eine einfache Bordüre, die überwiegend in »Ochsenblut« gehalten ist und wie aus Stoff ausgeschnitten und gezackt und bestickt zu sein scheint. Der gemauerte Ofen mit der aufgelegten Halbtonne hat die übliche Ofenbruck zur Schlaf- und Wärmegelegenheit in den langen Wintern, einen Klapptisch in der Nähe des Ofens und ein ganz niedriges »Hungerloch« zum Hereinreichen der Pfannen direkt vom offenen Herdfeuer der »schwarzen Kuchl«. Über

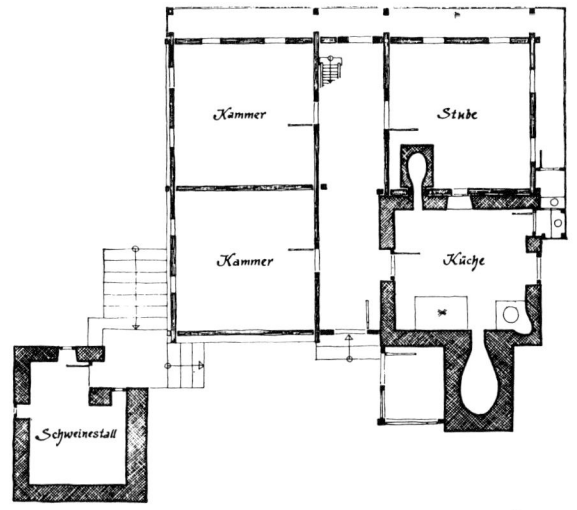

8 *Grundriß des Wegleithofes aus St. Walburg im Südtiroler Ultental*

der Türe die Jahreszahl MDCCCXXXXIII. Über der Türe unter dem »Auge Gottes« hat sich einer der Haussprüche erhalten, wie sie in allen Alpenlandschaften zu finden sind. Die Monogramme für Jesus und Maria vervollständigen die schlichte Malerei.

In etwa der gleichen Zeit, um die Mitte des 19. Jahrhunderts, wurden auch weiterhin Stuben getäfelt und mit Schnitzerei verziert. Die Stube aus dem Sextental in Tirol, heute im Volkskunstmuseum in Innsbruck, zeigt stilistisch in den Ornamenten noch die Zugehörigkeit zum späten 18. Jahrhundert, ist aber auch noch in der Gliederung von Wänden und Decke dem 17. Jahrhundert verwandt. Die Decke ist durch Profilleisten in Quadrate aufgeteilt, die Sterne und stilisierte Margeriten in Vierpässen einschließen. Ein großes Feld mit einer Krönung Mariä beherrscht die Decke ähnlich den Mittelpunkten der Decken des 17. Jahrhunderts, nur wirkt alles graziöser, verspielter, eine Decke, die man sich, ebenso wie die Fensterlaibungen, in Malerei vorstellen könnte. Die Wände aus Zirbelholz sind durch Lisenen gegliedert, die ähnlich den gotischen Stuben einen Abschluß erhalten, hier durch klassizistische Kapitelle. In der besonders reichen Türumrahmung und -bekrönung zeigt sich die Mischung der Stile: graziöses Rokoko und strengeres Empire.

In Südtirol finden sich noch »lebende Stuben« von zeitloser Schönheit und Einfachheit. Sie können aus dem 17. Jahrhundert stammen. Eine gewisse Veränderung erfuhren sie in neuerer Zeit, die Fenster wurden nach unten verlängert, sind jetzt längsrechteckig, anstatt wie in vergangener Zeit querrechteckig. Zirbelholz ist mit schlichten Lisenen und Profilleisten an den Wänden und in der Decke gegliedert. An den Segmentbögen der Fenster und unter der Decke ziehen sich schmale, bescheidene Zierleisten hin, Uhr- und Wandkästchen sind eingebaut, die umlaufende Bank schwingt in die Fensternische ein, schafft Sitzplätze am Klapptisch. Der Ofen zeigt noch die altertümliche Form mit abschließender Halbtonne, ist nun aber mit Kacheln verkleidet. Trockenreck und Ofenbruck sind einfach und zweckmäßig, ohne jeglichen Schmuck.

Das Haus aus dem Bregenzer Wald ist noch ein reines Holzhaus, das in seinem Aufbau nun schon in die Schweiz hinüberweist. Bauernhäuser dieser Art finden sich wohl noch in dieser Landschaft, aber die Stuben haben sich wie nahezu überall zeitgemäß verändert.

Die althergebrachte Ordnung zeigt die *Stube*

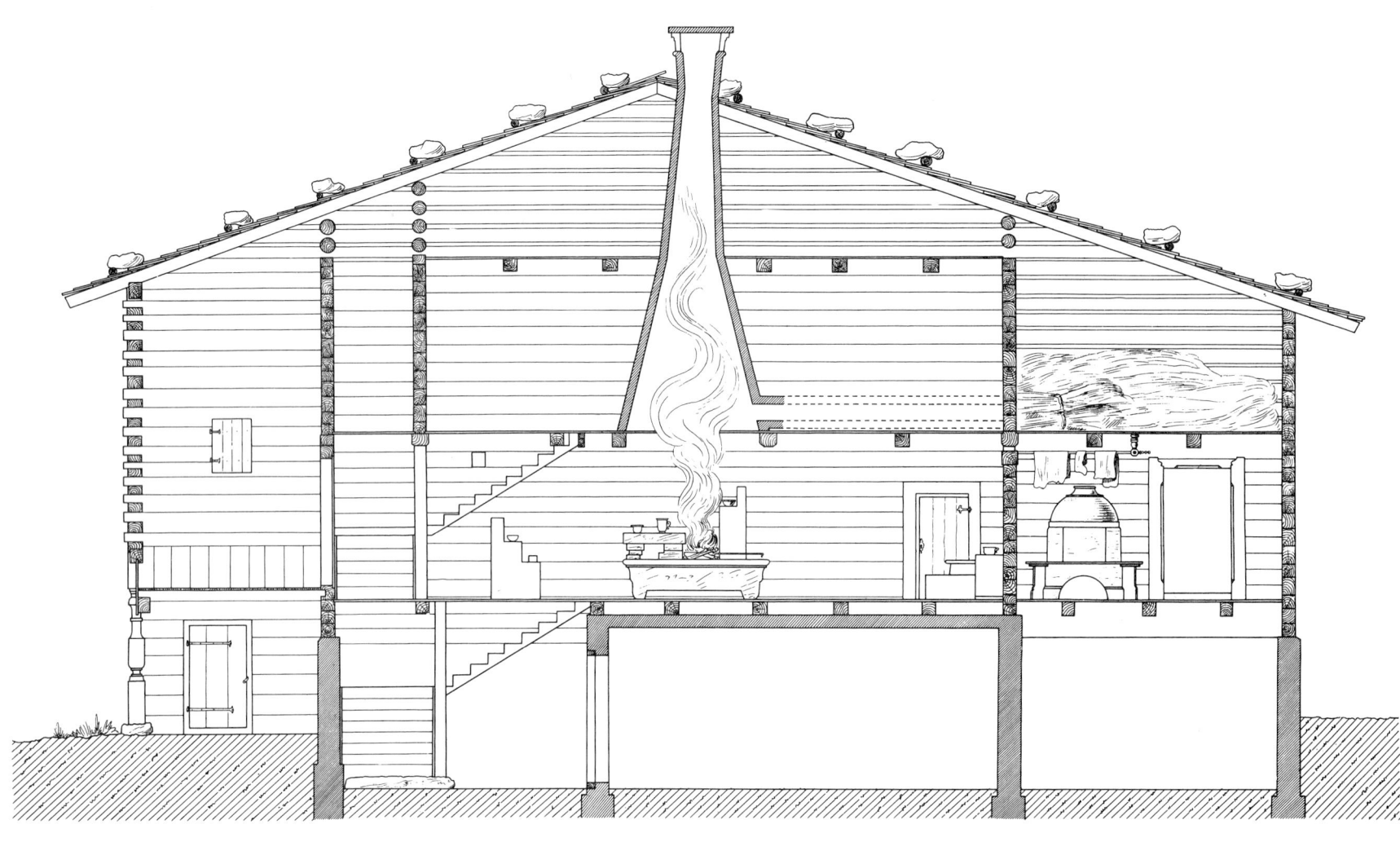

9 *Querschnitt durch ein Bauernhaus zu Bizau in Vorarlberg*

aus Schwarzenberg in Vorarlberg, das »Nagler-haus«, heute Österreichisches Freilichtmuseum Stübing (Abb. 111, 112). Das Haus ist ein sog. Küchenflurhaus, der Kochherd mit offenem Feuer und Rauchabzug ist etwa in der Mitte des Hausflures und beschickt wie üblich den Ofen in der Stube. Die Stube macht einen auffallend hellen und sauberen Eindruck. Es ist eine Wäldlerstube, wesentlich einfacher als die Stuben des übrigen Vorarlberger Gebietes. Die Stuben Vorarlbergs tendieren mehr zum Allgäu, zum Alemannischen, zur deutschsprachigen Schweiz als nach Tirol. Das mag seinen Grund haben in der besonderen geographischen ebenso wie in der sozialen Struktur. Das Land konnte die Bevölkerung nicht ernähren, der Boden war karg, die Kinder zahlreich. Die Männer mußten auch hier, wie in anderen Gebieten, Saisonarbeit suchen, sie wurden geschickte Maurer, Zimmerleute, Schreiner, auch als Stukkateure waren sie allenthalben im Norden, in Altbayern und Schwaben, in der Schweiz, gelegentlich auch in

Frankreich, tätig und dort namhaft zu machen. Neue Wohngepflogenheiten lernte man in der Fremde kennen. Die Vorarlberger Wanderer gaben nicht nur von ihrer Handwerkskunst an andere Landschaften, sie nahmen ebenso Anregungen auf; die Alemannen, Schwaben, galten von jeher als besonders aufgeschlossen allen Neuerungen gegenüber.

Das helle Weichholz der Vertäfelung, die in allen Stuben üblich ist, sieht aus, als würde es von Zeit zu Zeit, wie das Arvenholz im Engadin, mit Sand und Bimsstein abgerieben worden sein. Die Fenster sind größer, enger zusammen, nur ein Feld der Vertäfelung liegt dazwischen. Gewöhnlich sind zwei Fenster an der Stirn- und zwei Fenster an der Langseite.

Ein gewisser Wohlstand kam mit den jeweils zum Winter heimkehrenden Männern in das Haus. Die Frauen konnten am Stickrahmen feinere Handarbeiten herstellen, in größeren Häusern wurde sogar in der Dachstube ein Raum für die Stickerinnen geschaffen. Auf eine gehobene-

re Lebensart deutet vor allem auch das Sofa hin, ein Polstermöbel zum behaglichen Sitzen, eine Neuerung, die vermutlich aus dem oberschichtlichen Bereich Anfang des 19. Jahrhunderts hereinkam. Damit ist die Gautsche, das Gutschibett, das aber in einfacheren Bauernanwesen als Liegestatt noch seinen Platz neben dem Ofen hat, verdrängt. Die Uhr ist nicht mehr nachträglich in die Stube gestellt und mit dem Holz der Vertäfelung umkleidet, sondern sie ist von vornherein eingeplant, wandgleich mit der Vertäfelung. Es ist eine Uhr aus dem Schwarzwald, wie sie der Hausvater von einer Sommerarbeit mit heimgebracht haben mag.

Die Vertäfelung der Stube aus Schwarzenberg weist keinerlei Schnitzerei oder sonstigen Zierat auf, es ist bei allen Neuerungen ein verhältnismäßig einfaches Hauswesen. Vorarlberg gehört zur großen Zone der vertäfelten Stuben, die in reicher und schlichter Ausführung heute noch anzutreffen sind. Auch in Vorarlberg dürfte wie in Tirol die Stube in der 2. Hälfte des 15. Jahrhunderts allgemein bekannt gewesen sein. Die Balken und Unterzüge der Stubendecken, waren sie zunächst gewölbt oder späterhin flach, sind fast immer mit mehr oder weniger reicher Schnitzerei verziert oder tragen wenigstens in der Mitte ein Kerbschnittmotiv. Zur Zeit der Renaissance wird, vermutlich aus Italien, die Kassettendecke übernommen. Die Kassetten werden im Laufe der Zeit breiter und die Decke insgesamt reich ornamentiert. Wie in Tirol und in der Schweiz wird ein Motiv in der Mitte durch kunstvolle Flachreliefs hervorgehoben.

Ebenso wie das Sofa, so mag auch die Kommode aus dem ursprünglich bürgerlichen Bereich kommen.

In der Fensterecke, dem »Spausawinkel«, mit dem Kruzifix und den Heiligenbildern steht ein großer Eßtisch, meist mit einer Schieferplatte in der Mitte eingelegt, die gelegentlich achteckig, wie auch in der Schweiz, meist aber quadratisch ist. Wie in allen Stuben der katholischen Gegenden hängt an der Türe ein Weihwasserkessel. Mit dem Kreuzeszeichen verläßt der Scheidende die Stube, damit er gefeit sei gegen Unglück.

Neben der Wohnstube ist eine Kammer, hier Gaden genannt, mit buntbemaltem Schrank und Bett. Vorarlberg zählt zu den Landschaften mit »gemischter Produktion«, d. h. es wurden geschnitzte Vertäfelungen und bemalte Möbel hergestellt. In manchen der größeren Bauernhäuser waren Ende des 19. Jahrhunderts Einliegerwohnungen eingerichtet, für Menschen, die keine Landwirtschaft betreiben konnten, sondern die allein auf handwerkliche Arbeit, sei es in der Heimat oder sei es »draußen«, angewiesen waren.

10 *Türe an einem Bauernhaus, Anfang des 17. Jahrhunderts, aus Vorarlberg*

Schweiz Wie Österreich, so hat auch die Schweiz Stubenlandschaften von besonderer Eigenart, wobei hier nur von den deutschsprachigen Kantonen die Rede sein soll. Jenseits der Sprachgrenzen findet sich ein vom deutschen Sprachgebiet verschiedenes Wohnverhalten. Das ist teils durch das Klima bedingt, teils durch italienische und besonders seit der Zeit Ludwig XIV. französische Einflüsse. Das Engadin als eigenes Sprachgebiet nimmt zwar eine Sonderstellung ein, gehört aber doch zum oberdeutsch-alpenländischen Stubengebiet.

In diesen Kantonen der Schweiz zeigen Rauchkucheln und Stuben im Prinzip die gleiche Entwicklung des Wohnens wie in den gezeigten und besprochenen bäuerlichen Anwesen des ostalpinen Gebietes. Die Flurküche, sei es eine Rauchküche oder eine Herdstelle mit Kamin, beschickt den Hinterlader der Stube mit Feuerung. In der Diagonalen vom Ofen liegt zwischen den beiden Fensterfronten die Tischecke mit dem Eßplatz. Da in den reformierten Landschaften der zentrale Mittelpunkt, der Herrgottswinkel, fehlt, ist der Tisch gelegentlich von der Stubenecke gegen die Mitte der Langseite weggerückt. Häufig fehlt auch die umlaufende wandfeste Bank, dafür ist der Tisch von Stühlen umgeben. Es ist kaum nötig zu sagen, daß es selbstverständlich Ausnahmen gibt. So zum Beispiel in der Stube in S-chanf, in der der Tischwinkel mit umlaufender Bank in traditioneller Form erhalten ist. Ein Postenstuhl war gewöhnlich dem Hausherrn vorbehalten. In den kleineren Stuben der früher schwer zugänglichen Hochtäler fand sich noch lange Zeit der dreibeinige Hocker für die Frauen. Damit konnte die Unebenheit des Fußbodens leichter ausgeglichen werden.

Justus Möser führt in seiner Erzählung »Die Spinnstube« diesen Vorteil an:

»...indem sie auf dem dreibeinigen Stuhle (denn einen solchen zog sie dem vierbeinigen vor, weil sie sich auf demselben ohne aufzustehen und ohne alles Geräusch auf das Geschwindeste herumdrehen konnte)...«

Diesen dreibeinigen Stuhl gab es selbstverständlich in allen Landschaften, überall dort, wo der Boden aus Estrich uneben war.

Es wurde schon gesagt, daß in den herrkömmlichen Museen Stuben, und zwar die prächtigsten, aufgestellt wurden, meist allerdings ohne Zusammenhang mit dem Wohnwesen, und herausgenommen aus dem einstmals pulsierenden Leben. Das ist natürlich den Museen grundsätzlich zu danken, doch konnte so der Eindruck entstehen, als habe es in der Schweiz nur prächtige Hauswesen gegeben, als sei Wohlstand selbstverständlich gewesen. Selbst die gotischen Stuben im Engadiner Museum in St. Moritz, die Spinnstube aus Brail, datiert 1580, die man häufig abgebildet sieht, deren Strickwand noch ohne Vertäfelung ist, zeigt doch am Ofen schon einen kunstvoll geschnitzten Aufsatz aus Arvenholz und erweckt den Eindruck, als habe es auch im Engadin nie bescheidenere Behausungen gegeben, so als würden die Schweizer Stuben mit ihrem großartigen Getäfel und kassettierten Decken erst mit der Renaissance beginnen. Schwerer als anderswo sind in der Schweiz Bauernstuben von Herrenstuben zu unterscheiden. Es fehlte ebenso wie in den großen Museen in Zürich und Bern das Anschauungsmaterial, womit das einfache Leben einer ärmeren Schicht gezeigt werden konnte und wollte.

Berner Gebiet

Das Freilichtmuseum in Ballenberg am Brienzer See im Kanton Bern spiegelt nun in hervorragender Weise Leben, Wirtschaft und Wohnen im Berner Gebiet, dem Bernbiet, wieder, vom Taglöhner bis zum Großbauern. Mit möglichster Wirklichkeitsnähe wird versucht, das Haus der Bewohner mit ihrer Nebenerwerbstätigkeit lebendig zu machen.

Deutlich wird hier vor allem auch, daß ein Bauer mit wachsender Familie nicht vom Boden allein leben konnte, besonders wenn ein Anwesen zwischen zwei Söhnen, Erbberechtigten, geteilt werden mußte. Heimarbeit oder Fremdarbeit waren dann lebensnotwendig, lebenserhaltend. Es entwickelten sich Heimindustrien, wie z. B. die Leinenweberei. Die Berner Bauernkeramik wurde nicht nur in der Schweiz, sondern weithin in das Ausland verkauft, und das nicht nur heute. Die Erzeugnisse vergangener Zeiten sind inzwischen wertvolle Sammlerobjekte geworden. Töpfereizentren entwickelten sich im Simmental, Blankenburg, Langnau, Heimberg, Böriswil und Albligen.

Rückschlüsse auf die Nebenerwerbstätigkeit der Hofbesitzer lassen sich aus den Stuben und Kammern ziehen. Webstuhl oder Käskessel, wolle- und hanfverarbeitende Geräte und Erzeugnisse sowie Töpferwerkstatt geben noch eine Vorstellung von Technik und von der Beanspruchung der Stuben und Kammern. Es läßt sich auch von ungefähr ein Schluß auf die Nutzung des Bodens ziehen. Wo der Käskessel in den Küchen und Fluren über dem Feuer hängt, wird man auf Weidewirtschaft schließen können, Weberei wird vornehmlich in einem Ackerbaugebiet vorkommen, Töpferei sich bei entsprechendem Tonvorkommen entwickeln können.

Über das Engadin und seine besondere wirtschaftliche Situation wird bei der Betrachtung der Stuben noch gesondert zu sprechen sein.

Das »Bernbiet« gibt mit großer Anschaulichkeit Beispiele vom »Hausen« in ärmeren Gegenden, wie andererseits das Simmental mit seiner Milchwirtschaft für ein »reiches« Leben zeugt. Die Vertäfelung der Stuben bringt die wandfest eingebauten Möbel mit sich, hier genauso wie in anderen Landschaften von den Alpen bis hinauf nach Schleswig-Holstein und Friesland.

Auch in der Schweiz waren die ältesten Bauten eingeschossig, ordneten sich alle Wohnräume, Küche und ungeheizte Kammern um einen Flur. Bei Vergrößerung des Hausstandes mußte ein Obergeschoß ausgebaut werden für Kammern, die »Gaden«, oder für Aufbewahrungsräume für die Feldfrüchte, besonders Getreide und Heu.

Im Berner Mittelland herrscht der »Gruppenhof« vor. Um einen Vielzweckbau mit Wohn- und Wirtschaftsräumen liegen gesondert Backhaus und Speicher, das »Stöckli«, das kleine Austragshäuschen der Altbauern, sowie verschiedenen Zwecken dienende Kleinbauten, wie das Bienenhaus und das Hühnerhaus.

In keiner Stube der Schweiz ist, nach den erhaltenen Räumen zu schließen, ein Hühnergatter zu finden. Dies scheint eine Eigentümlichkeit des ostalpinen Gebietes gewesen zu sein. Wir finden das Hühnergehege aber auch noch im Voralpengebiet in Oberbayern. Die Sauberkeit der Schweizer war von jeher gerühmt, und so wollte man vermutlich aus diesem Grund das Hühnervolk mit seinem anhaftenden Ungeziefer und seinem Schmutz und Geruch nicht in der Stube haben.

Auch hier wieder kann die Stube nicht vom Organismus des Hauswesens isoliert betrachtet werden, sonst würde sich eine Beschränkung auf allein stilkritische, auch konstruktive Betrach-

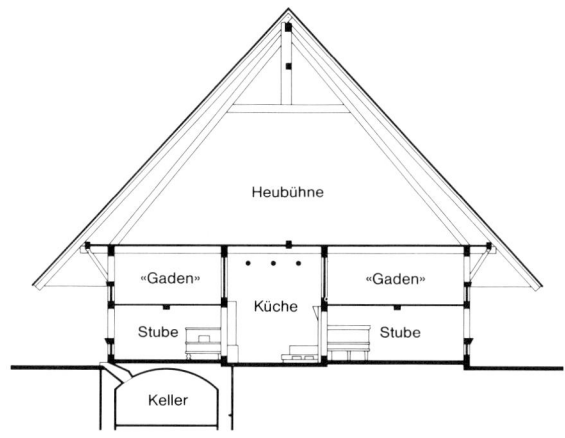

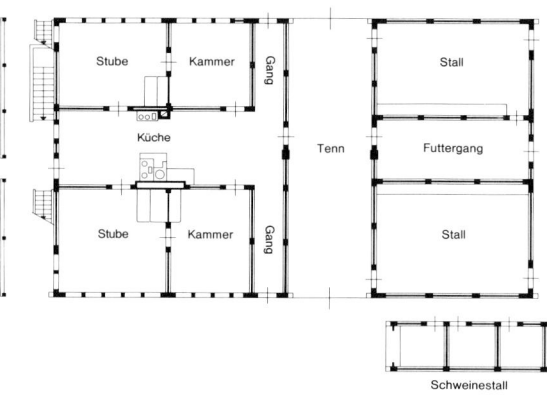

11 *Haus Madiswil, Berner Mittelland, Schweiz, Querschnitt durch den Wohnteil, durch zwei Stockwerke gehende Küche. Grundriß des Erdgeschoßes, gedreht zum Querschnitt.*

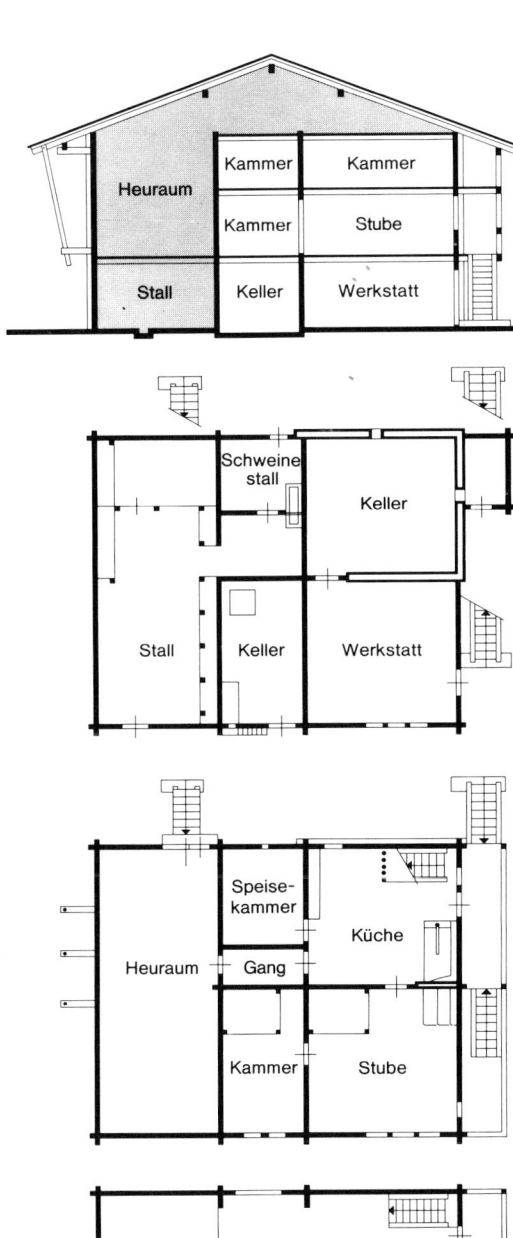

12 *Haus von Adelboden, Kanton Bern. Wohn- und Wirtschaftsteil nebeneinander, Querschnitt, Grundrisse Unter-, Erd- und Obergeschoß.*

tungen ergeben. Es sind bisher keine Rauchstuben wie in der Steiermark und in Kärnten bekanntgeworden, was allerdings nicht ausschließt, daß es in frühester Zeit auch solche gegeben haben kann. Überliefert ist nur die Rauchküche.

Lange Zeit blieben auch die Bauern der Schweiz beim kaminlosen Herd, sie weigerten sich sogar noch, einen Kamin einzubauen, als der Rauchabzug längst erfunden worden war. Man schätzte hier wie anderswo den Rauch als Konservierungsmittel für Heu und Getreide. Die Ernte konnte, und das war bei dem Klima mit verhältnismäßig kurzen Sommern und langen Wintern gar nicht selten, notfalls eingefahren werden, wenn das Getreide noch nicht ganz reif und trocken war. Der Rauch, so erwies die Erfahrung, trocknete das Heu und ließ Getreide nachreifen. Man behauptete auch hier, daß geräuchertes Futter dem Vieh besonders zuträglich sei.

Die Anordnung der Stuben, etwa im *Haus von Madiswil im Berner Mittelland* (Abb. 115–120), unterscheidet sich kaum von dem Mondseer Rauchhaus in Oberösterreich. Beide sind Zweifamilienhäuser mit Wohnteilen zu beiden Seiten der Küche, die den Rauch über zwei Geschoße in die Heubühne ziehen läßt. Die Öfen der Stuben werden wie überall durch Hinterlader beheizt, der Rauch wird durch Züge in die Küche entlassen. Mit geringen Variationen sind die Kücheneinrichtungen nach den Lebenserfordernissen in allen Häusern gleich. Die Grapen, Töpfe für die menschliche Nahrung, die Dreifüße zum Aufstellen der Pfannen, der Saukessel für die Bereitung des Schweinefutters, der Kessel für den Kälbertrank, all dies findet sich in nahezu jeder bäuerlichen Küche. In Gegenden mit Milchwirtschaft hängt der Käsekessel, je nach Wirtschaft von bedeutender Größe und mitunter aus strahlend blankem Kupfer, am Schwenkhahn, dem »Turner«, über dem offenen Feuer. Der Herd ist normalerweise in Tischhöhe, um der Hausfrau das Kochen zu erleichtern, der Käsekessel erhält häufig ein eigenes tiefer gelegenes Feuer, damit der Senn oder der zuständige Betreuer das Kochen zweckmäßiger überwachen kann. Diese Käsebereitung findet nur auf den kleineren Höfen direkt im Wohnhaus statt. Im allgemeinen wird die Käsebereitung auf den Almen vorgenommen.

Der Haupteingang führt immer in die Küche, doch ist es für die Lage der Stube von sekundärer Bedeutung, ob das Haus giebelseitig oder traufseitig aufgeschlossen wird. Immer erhält die Stube den größten Lichteinfall, den bevorzugten Platz.

Im Haus von Madiswil steht im westlichen Wohnteil das ihr auch ursprünglich zugehörige Buffet, das in schmuckloser Form die Art der eingebauten Kredenz zeigt. In wohlhabenden Anwesen z. B. im Thurgau, im Engadin, gedieh das Buffet zu großer künstlerischer Vollendung mit holzeigener Verzierung, mit herausgearbeiteten auf- oder eingelegten Ornamenten. Derartige Schränke finden sich noch heute zahlreich in traditionsbewußten Schweizer Häusern.

Im östlichen Wohnteil des Hauses von Madiswil ist ein Webstuhl im »Stübli« eingebaut, um die besonders dort betriebene Leinenweberei zu bekunden.

Verschiedene Jahreszahlen, 1710 an der Haustüre, 1709 am geschwungenen Türsturz, 1711 an der Kellertüre, bezeichnen zweifellos verschiedene Phasen der Fertigstellung oder der Einrichtung des Hauses, das bereits als Doppelhaus errichtet wurde.

Ein besonders kunstvoll verlegtes Kopfsteinpflaster gibt Zeugnis von der Reinlichkeit und dem Schmuckbedürfnis eines verhältnismäßig bescheidenen Hauses im Mittelberngebiet. Hier konnten keine Hühner scharren und die nächste Umgebung des Hauses verunreinigen. Eine zweigeteilte Türe läßt Licht in den Flur und damit in die Küche und verwehrt zugleich dem Federvieh den Zutritt.

Einige Jahre früher, 1698, wurde im »Bunderle«, einem Seitental des Kessels von Adelboden, von Thomas Gyger, vom Zimmermeister Jakob Pieren und vom Wandknecht Peter Öster das *Haus von Adelboden* (Abb. 130, 131) erbaut. Als Beispiel für viele andere Hausinschriften im Kanton Bern seien die hier angebrachten Sprüche angeführt. Sie haben zwar nicht direkt mit der Stube zu tun, stehen aber doch in innerem Zusammenhang, sprechen für den Geist der Bewohner und somit der Wohnstube:

AN GOTTES GNAD VND MILDEN SEGEN IST ALLES GANZ VND GAR GELEGEN VND OHNE HIMELS HNLF VND GNNST IST ALLER MENSCHEN THNN VMSONST. HINRICH EGER

Wo der Herr Das Hauß nicht bauwet da Arbeiten die Bauwleut Umbsonst. wo der Herr nicht Die Statt nicht beheuttet da wachet der wächter umbsonst. PS 127

Die Herrlichkeit des Herren unsers Gotes ßey ob uns – Ja Fürdere das Werk unserer Hende

Wir Bauen Alle Thag Und bauen doch nicht aus biß Daß das Kühle grab uns Wird zu Einem Hauß. Und wo wir Ewig wollen Sein da baen wir gantz wenig hein

Die Hanglage dieses Hauses ermöglichte und verlangte eine besondere Anordnung der Wohn- und Wirtschaftsräume. Wenn auch ein Untergeschoß genutzt werden kann, so sind doch hier niemals Wohnräume untergebracht. Eine Außentreppe führt zur Trauflaube. Von hier aus geht es zu Vorraum und Küche, die hier wie anderswo den Zugang bilden zu Stube, Kammer und Speisekammer. Der Küchenflur verengt sich zu einem schmalen Gang, gibt so Raum für die Speisekammer, die groß und bei ungebahnten Wegen im Winter stets gefüllt sein muß. Von hier aus wird auch der Heuraum zugänglich.

Die Küchenwände sind aus Holz und nicht, wie sonst allgemein wegen der Feuersicherheit üblich, aufgemauert. Ein vielleicht nachträglich eingebauter Bretterkamin ist Rauchabzug und Räucherkammer in einem und kann bei Regen und Schnee geschlossen werden.

Die Stube und die daneben liegende gefangene Kammer sind nicht vertäfelt, und noch Ende des 17. Jahrhunderts, in einer Zeit, in der die Schweizer Stubenkultur in höchster Blüte stand, lassen die Wände den Blockbau, aus dem das Haus gebaut ist, sehen. Ein Unterzug stützt die einfache Decke, der Riemenboden schwankt bei jedem Schritt.

Peter Rosegger schreibt von dem »Ziehbettlein«, in dem er in der elterlichen Schlafstube schlief. Hier ist ein »Ziehbettlein« in die Wohnstube eingebaut. Die Wärme des Ofens konnte direkt ausgenützt werden, und tagsüber wurde das untere Bett eingeschoben. Der Raum war dadurch wieder frei für notwendige häusliche Hantierungen und auch für die Versammlung der Menschen. In der gefangenen Kammer daneben ist ein weiteres Ziehbett aufgestellt, so daß verhältnismäßig viele Familienangehörige untergebracht werden konnten. Zweifellos wird nicht jedes Kind ein Bett für sich allein beansprucht haben dürfen.

Beim Bau des Hauses war man, wie überall früher, auf nachbarschaftliche Hilfe angewiesen. Wie im niederdeutschen Raum wurde nach Beendigung des Baues ein Festmahl gehalten, in der Schweiz das »Pfeeschtermahl«, in Norddeutschland das »Fensterbier« geheißen. Die Bezeichnung rührt daher, daß man dem Nachbarn in sein neues Haus ein Fenster schenkte – eine große Kostbarkeit in vergangener Zeit –

und daß man das Geschenk auch kennzeichnete. In Niederdeutschland stiftete man in das Fenster die sog. Fensterbierscheibe, von der noch zu sprechen sein wird, in der Schweiz ritzte der Stifter lediglich seinen Namen und die Jahreszahl in die Fensterscheibe ein, ein Brauch, der beim Wiederaufbau des Hauses von Adelboden erneut geübt wurde.

Ob kleinere oder größere Behausung, ärmere oder reichere Bewohner, die Form des Ofens war in den ländlichen Gebieten die gleiche. Es sind sog. Trittöfen aus Sandstein, der in den Steinbrüchen von Ostermundigen gebrochen wurde. Wie überall in den Gebirgsgegenden ist hier ein Trockenreck befestigt, nur in ganz anderer Form, als es z. B. um die Tiroler Öfen angebracht ist. Da man nicht vor, sondern wohl auch auf dem Ofen saß, da man außerdem Speisen zum Warmhalten darauf stellen wollte, mußte der Zugang zum Ofen ungehindert durch Stangen erfolgen können. Die Stangen sind an der Decke mit häufig schön geschnitzten Pfosten befestigt. In wohlhabenderen Häusern wurde der Sandstein auch mit bunten Fliesen belegt, wie z. B. im Haus in Madiswil. Abdeckungen aus Schieferplatten schützen den Trittofen oder die wärmesuchenden Bewohner der Stube, meist aber ist der Ofen nur mit Farbe gestrichen. Mit Kacheln ausgelegte Sitzgelegenheiten, die unmittelbar an den hohen Kachelofen angebaut sind, und von dort mit Unterzügen erwärmt werden, nannte man »Kunscht«, ein Begriff, d. h. eine Konstruktion, die sich auch im Allgäu findet. Öfen mit der »Kunscht« ließen sich Adel wie Bürger in ihren Wohnungen errichten und je nach Vermögen wurden dazu kostbare oder einfachere Kacheln verwendet. Das Wort »Kunscht« soll von dem Erfinder dieser Art von Öfen herrühren. »Die Kunscht, mit wenig Material möglichst viel Wärme zu erzeugen«, war sein Prinzip.

Die Fenster können durchwegs auf eine einfache Formel gebracht werden: Je reicher das Anwesen, je später die Erbauung des Hauses und je selbstbewußter die Bewohner, um so größer und zahlreicher die Fenster. So schnitt man im 18. und besonders im 19. Jahrhundert größere Öffnungen in die Blockbauten früherer Zeiten und legte bei neuerbauten Häusern von vornherein eine größere Anzahl von Sprossenfenstern fest.

Ein gutes Beispiel bietet das *Haus von Ostermundigen* (Abb. 114, 119, 121, 123–127) im Kanton Bern, Gemeinde Billigen (heute Freilichtmuseum Ballenberg), erbaut 1797. Es ist der

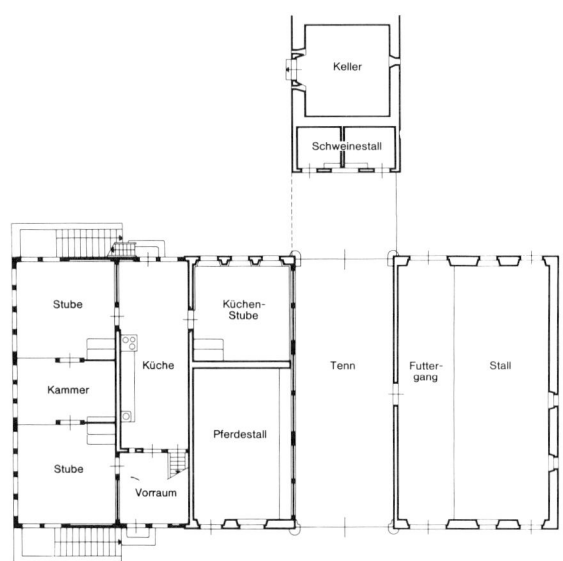

13 Haus von Ostermundigen, Gemeinde Billigen, Erdgeschoß-Grundriß

14 Engadiner Haus von 1598 aus Zernez

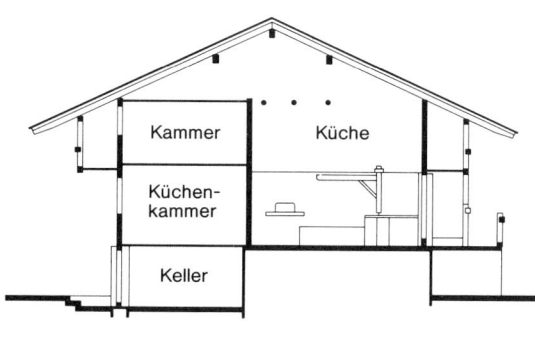

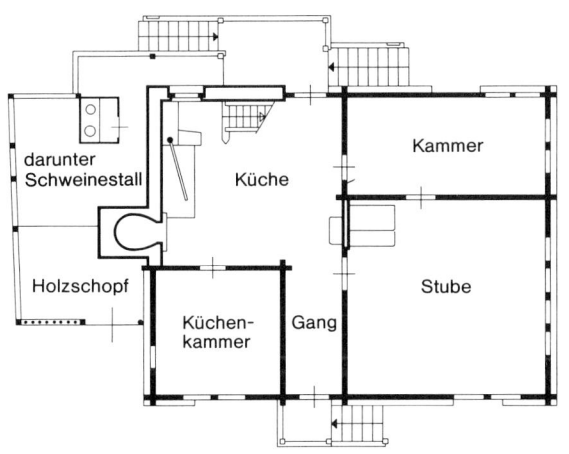

15 *Haus von Matten bei Interlaken, Querschnitt, Grundriß gedreht zum Querschnitt*

Besitz eines Großbauern, ein Gruppenhof mit Haupthaus und Nebenbauten. Dazu steht im Verband das *Taunerhaus* (Abb. 129, 132), ein Taglöhnerhaus. 1810 wurde das Haus von Ostermundigen, ein Vielzweckhaus, übergeben. Es wurde ein Zweifamilienhaus. Die Urkunde der Übergabe ist erhalten und wird im Freilichtmuseum in einer der Stuben, die als kleines Museum eingerichtet ist, aufbewahrt.

Die gesamte Giebelseite mit Viertelwalm und dem für die Gegend so charakteristischen »Ründl«, der Verschalung im Giebelteil, nehmen Stubenfenster ein. Der Erbauer hielt auf Repräsentation, das besagt auch der graue Anstrich des Holzwerkes, der Steinbau vortäuschen wollte, sowie die Malereien und vor allem das Wappen der Gostelli im Giebelteil.

Wieder nimmt die Küche bedeutenden Raum ein, ein kleiner Vorraum und eine Küche mit bemerkenswert großem Funkenhut schließen das Haus nach zwei Seiten auf. Giebelseitig liegen zwei Stuben und eine Kammer, die nur von den Stuben aus betretbar ist. Ein Stubenofen setzt sich zu einem kleinen Teil in die Kammer fort, spendet Wärme noch in die ofenlose Schlafstube. Zeugnis für die Kunstfertigkeit der Frauen des Berner Gebietes mag hier als Probe für vieles die gestickte und gehäkelte Bettdecke sein. Die Stube ist behaglich eingerichtet, zeigt fast das Aussehen gehobenen Bürgertums, wie überhaupt die Einrichtungen und Begriffe ineinander übergehen. Der Bauer aß mit seinem Gesinde in der Küchenstube, ein weiterer Hinweis auf soziale Stellung, bei festlichen Anlässen in der Stube.

Das Haus von Matten (Abb. 133, 134, 137) »im Baumgarten« bei Interlaken im Berner Oberland (heute Freilichtmuseum Ballenberg) weist nirgends eine Jahreszahl auf. Es kann nach Konstruktion und Schmuckelementen bereits im 17. Jahrhundert erbaut worden sein. Urkundlich können Besitzer nur vom Beginn des 19. Jahrhunderts an festgestellt werden, eine Erbteilung erfolgte 1812. Die Formen im Bauernhaus allerdings überdauerten auch Jahrhunderte, und hier in dem einfachen Anwesen ist mit stilkritischen Betrachtungen einer Datierung nicht beizukommen. Es kann nur wieder aus der Anordnung der Stuben, vor allem auch aus der Funktion des Herdes auf das Leben in diesem Hause geschlossen werden. Das Berner Oberland war ein Viehzuchtgebiet. So findet sich im Haus von Matten auf dem ausnehmend großen Feuerherd der Käsekessel am Schwenkbalken, dem sog. Turner. Neben dem Herd ist die Öffnung des Back-

ofens, der in Holzschopf und Schweinestall hineinreicht, von Balken abgestützt wird und wie ein Knödel an der Wand klebt, eine Konstruktion, wie sie besonders im Oberinntal noch häufig an den Traufseiten von Bauernhäusern zu finden ist.

Zeitlich nicht festlegbare Veränderungen wurden hie und da vorgenommen, denn das Haus wuchs mit den Bedürfnissen der Bewohner. Vor allem wurden im 19. Jahrhundert die Fenster vergrößert. In den einfachen Stuben wird zäh am Althergebrachten festgehalten. Hier wird noch der gotische Eselsrücken ausgesägt, er ähnelt einem Vorhang als Türsturz, als längst die architektonische Umrahmung in die Stuben der Oberschicht Einzug gehalten hatte. Pilaster mit Kapitellen tragen den nun horizontalen und mit Ornamenten verzierten Türsturz.

Graubünden

Die zweite große Stubenlandschaft, Graubünden, behält wie die oberdeutsche Stube die Diagonalbeziehung Tischecke – Ofen bei. Der Ofen unterscheidet sich ganz wesentlich von den Trittöfen aus Sandstein des Berner Gebietes. Der Giltsteinofen kann bis zum Glühen erhitzt werden und macht einen Schutz notwendig. Er ist von einem hölzernen Stangengerüst umgeben, im Engadin »Mantablas« genannt, das schützt und dem am Ofen Sitzenden oder Liegenden größtmögliche behagliche Wärme ermöglicht. Das Stangengerüst wiederum trägt ein Gitter aus Holz, das meist aus recht kunstvoller durchbrochener Schnitzerei wie in der Spinnstube Brail im Engadiner Museum in St. Moritz besteht und manchmal wie Filigran zierlich aus einem Stück Arvenholz herausgearbeitet ist. Hier können Speisen warmgehalten werden. Geräte sind den Blicken entzogen und die Stube ist reinlich aufgeräumt. Im 19. Jahrhundert sind kaum mehr derartig kunstvoll geschnitzte Aufsätze anzutreffen. Das nunmehr vereinfachte Gitter wird bis zur Decke hinaufgezogen, ein Vorhang verwehrt vollends den Einblick, die Kammerstiege wird in die Verschalung einbezogen, so daß auch die Falltüre am Treppenende nicht mehr zu sehen ist.

Hier, wie auch in anderen Landschaften, finden sich in der Nähe der Öfen Klapptische, die verschiedene Funktionen erfüllten, als Knechtstische, als Tisch für das Bauernpaar oder aber als Tisch für alte, besonders wärmebedürftige Menschen. Es steht auch hier direkt am Ofen die Gutschi, das Gutschibett, die Gautsche.

31

Bestimmend für das Aussehen der Stuben ist die Vertäfelung, die unmittelbar an die Decke anstößt. Im Alpenraum fanden sich, heute in Museen geborgen, noch Stuben mit »gestrickten Wänden«, hervorgegangen und bedingt durch den Blockbau; die Fassade setzt sich gewissermaßen im Inneren fort. In Graubünden sind die Häuser seit dem 17. Jahrhundert alle aus Stein, aber die Stube, »la stüva«, ist völlig mit Holz ausgekleidet. Die Vertäfelung wird meist aus dem noch nach Jahrhunderten duftenden Arvenholz, einer Zirbelkiefer des Alpengebietes, hergestellt, deren Maserung und Astansätze auch ohne Schnitzerei schon Schmuck sind. Die Arve hat im Kern eine rotbraune, im Splint gelblich-weiße Farbe. Sie ist leicht zu spalten und daher für Verkleidung gut geeignet. In der Luft dunkelt das Holz im Laufe der Jahre nach, aber die sorgsame Hausfrau wirkt dem zweimal im Jahr mit Seife, Schlemmkreide, Bimsstein und Wasser entgegen, um die helle Farbe, den Anblick der Reinlichkeit zu bewahren. Die Stube in der *Chesa Planta, Samedan* (Abb. 161–164), zeigt noch den von der Hausfrau ursprünglich gewünschten Zustand. Bedauerlicherweise werden die Hölzer der Paneele wie der Decken heute meist gefirnißt und lackiert, um Arbeit zu ersparen.

Unter den kassettierten Decken mit betontem Mittelteil laufen Friese hin mit Reliefschnitzereien: Eierstab, Blumenranken, Fabeltiere, Voluten; Tür- und Fensterumrahmungen sind ähnlich gehalten, Lisenen, Halbpilaster mit reichen Kapitellen geben architektonischen Halt. Intarsien bedecken eingebaute Büffets wie auch Türen und Stubendecken.

Die Stuben waren verhältnismäßig klein, etwa 3–5 m im Quadrat und auch von geringer Höhe, kaum über 2 m. Das ist die eigentliche Wohnstube. In wohlhabenderen Häusern kam noch im Obergeschoß die »stüva sura«, die Prachtstube dazu, im Prinzip gleich, nur noch aufwendiger, als Repräsentationsstube gedacht. Sie unterschied sich von der Unterstube durch das Fehlen der wandfesten, auf wenigstens zwei Seiten umlaufenden Bank. Die Schnitzereien an der Decke, am Büffet und am Wandkästchen sind feiner gearbeitet, ebenso die bewegliche Einrichtung, der Tisch, die Stühle, das Gutschi, die Gautsche, die Liege. Häufig bildet ein Fayenceofen das Prunkstück der Einrichtung der Oberstube, dokumentiert feinen Geschmack und soliden Reichtum.

Die besonders prächtige Stube im Engadin erklärt sich zum großen Teil aus den wirtschaftlichen Verhältnissen und aus der geographischen Lage. Die großen Herren, ein bäuerliches Anwesen hatten sie dennoch, nahmen Kriegsdienste in anderen Ländern, waren recht eigentlich auch Condottieri, Söldnerführer, Glücksritter. Sie erwarben Reichtum und statteten ihre Wohnungen kunstvoll und aufwendig aus. Nicht nur in fremden Ländern erworbener Reichtum kam ins Land; auch die große Rottstraße, die von Italien über den Malojapaß das Tal des Inn hinaufzog nach Tirol und weiter in der großen Talebene vom Arlberg nach Bayern, ergab eine höchst einträgliche zweite Erwerbsquelle: das Beherbergungsgewerbe. Herbergen in großer Zahl konnten und mußten erbaut werden. Reisende, Rösser, Wagen benötigten Unterkünfte, Gaststuben, Schlafräume, Stallungen. Wagenremisen wurden erbaut, denn bei den langen Wintern konnte weder Tier noch Fracht nachts im Freien bleiben. Wieder bestimmte der vermögende, vornehme Reisende in seinen Forderungen nach Luxus und Kultur den Stil der Einrichtung wie an all den großen Rottstraßen: über den Brenner in Südtirol, in Kärnten u. a.

Das Engadiner Haus und sein Grundriß, das Wohnverhalten wird bestimmt durch seine Hanglage, Ober- und Untergeschoß sind meist direkt betret- und befahrbar. Durch den Suler, eine große Diele, konnten die Wagen direkt in die Tenne oder in die Wagenremise einfahren. Eine Anordnung ähnlich dem niederdeutschen Haus, das ebenfalls ein Einhaus ist, in dem Wohnen und Wirtschaften unter einem Dach vereinigt sind. Von der Giebelseite her wird das Haus aufgeschlossen, wobei die Häusergiebelseiten um einen kleinen Platz zu stehen kommen, um die Einfahrten der Wagen zu ermöglichen. Zu beiden Seiten des Suler liegen Wohn- und Wirtschaftsräume. Kriege und Feuer vernichteten alte Häuser und Wohnräume, erst in Zeiten größerer Sicherheit und damit unzerstörten, einmal erarbeiteten Besitzes und zunehmenden Wohlstandes, wuchs die Wohnkultur, die künstlerische Ausstattung der Stuben, die im 17. Jahrhundert ihre Hochblüte erreichte.

Die Bildschnitzer Tirols, die Zimmerleute und Maurer, die, wie berichtet, in der Heimat nicht ihr Auskommen finden konnten, zogen den Inn aufwärts und halfen mit ihrer Handwerkskunst die Engadiner Stuben zu den volkstümlichen Kunstwerken zu machen, wie sie sich in Museen und Privathäusern heute noch darstellen. Wie überall in der Welt brach auch hier mit der Industrialisierung im 19. Jahrhundert die Tradition der Volkskunst ab.

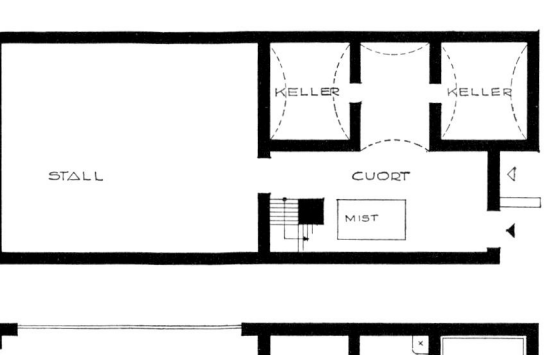
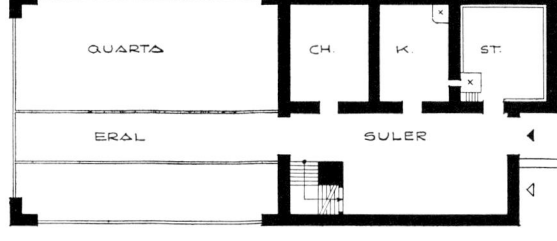
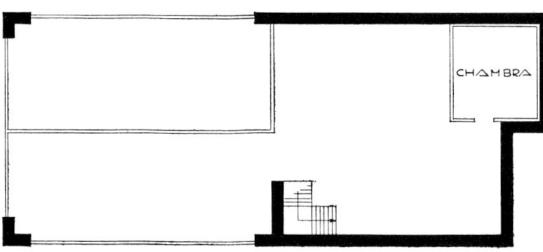

16 *Grundriß eines Engadiner Hauses, Unter-, Erd- und Obergeschoß*

Thurgau

Die *Stube aus dem Thurgau*, Nordostschweiz (Abb. 141–144), datiert 1666, heute im Germanischen Nationalmuseum in Nürnberg, erhält eine besonders reiche Vertäfelung. In ihrer Gliederung mit Rundbogen, geschnitzten Kapitellen, verzierten Halbsäulen und Pilastern, der kassettierten Holzdecke unterscheidet sich die Stube kaum von einem Renaissancezimmer aus einem adligen Anwesen, z. B. aus dem Raum von der Rosenburg in Stans, Nidwalden, von 1602 (heute im Schweizerischen Landesmuseum in Zürich). Hier wie dort ist das Buffet, charakteristischer Bestandteil der Schweizer Stuben nahezu aller Landschaften, in die Vertäfelung einbezogen.

So auch im *Haus Juvalta in S-chanf* (Abb. 146, 156–159), in der *Chesa Planta in Samedan* (Abb. 161–164), in der *Chesa Merleda in La Punt* (Abb. 151–153, 155, 160). Es dient rein praktischen Zwecken, der Aufbewahrung von Geschirr und Dingen des täglichen Gebrauchs, während ein Mittelteil Raum läßt für die Zurschaustellung kostbarer Gefäße, meist sorglich gepflegten Zinngeschirrs. Da die Gabel eine Neuerung, eine Errungenschaft des 18. Jahrhunderts ist, war ein Waschkasten unabdingbare Forderung zum Waschen der Hände unmittelbar nach der Mahlzeit. Zog man im Engadin die Arve als gegebenes Material der Gegend vor, so bot sich in der Nordostschweiz der Nußbaum als Werkstoff an.

Die Stube in der Zeit ihrer höchsten Kultur war ein Gesamtkunstwerk, nichts ragte vereinzelt, nicht zugehörig, in den Raum und die einzelnen Teile ordneten sich der Idee des Ganzen unter. Es sind Stuben schon aus dem Geist des Barock, auch wenn sie im 17. Jahrhundert noch mit den Stilelementen der Renaissance gefüllt sind. Erst im niederdeutschen Bereich, vornehmlich in den Stuben der reichen Marschenbauern finden sich Stuben von derartiger Kunst der Ausstattung wieder.

Süddeutschland

Das oberdeutsche Gebiet nördlich der Alpen hat den Stuben Österreichs und vor allem der Schweiz im Reichtum der Ausstattung kaum etwas Gleichwertiges an die Seite zu stellen. Die Stuben sind im ganzen bescheidener. Aus der Zeit der Hochblüte in der Alpenregion während des 17. Jahrhunderts sind nur geringe Reste vorhanden. Der Reichtum der Schweiz wurde nie erreicht. Das mag vor allem materielle Gründe gehabt haben, kann wahrscheinlich aber auch aus religiösen Anschauungen resultieren, aus dem Glauben an Diesseits und Jenseits und damit aus den Verpflichtungen für ein gottgefälliges Leben. Erst in Norddeutschland, in reformierten Gegenden, treffen wir auf ein entsprechendes Verhalten zu Besitz und an ein von Gott gewünschtes Gebot zu seiner Mehrung.

Oberbayern

Die älteste erhaltene Stube von Bedeutung und künstlerischer Aussage ist heute im Bayerischen Nationalmuseum in München erhalten: die *Amtsstube des Hans Rechtaler*, des Verwalters der Schlierseer Güter des Stifts Unserer Lieben Frau zu München. Die Stube war im *Obergeschoß des Probstbauernhauses in Fischhausen-Neuhaus* (Abb. 183–188) eingerichtet. Der Probst war zugleich Bauer, er ließ 1669 die Amtsstube laut Jahreszahlen an den Türen einbauen. Die Anlage ist ähnlich wie in einer Bauernstube: Diagonal zum imposanten Ofen mit grünen Reliefkacheln steht der Tisch mit dem Kruzifix im Winkel, es fehlen nur die umlaufenden Bänke. Entsprechend der Funktion der Stube gehörte zur Ausstattung ein Halbschrank mit Schreibplatte; auch ein Waschbecken aus Zinn (bez. 1644) hatte der Probst nötig. Die Vertäfelung ist, was die architektonische Gliederung anlangt, im Verhältnis zu den Schweizer Stuben des 17. Jahrhunderts schlicht zu nennen. Profilleisten markieren Kassetten an der Decke, ebenso gliedern schlichte Stäbe die Felder der Wand. Unter der Decke zieht sich ein schmaler Fries mit aufgelegten holzeigenen Ornamenten hin. Der Hauptschmuck ist an Türrahmungen und Fensteraufsätzen mit gesprengten Giebeln konzentriert. Die ausgeschnittenen Ornamente, Wappen, floralen Motive, durch die Farben Schwarz, Weiß, Gelb noch verstärkt, wirken bei flüchtigem Betrachten wie Intarsien. Die Illusion, die gerade in Oberbayern an den Fassaden der Häuser zu hoher Ausbildung kam, scheint hier in dieser Renaissancestube sich schon anzudeuten. Es handelt sich hier nicht um eine Stube, in der die bäuerliche Familie wohnte zum Essen und zu mancherlei Verrichtungen, aber sie gehörte doch zu einem bäuerlichen Anwesen,

17 *Oberbayerischer Bauern-Kachelofen mit Bank, Leuchtkamin und Bodentreppe*

diente nur der Sonderfunktion des Bauern. Da eine vollständige Vertäfelung im altbayerischen Gebiet im 17. Jahrhundert nicht mehr nachzuweisen ist, kann angenommen werden, daß der Probstbauer das Vorbild für seine Stube aus dem klösterlichen oder bürgerlichen Bereich holte.

Auch der bis zur Decke reichende Kachelofen dürfte der bürgerlichen Welt zugehören. Er entbehrt vor allem des bäuerlichen Zubehörs, der Trockenstangen und der Ofenbänke, und beweist, daß er außer dem Spenden von Wärme keinem weiteren praktischen Zweck diente. Er ist datiert 1591 und mit bemerkenswert kunstvollen Reliefkacheln verkleidet: Adam und Eva, Madonna mit Kind, Kreuzigung, Christus im Schoß Gottvaters, Christus als Weltenrichter, überwölbt jeweils mit Sprüchen in Halbbogen. Da die Stube selbst über den Türen mit der Jahreszahl 1669 versehen ist, wurde der Ofen vielleicht von einem älteren Bau in die Probstbauernstube übertragen.

Aus dem 17. Jahrhundert haben sich Wandmalereien aus *Tyrlbrunn/Lkr. Traunstein* erhalten (Abb. 179–182). Der Hof – heute im Freilichtmuseum an der Glentleiten bei Murnau – besitzt im Obergeschoß zwei Stuben, mit ornamentalen und figürlichen Wandmalereien, datiert 1691. Die Malereien sind auf verputzte Blockwände aufgetragen, eine Technik, die in solcher Breite nicht mehr anzutreffen ist. Der Malgrund ist nur wenige Millimeter dick, besteht aus Lehm, Kalk und Häcksel. Jede Unregelmäßigkeit des Holzes ist in die Malerei mit einbezogen, die Unebenheit des Untergrundes wird nicht geleugnet. Die Übertragung der Wände stellte sich als besonders schwierig dar, da, wie das sonst üblich war, die Balken nicht auseinandergenommen werden konnten. Nur Spezialfahrzeuge mit besonderer Sicherung konnten die Übertragung bewerkstelligen. Heilige stehen, gekennzeichnet durch ihre Attribute, nebeneinander in einem Gespinst von Blattranken, gotische Elemente vermischen sich noch mit solchen der Renaissance, zu einer Zeit, da der Stil des Barock bereits in hoher Blüte stand; Bordüren können den Eindruck eines Wandbehangs erwecken. Dem horror vacui, der Angst vor dem leeren Raum, der in der Volkskunst bis zu ihrem Rückgang vor allem in der Glasmalerei augenfällig wird, ist hier mit kalligraphischer Feinheit begegnet.

Die Stuben waren sicherlich nicht als Wohnstuben angelegt worden, denn sie sind allseitig vom Boden bis zur Decke bemalt. Sie werden als »gute Stube« gedient haben, als Prachtstube, in der die Aussteuer der einheiratenden Braut aufgestellt war und die nur zu seltensten Gelegenheiten benutzt wurde. Wandbänke jedenfalls hinterließen keine Spuren, die auf ein Bewohnen der Stuben hingedeutet hätten. Vergleichbar in der Ausmalung der Stuben in Tyrlbrunn ist nur die Winzerstube im Mainfränkischen Museum in Würzburg (Abb. 265, 268). Kleinere Stubenmalereien finden sich noch vielfach in Oberbayern bis nach Oberfranken.

Das Erdgeschoß ist gemauert und zeigt die bis weit in das 19. Jahrhundert hinein übliche Kochgelegenheit, den Herd mit Kutte und gemauertem Rauchabzug, den Hinterlader-Kachelofen in der Stube, in der Diagonalen dazu den Herrgottswinkel mit Tisch und die umlaufenden Bänke.

Ob mit oder ohne Kaminabzug, es wird am offenen Feuer gekocht; gegessen wurde in der Stube. Würste und Fleisch zum Räuchern wurden in den Rauch des offenen Feuers oder in den Rauchabzug gehängt.

Die Bauernhäuser des Gebietes, seien sie groß oder klein, zeigen im Prinzip das gleiche Wohnverhalten, wie es schon für die alpenländischen Stuben bezeichnend ist. Die Ausstattung ist nur in Nuancen verschieden. Im 18. Jahrhundert gibt es im Erdgeschoß nur Mauerwerk, allein im Obergeschoß ist Blockbauweise noch anzutreffen.

Vertäfelung wird in der Wohnstube einzig noch bis zur Fensterbank der Wandhöhe angebracht, die Landschaft unterscheidet sich damit grundsätzlich von den alpenländischen Stuben mit hoher Kultur. Vollständige Vertäfelungen waren nur in waldreichen und wohlhabenden Gegenden anzutreffen. Häufig entfällt die Vertäfelung auch völlig und nur eine Leiste ist als Rückenlehne, zum Schutze der Mauer und der Kleidung, wohl auch als Kälteisolierung angebracht. Hauptakzent des Schmuckes ist der Herrgottswinkel mit Heiligenbildern und Blumen. Hier und da finden sich noch Hinterglasbilder, bis auch sie durch die Industriedrucke des 19. Jahrhunderts verdrängt wurden.

Dominierend ist wie überall in den betrachteten Gebieten der Kachelofen mit seinem Trockenreck, der aber in der oberbayerischen Stube nun nicht unbedingt mehr in der zum Herrgottswinkel diagonal gelegenen Stubenecke steht, sondern auch zur Mitte gerückt sein kann. Das »Hungerloch« zum Hereinreichen der Speisen findet sich häufig und auch eine Tür zur Küche. Die Bäuerin kann das Essen direkt auf den Stubentisch bringen. In Oberbayern wie auch sonst in der Alpenregion ist ein Wärmeloch in der

18 *Innenwand eines Blockhauses in Oberbayern*

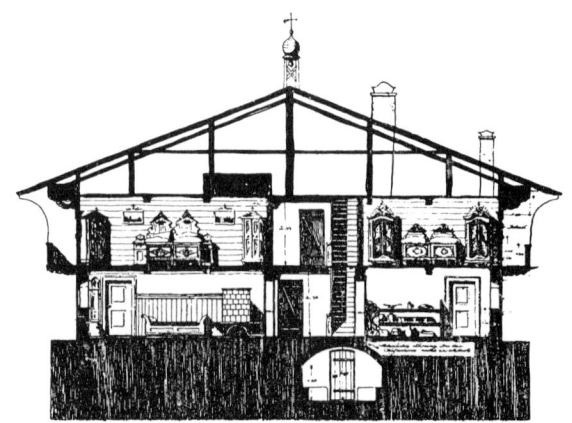

19 *Querschnitt durch ein Bauernhaus mit Erdgeschoß aus Stein, Obergeschoß Blockbau*

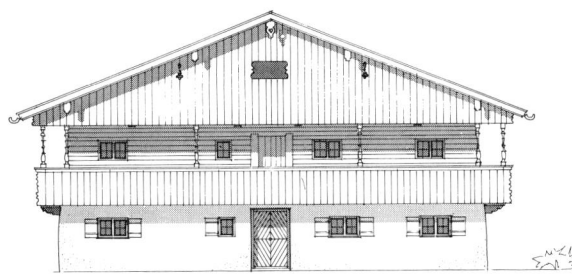

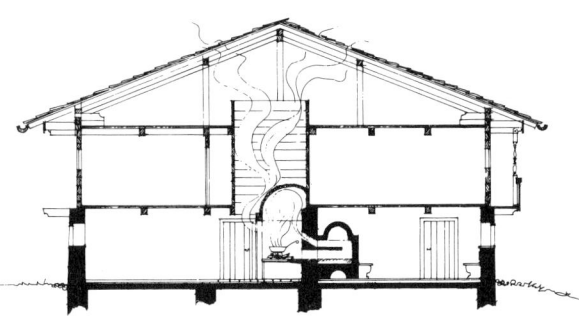

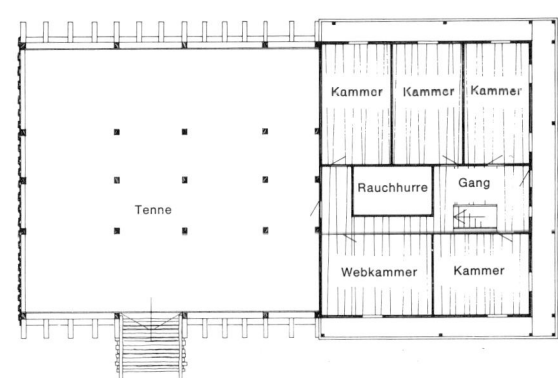

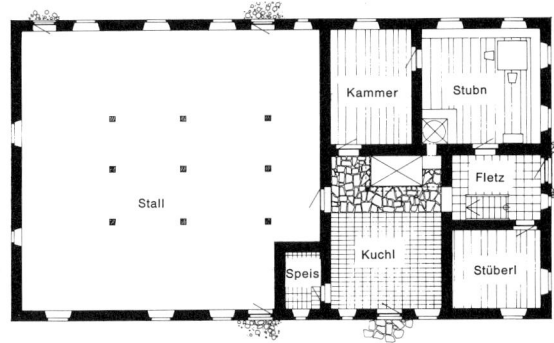

20 Hodererhof aus Kochel, Lkr. Bad Tölz. Außenansicht, Querschnitt, Grundrisse des Erd- und Obergeschoßes gedreht zum Querschnitt.

Stubendecke für die darüberliegende Schlafkammer. Eine Kammerstiege führt nach oben, in der Schweiz wie in Oberbayern, und dann ist der Stubenofen aus der Ecke gerückt, allerdings nur um die Breite der schmalen Türe.

Der »Hodererhof« aus Kochel, Lkr. Bad Tölz (Abb. 169–171, 173, 175), heute ebenfalls im Freilichtmuseum an der Glentleiten, ist datiert 1775, mit gemauertem Untergeschoß und Blockbau im Obergeschoß. Der Hof kann als typisch für die Anordnung und den Ausbau der Geschosse im 18. sowie im 19. Jahrhundert gelten. Selten wurden in dieser Gegend noch reine Blockbauten errichtet. Die in Oberbayern sonst noch stehenden gehen auf eine ältere Entstehungszeit zurück.

Forstordnungen wurden in Altbayern mehrfach erlassen, die wesentlichste im Jahr 1789. Die bayerische Forstverwaltung bestimmte nunmehr, wieviel Holz zu einem Bau verwendet werden durfte, damit der Wald nicht durch allzu großen Verbrauch schwerwiegend geschädigt wurde. Die »Allgemeine Feuerordnung« von 1791 befahl, »das keine Häuser mehr durchaus aus Holz aufgeführt werden sollten, sondern wenigstens der untere Stock des Hauses aus Steinen aufgemauert sein bei Zuwiderhandlungen sollte der Bau abgerissen werden«. Wenn man annehmen will, daß dem Befehl der Obrigkeit Folge geleistet wurde, dann dürften die Stuben, die noch die Wände in Blockbauweise sehen lassen, vor dem Ende des 18. Jahrhunderts entstanden sein. Jeder Neubau mußte gemeldet und genehmigt werden, jedoch durften ältere Bauten stehen bleiben.

Daß auch im Bayerischen Wald gefordert wurde, das Erdgeschoß in Stein aufzumauern, hing nicht zuletzt mit der Brandversicherung zusammen, die 1799 gegründet und 1811 mit anderen Versicherungen durch »Vereinigung der Brandversicherungsgesellschaften zu einer allgemeinen Anstalt für die ganze Monarchie« zum Vorläufer der Bayerischen Landesbrandversicherung wurde.

Die tiefen Fensterlaibungen im Untergeschoß des Hodererhofes zeigen die Mauerstärke an. Die Fenster gehen nach innen auf, sie werden mit »Reibern« geschlossen, die an der Leiste in der Mitte befestigt sind. Sie blieben häufig ohne Vorhänge, da die Blumenstöcke, meist Geranien, hinreichend den Einblick in die Stube verhinderten. Da außerdem die Fenster klein waren, hätten Vorhänge zu viel Licht weggenommen. Abends, und im Winter sehr früh, wurden die Läden geschlossen. Ein kräftiger Unterzug

trägt die schlichte Balkendecke. Der Riemenboden war hier um diese Zeit bereits Allgemeingut, dagegen sind Lehmböden für Nordbayern und noch um die Jahrhundertwende nachgewiesen. Die Stubenwand ist schlicht glatt weiß getüncht, Farbe bringt nur der Herrgottswinkel mit seinen Heiligenbildern sowie eine bunt bemalte Kommode, die um 1800 in den begüterten Anwesen, als Übernahme aus dem städtischen Bereich, Eingang fand.

Bemerkenswert am Hodererhof sind die beiden Eingänge in den Wohnteil. Der eine auf der Giebelseite führt auf den Flez, der die Stube und die Kuchl erschließt, der andere öffnet direkt in die Kuchl, eine Rauchkuchl mit Rauchhütte, offenem Feuer mit dem tischhohen Herd und verschließbarem Backofen. Auf der Gegenseite war neben der Türe der Eßtisch. Der Boden um den Herd ist mit Bruchsteinen ausgelegt. An der Türseite war vermutlich der Eßtisch für Bauern und Gesinde an Werktagen. An Sonn- und Festtagen wurde in der mit Fleckerlteppichen ausgelegten Wohnstube gegessen.

Die Schlafkammer im Obergeschoß läßt die »gestrickten Wände« sehen. Die Balken sind so glatt aufeinandergefügt, daß sich hier eine Dichtung mit Werg erübrigte.

Beim Deichhäusl aus Höfen/Arzbach (Abb. 174, 176, 177), ebenfalls aus dem Landkreis Bad Tölz (heute auf der Glentleiten), einem Haus aus dem 17. Jahrhundert, versuchte man in späterer Zeit der Stube das Aussehen zu geben, als läge sie in einem gemauerten Erdgeschoß, und strich die Holzwände mit weißer Farbe. Brandversicherungen und Feuerschutzordnungen hatten bei Neubauten die Aufmauerung des Erdgeschosses geboten und so wollte man bei Altbauten wenigstens im Raum die Illusion geben, als stamme das Haus aus späterer Zeit, sei »moderner«.

In Ostbayern aus dem Landkreis Traunstein demonstriert das Haus »Schnapping« (Abb. 189, 191–199) (heute im Oberbayerischen Bauernhaus-Museum Amerang bei Wasserburg) die Hühnerhaltung in der Wohnstube. Gegenüber vom Eßtisch mit Herrgottswinkel ist das »Hennagatter« unter der umlaufenden Sitzbank untergebracht. Der Auslauf des Geflügels wird mittels eines Holzschubers geregelt.

Am Eingang zum Haus ist eine Platte mit der Jahreszahl 1796 eingelassen. Das Datum mag sich auf einen Umbau beziehen oder eine Einheirat, der Blockbau entstand zweifellos früher, denn Ende des 18. Jahrhunderts sind kaum Neubauten in Blockweise ausgeführt worden, besonders nicht in einer so rohen Art, daß die Fugen mit Moos und Werg ausgedichtet werden mußten. Hier sind allerdings die Fugendichtungen nicht zum Schmuck wie in der Stube aus Gallham im Schloßmuseum in Linz. Die Türstürze sind elegant geschwungen, so wie sie auch im Berner Gebiet zu finden sind. Bemerkenswert ist der Wasserbehälter, der die Wand vom Flez zur Stube durchbricht. An dieser Stelle ist die Wand wie auch bei Blockbauten an der Ofenseite aufgemauert.

In dieser Gegend zeigt sich auch das Sofa neben dem Ofen, ein ursprünglich städtisches Möbel; die »Loderbank«, die einfache Liege neben dem Ofen, oder die Gautsche, die dem Bauern für seine Mittagsruhe vorbehalten war und auf der beileibe keine Frauensperson liegen durfte, ist hier zu einem bäuerlichen Biedermeiermöbel geworden. Als Spucknapf diente ein Holzkasten, den ein Druck auf den Stiel öffnen konnte. So ein Spucknapf gehörte zur üblichen Einrichtung einer Bauernstube, sofern sie gewissermaßen eine gepflegtere Atmosphäre darstellen wollte. Man spuckte und schnaubte direkt auf den Boden, und daher auch der lang geübte Brauch, den Boden, sei er aus Holz, Estrich oder aus gestampftem, mit Ochsenblut gehärtetem Lehm, mit Sand zu bestreuen. Natürlich war dem Bauern lange Zeit der Gebrauch des »Sacktuches«, des Taschentuches, unbekannt, wohin also mit dem Störenden. Der feine Sand, der als Besonderheit geradezu lyrisch beschrieben wird, war eine Notwendigkeit für die Hausfrau, den Boden gründlicher reinigen zu können.

Es war die Rede von Kastenbetten und der Notwendigkeit, sich vor herabrieselndem Heu oder Getreide durch einen Betthimmel zu schützen – im Haus Schnapping ist ein besonders schönes Exemplar mit schwarzer und brauner Schablonenmalerei, vermutlich vom Beginn des 17. Jahrhunderts, erhalten.

Die Wohnstuben ändern sich im 18. Jahrhundert nicht wesentlich. Sie bleiben ruhig, man möchte sagen bescheiden. Das hängt auch mit dem Brauchtum des Landes zusammen. Selbst bei einem Verkauf oder der Übergabe des Hauses gehörten der Herrgottswinkel, die Tischecke zum Haus und durften nicht entfernt werden. Das Büffet ist eingebaut, die Wandkästchen ebenfalls und der Kachelofen tut seine Dienste wie eh und je. Änderungen gibt es in den Kammern, den Schlafräumen der Eheleute, der Kinder, des Gesindes.

In den Stuben, der guten Stube im Obergeschoß, in der die Brautausstattung untergebracht wird, prägt sich der Stil der Zeit aus. Mit Jahreszahl versehene Brautgaben, Möbel und Kleingerät geben exakt die Entstehungszeit an. Das oberbayerische Voralpenland erweist sich dabei nicht nur als ein Gebiet der bemalten, sondern auch der beschnitzten Möbel.

»Kistler und Maler« war der Beruf von Anton Perthaler (1740–1806) in Milbing bei Degerndorf am Inn. Eine Stubeneinrichtung mit zweitürigem Schrank, Kommode mit Aufsatz, Tisch und Stühlen sowie einer bemalten Decke und bemalten Türen ist im Bayerischen Nationalmuseum in München erhalten. Sie entstand etwa um die gleiche Zeit wie die »Hohe Stube« im Schloßmuseum in Linz mit den Florianer Möbelmalereien aus dem Traunviertel in Oberösterreich. Ob zur *Paradestube des Anton Perthaler* (Abb. 200–204) auch, wie dies üblich war, ein Bett gehörte, ist heute nicht mehr feststellbar. Die Aufstellung im Museumsraum des Bayerischen Nationalmuseums in München kann kaum ein auch nur annäherndes Bild vom ursprünglichen Aussehen dieser Stube geben. Daß auch im Voralpenland Oberbayerns zu einer »Paradestube« ein Bett gehörte, mag das Himmelbett und der zweitürige Schrank von Anton Perthaler im Museum in Wasserburg zeigen. Als Brautbett, das mit dem Kammerwagen mitgeführt wird, weist es der *bemalte Betthimmel* mit flammendem Herzen im Germanischen Nationalmuseum in Nürnberg (Abb. 203) aus.

In *Obstädt*, im Landkreis Ebersberg, wurden in der Werkstatt des Balthasar Gaßner und seiner Nachfolger Möbel mit besonderem Gepräge hergestellt. Sie verbinden Schnitzerei mit Malerei. Flachschnitzerei rahmt gemalte Heiligenbilder und reiche Reliefschnitzerei mit Laufwerk, Früchten und Türen; Blumenvasen bilden die Bekrönung. Die Werkstätten belieferten die Landschaften bis zum Mangfalltal und nach Wasserburg. Die Formen sind so ausgeprägt, kommen nur hier vor, sind charakteristisch für einen verhältnismäßig kleinen Bereich, daß die Erzeugnisse ohne weiteres diesen Werkstätten zuzuordnen sind. Balthasar Gaßner war als Klosterschreiner tätig und diese »Altarkistlerei« prägt sich auch in seinen »profanen« bäuerlichen Möbeln aus. Die im *Wasserburger Museum* erhaltene *Brautausstattung* (Abb. 209, 210) mit zwei Kästen (Schränken), einer Kommode und zwei Betten mit ihren reichen Verzierungen weist auf einen wohlhabenden Bauern hin und auch auf Vorbilder in bürgerlichen Häusern. Die Aufstellung im Museum ist kaum die ursprüngliche, vermittelt nur einen annähernden

21 *Erhardbauer, ehem. in Fischhausen, Schliersee, Oberbayern. Fassade, im Dach Lüftungsklappe, kein Kamin; Längsschnitt.*

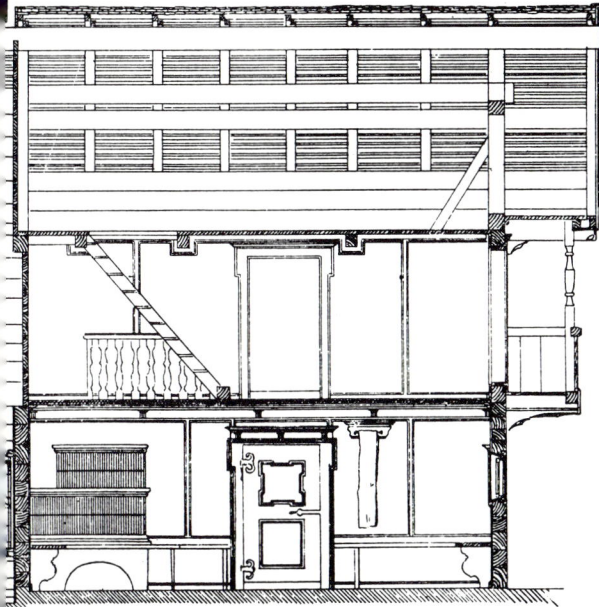

Eindruck einer Schlafkammer, einer »guten Stube« der Zeit um 1840.

In der *Stube im Heimatmuseum Schliersee* (Abb. 204, 207) sind in der Lehne der umlaufenden Sitzbank Felder ausgespart mit Landschaftsdarstellungen, deren Farbigkeit mit dem lindgrünen Grund der Lehne harmoniert. Eingebaute Wandschränkchen nehmen die Farbigkeit wieder auf und bringen im geschnitzten zierlichen Rahmen Bilder aus der biblischen Geschichte. Das Rokoko hält sich gerade im südlichen Oberbayern zäh bis in die Gegenwart hinein. Die Stube entstand 1842. Die Farbigkeit ist nicht auf das südliche Oberbayern beschränkt, auch aus Bayrisch-Schwaben sind Zeugnisse dieser Stubengestaltung überliefert. Einzelheiten von Stuben sind hier und da erhalten in den Heimatmuseen, nirgends findet sich jedoch eine Bauernstube im Originalzustand.

Aus der Einrichtung des *Heimatmuseums in Starnberg* (Abb. 211–215) kann noch auf die Anordnung der Stuben im 18. Jahrhundert geschlossen werden. Neben der Ofenecke mit dem Tisch liegt die Weberstube, die auch für den winterlichen Nebenverdienst erwärmt werden konnte. Darüber befindet sich jetzt der »Herrenstock«. Das Untergeschoß ist eine bäuerliche Anlage mit vertäfelter Stube, einer Kuchl, einem ziegelbelegten Vorplatz. Die Webkammer war zugleich Austragsstüberl. Die Stube und die beiden Kammern im Obergeschoß waren zur Wohnung der Herrschaft eingerichtet.

1538–1577 war ein Wolf Khleuber urkundlich als Bewohner des Erdgeschosses genannt. Die Khleuber waren im allgemeinen scharwerkfrei, d. h. nur wenn der Herzog in Starnberg war, mußten sie mit einem halben Wagen ausrücken. 1639 erlegte ein Hans Khoch 6 Gulden, um das Leibrecht für sich allein zu erkaufen. Er hatte jährlich zu leisten: 6 Gulden, 7 Kr. Stiftgeld, ein Fuder Heu, 60 Eier, 1 Fastnachthenne, 6 Hennen, 1 Gans, 2 Pf. Renken, 4 Pfund Kutten, 2 Eimer »Gabelkrautt«, Stein- und Kernobst war voll und ganz an die Herrschaft abzuliefern, für das Fischrecht 9 Kr. jährlich, verzeichnet ein Heimatbuch der Stadt Starnberg, Starnberg 1972, S. 282 f.

1554 war das Haus in einem Scharwerkbuch als Lehen eines Hanns Fenndt vom Inneren Rat der Stadt München ausgewiesen (Heimatbuch der Stadt Starnberg). Das Haus ist in seinem Aufbau, es ist ein Blockbau, erhalten und wurde bis 1912 vom letzten Besitzer bewohnt. Die Abmessungen der Stuben auch im »Herrenstock« waren die gleichen wie die im bäuerlichen Erd-

geschoß und durchaus bescheiden; sie unterschieden sich nur in der Ausstattung, wie die ursprünglich bemalte gotische Decke und der Fries zeigen. Die Leistungen, die ein solch kleines Lehen zu erbringen hatte, waren zu jener Zeit bedeutend.

Niederbayern

Niederbayern bringt in der Stube nichts Neues. Hier wie dort sind der Herrgottswinkel und der Kachelofen als Hinterlader in der Diagonalen wesentlich (Abb. 217–219). In der Schlafstube zeigt sich der Reichtum der Möbelausstattung, eine Fülle an bemalten Möbeln, die durch die Forschung jetzt erst allmählich aus Häusern und Speichern sowie aus privaten Sammlungen ans Licht gebracht wird.

Hier ebensowenig wie in der Oberpfalz sind intakte Stuben erhalten. Die Einrichtung ist bescheidener als im südlichen Oberbayern und Tirol.

Das gleiche gilt von der Wäldlerstube im Bayerischen Wald. Hier stand auch früher in der Stube das Himmelbett.

»Eine echte Wäldlerstube ist mit allem versehen« (zitiert nach Gebhard, S. 91).

Vertäfelte Stuben sind in der *Oberpfalz* unbekannt. Die Stubenwände sind geweißt, als bunte Zier dienen nur die Hinterglasbilder.

Bei kleineren Haushalten stehen auch hier die Ehebetten in der Stube, die gleichzeitig auch Werkstatt war, Hobelbank, Webstuhl, Korbflechterei, je nach der »Heimindustrie« der Landschaft, mußten Platz finden in der Stube, in der meist auch gekocht wurde.

Im Kachelofen ist der »Höllhafen«, »Ofenhäfen«, »Häfen« eingefügt, der jederzeit warmes Wasser bereithielt, wenn der Ofen geheizt war. Auch in der Oberpfalz herrscht, besonders im Nordwesten, der Kachelofen vor, gelegentlich werden auch Kacheln mit gußeisernen Platten kombiniert. Diese bauchigen Ofenhäfen finden sich ausschließlich im östlichen Altbayern bis hinüber in das Egerland.

Das »Austragshäusel« ist im allgemeinen bescheidener gehalten als die Stube des Hofbesitzers. Anscheinend war in Altbayern der Bau von Austragshäusern im 16. und 17. Jahrhundert bei einigermaßen vermögenden Bauern noch üblich gewesen, sonst hätte nicht durch Freiherrn von Kreittmayer 1716 auf die Forstordnung von 1616 hingewiesen werden müssen. In seinen Anmerkungen zu dem Codex Maximilianeus Bavaricus Civilis wird festgestellt, daß der Bau von Getreidekästen und Austragshäusern untersagt ist. Den Austragsbauern wurde also nur eine Stube im Haus mit Küchenanteil zugewiesen, eine Stube, die entweder einen Ofen hatte, oder es wurde ausdrücklich bei der Übergabe ein Platz am warmen Ofen vereinbart.

Schwaben, Baden und Württemberg

Altbayern war der Tradition stärker verhaftet, und nur zögernd wurden im 19. Jahrhundert städtische Gegenstände übernommen. Der Oberbayer hat in Verbreiterung und Verlängerung der Ofenbank die »Loderbank«, in Schwaben ist seit dem 16. Jahrhundert ein schmales Ruhebett nachgewiesen, die Gautsche, Gäutschla, das Gutschibett, das auch in der Schweiz, im Bernbiet und im Engadin zu finden ist.

Besonders fällt der Unterschied im »Kasten«, dem eingebauten Wandschrank, auf. In Altbayern steht er mehr oder weniger in die Wand eingelassen an der Türseite, der Schwabe übernimmt die Gewohnheit des städtischen Biedermeiers, das scharfe Ecken vermeiden will. Durch einen Eckschrank, ein Möbel, das kaum in einer Biedermeier-Stube in der Stadt fehlen durfte, schafft er einen gefälligen Übergang zwischen zwei Wänden.

Montaigne (geb. 1533) schreibt in seinem Reisetagebuch in dem Abschnitt »Kempten«: »Auf die Sessel werden hierzulande überall Kissen gelegt und ihre getäfelten Decken sind meist halbmondförmig gewölbt.«

Da Montaigne kaum Bauernstuben betreten haben dürfte, sondern in Gasthöfen wohnte oder bei Standespersonen verkehrte, spiegelt sich in dem Bericht bürgerliche Wohnkultur wider. Die gleiche Stubeneinrichtung ist nach den erhaltenen Beispielen aber für wohlhabende Bauernhaushalte anzunehmen.

Im *Bauernhausmuseum in Illerbeuren* ist im Haus beim »*Wagner*« (Abb. 222–225, 227–230, 232, 233) die Sitzbank bis unter die Fensterbank wandfest eingebaut. Im Herrgottswinkel mit Hinterglasbildern steht der Tisch mit gedrechselten Beinen, die Stuhllehnen sind geschwungen, der Eckschrank ist mit zierlichen Rokoko-Ornamenten bemalt, die Holzdecke durch einfache Leisten in Vierecke aufgeteilt, so daß sich insgesamt ein Bild schöner Behaglichkeit ergibt. Dazu tragen auch der Kachelofen, die Gautsche mit der durchbrochenen Lehne, der Lehnstuhl am Ofen bei. Das Hauswesen »beim Wagner« kann als wohlhabend angesehen werden, denn

es enthielt eine Käsküche in einem Sonderraum neben der Küche, der alle für die Käserei und Butterbereitung nötigen Gefäße und Handwerksgeräte enthielt.

Im *Uttenhof* (Abb. 229) ist ein gemauerter Ofen mit Kuppel erhalten, im Prinzip von gleicher Art wie der Ofen aus dem Thannheimer Tal. Zweifellos ergaben sich gerade zwischen Tirol und dem Allgäu enge Beziehungen.

In der *Stube aus dem Eggental* (Abb. 231, 234), heute im Heimatmuseum in Kaufbeuren, fertigte der Schreiner und Maler Franz Xaver Booz in Baisweil die wandfesten Teile im Jahre 1816, die Bank, das eingebaute Schränkchen. Der 1791 datierte Tisch mit den Empire-Ornamenten ist zwar nicht ursprünglich zugehörig, doch bekunden auch hier die eleganten Formen den städtischen Einfluß, der besonders im Allgäu festzustellen ist.

Im Allgäu sind noch bemalte Vertäfelungen, wenn auch nur in Bruchstücken, anzutreffen. Wieder einmal ist festzustellen, daß es selten reine Malerei- oder Schnitzerei-Landschaften gibt.

Die Stube aus Wertingen, heute im Bayerischen Nationalmuseum in München (Abb. in Ritz, Geschnitzte Bauernmöbel), beläßt es beim holzeigenen Dekor. In der 2. Hälfte des 18. Jahrhunderts hat ein bisher unbekannter Schnitzer das Eichenholz von Stubentüre, Wandschränkchen und Bank mit zierlichem Muschelwerk und anderen Rokoko-Ornamenten versehen. Besonders hübsch und einfallsreich weist die Stubentür auf den bäuerlichen Stand des Besitzers hin. Sense, Rechen, Mistgabel, Pflug, Feldfrucht, hier vermutlich der Mais (der »Türken«), sind in flacher Reliefschnitzerei in zierliche Rahmen gestellt.

Die bisher betrachteten Stuben im alpenländischen Gebiet wie im Voralpenland folgtem dem Grundsatz: Herrgottswinkel und gegenüber in mehr oder weniger strikter Diagonale der Kachelofen. In Schwaben, vornehmlich in Württemberg, schiebt sich ein kleiner Bezirk in die Kachelofen-Landschaften des süddeutschen Gebietes. Zwischen Enz, Neckar, westlich der Nagold, herrscht der Gußeisen-Ofen, auch »altdeutscher« Ofen genannt, vor. An der Wandseite ist er der Feuersicherheit halber mit Wandplättchen ausgestattet. Öfen aus Gußeisen gibt es vor allem in vielen nördlicher gelegenen Landschaften, besonders in niederdeutschen Bauernstuben. Die ersten gußeisernen Platten sind in Württemberg um 1540 nachgewiesen, aus Gießereien von Heidenheim, Itzelberg, Kö-

Hätte dieser treffliche Mann die Landhäuser in den Gebirgsgegenden des Isarkreises gekannt, so würde er wohl diesen den Vorzug vor den Osnabrückischen gegeben haben. Wir liefern hier die lithographirten Risse von einem Bauernhause im Landgerichte Rosenheim, das nach dem Satze gebaut ist: Haus an — und Stadel über dem Stall. Schon ein flüchtiger Ueberblick gewährt die Ueberzeugung, daß ein solches Haus sich vor allen für ähnliche Zwecke bestimmten Bauten vortheilhaft auszeichne. Ungemein zweckmäßig und ökonomisch, sinnig in Construction, Form und Verhältniß, bedürfen diese Gebäude nur geringer Nachhülfe eines Architekten, um als Muster für ganz Baiern — für Deutschland — zu gelten. Die Umfassungswände der Wohnung und des Stalles sind von Backsteinen, können aber auch von Brocken, Pisé, oder Lehmsteinen seyn; der aufgesetzte Stadel, die Auffahrt zur Dreschtenne, so wie die ganze Dachung sind von Holz, welche letztere mit Legschindeln (hier und da mit Steinen gegen heftigen Windstoß beschwert) eingedeckt ist, die aber auch mit Schiefer, Ziegeln, Steinpappe ꝛc. gedeckt werden kann. Die Fußböden der Wohnung, so wie der Heu-, Stroh- und Getreidboden des Stadels sind gedielt, die Dreschtenne ist mit beschlagenen Hölzern construirt, und der Stall gepflastert, die Gänge hier sind mit gebrannten Platten belegt; die Küche und Branntweinbrennerei sind ebenfalls geplattet, ihre Decken getüncht, die übrigen Decken der Wohnungstheile und des Stalles sind vertäfelt. In der Erde unter dem Wohnhause sind die Keller angebracht, unter dem Dache die Frucht- und Hopfenböden. Der Küchenheerd hat einen Kessel, der zugleich dazu dient, wenn nicht Branntwein gebrannt wird, für das Vieh warmes Futter zu bereiten. An den großen Kachelofen der Wohnstube schließen sich die sogenannte Loderbank und Hühnerbrücke. Alles Uebrige geht deutlich aus den Rissen hervor, wobei der Maßstab so angenommen wurde, daß der baierische Duodecimalzoll in 20 Theile eingetheilt ist, wovon jeder Theil einen Fuß gilt.

22 Zitat aus »Kunst- und Gewerbeblatt für das Königreich Bayern«, München 1821

23 Grund- und Aufrisse eines Bauernhauses im Landgerichte Rosenheim des Königreichs Bayern (wie Zitat, Abb. 22) ▷

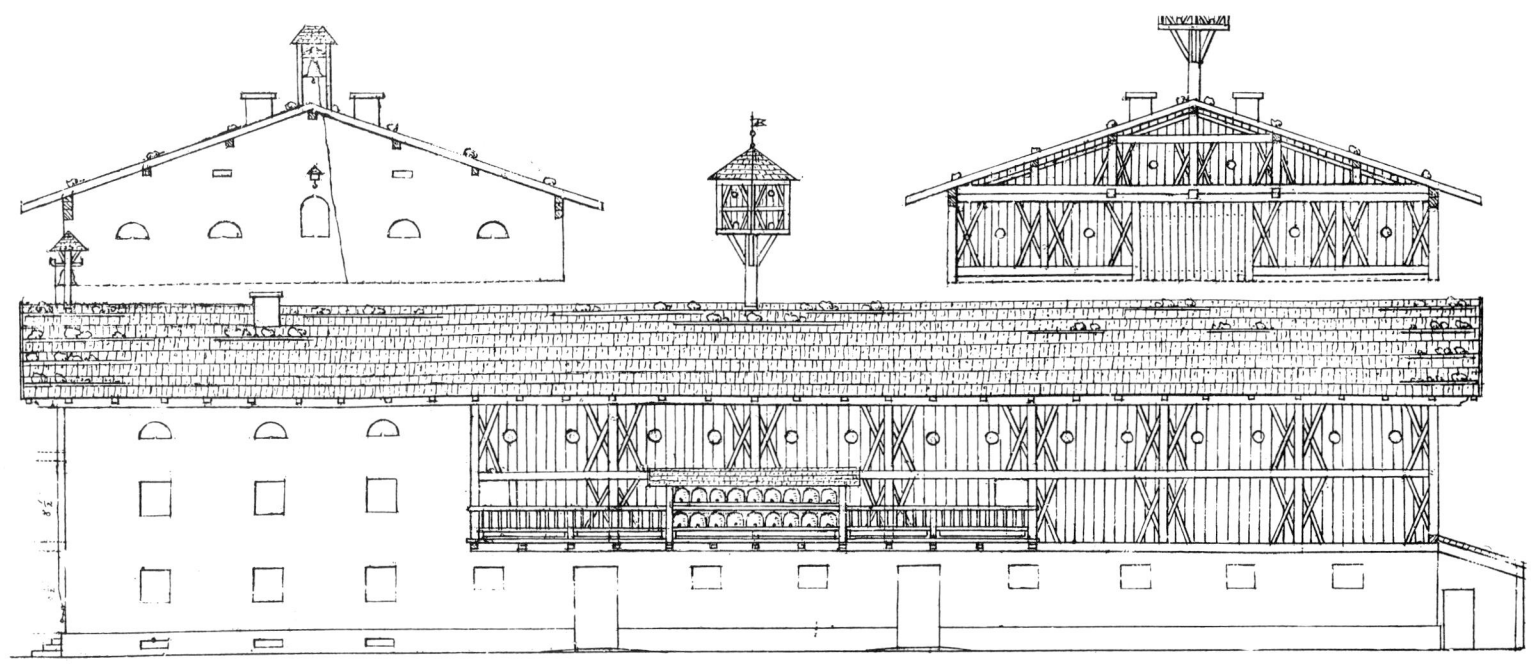

Obergeschoss

Gast-Zimmer | Magd-Kammer | Geschirrkammer

Gang.

Stube. | Obst-Kammer | Flachsu. Hanf-Kammer

Holz

Samendarre

Laube.

Getreidlage.

Getreid-Kammer

Grasstrohn

Häcksel

Dreschtenne.

Heulage.

Laube.
Bienenstand.

40 baier. Fuss.

12 franz. Méter.

10. 5. 0. 10. 20. 30. 3. 2. 1. 0. 3. 6. 9.

Erdgeschoss

Schlafstube. | Brantwein brennerej. | Eis Kammer | Kraut Kammer | Für Pferde. | Für Ochsen. | Für Kühe. | Holz- und Wagen-Remise.

Für Holz.

Futter.

Hausgang.

Schafstall | Gänsstall

Kasten.

Wohnstube. | Küche | Speis u. Milch Kammer | Knecht Kammer | Für Pferde. | Für Ochsen. | Für Jungvieh. | Schweine Stall | Schafschupfe.

39

nigsbronn. Das Zentrum für Ofenplatten lag späterhin im Harz, das weithin bis nach Schleswig-Holstein lieferte.

Ein Ofen aus Gußeisen gibt im Gegensatz zum Kachelofen eine größere Hitze, kühlt aber auch schneller ab als der bedächtigere Kachelofen, der sich langsamer erwärmt, aber seine gemütliche Wärme auch länger hält. Die stark erhitzten gußeisernen Öfen stellten eine erhöhte Feuergefahr für das Holzwerk der Wände dar, daher erhielten die Besitzer solcher Öfen die Auflage, einen Feuerschutz hinter den Öfen anzubringen, entweder die Wand dahinter massiv auszumauern, was allgemein auch für Kachelöfen gefordert wurde, oder, wo das nicht mehr möglich war, mit unbrennbarem Material zu versehen. Aufgrund dieser Feuerordnungen, die seit dem 16. Jahrhundert in Württemberg in Abständen immer wieder erlassen wurden, entwickelten sich allmählich *Ofenwandplättchen* (Abb. 241–243) von unverkennbarer Eigenheit. Der Hauptort war Heimsheim, und da die Plättchen häufig signiert waren, können, dank der Forschung von Hillenbrand, auch Meister namhaft gemacht werden: Jakob Widmann, Christian Räpple. Von Heimsheim aus verbreitet sich die Herstellung der bemalten Ofenwandplättchen in die nähere Umgebung von Neubulach, Wildber, Simmozheim, Sindelfingen und andere Orte. Soweit die erhaltenen Stücke heute die Erkenntnis zulassen, waren die frühesten Plättchen meist mit Bildern geschmückt, auch Sprüche waren häufig beigegeben, aber erst mit Ende des 18. und in der 1. Hälfte des 19. Jahrhunderts mehrten sich dann die Plättchen, die ausschließlich Sprüche trugen.

Es scheint gestattet, bei der knappen Übersicht über die Bauernstuben im deutschsprachigen Raum hier länger zu verweilen, da diese Art der Plättchen in der primitiven Formgebung und mit den teilweise derben, aber meist humorvollen Sprüchen sonst in keiner Landschaft mehr anzutreffen ist. Gefliese Wände gibt es in großer Zahl, vor allem in den Gegenden der Nord- und Ostsee, aber sie sind meist Importe aus Holland mit Darstellungen aus der Heilsgeschichte, der Legende, zeigen Blumen und Tiere, spielende Kinder. Sie stammen aus Werkstätten, Industrien des Kunstgewerbes, nur hier in Württemberg sieht man die ungelernte, auch ungelenke Hand des schlichten Hafners.

Von der freundlichen, einfachen Farbigkeit heben sich die grauschwarzen Öfen wirkungsvoll ab; Monogramme, auch der volle Name, Wappen und Jahreszahlen sind meist angebracht, dazu ornamentale Verzierungen im Stil der Zeit. Bedauerlicherweise gibt es auch hier kaum mehr eine Bauernstube im originalen Zustand. Gegen 1900 scheint man sich dieser primitiven Darstellungen und Sprüche geschämt zu haben und hat die Wände herausgerissen, einiges wurde erfreulicherweise in das *Heimatmuseum von Calw* (Abb. 241–243) oder in eine private Sammlung gerettet, von Menschen, die diese echte Volkskunst erkannten. Die Farben sind Rot, Grün, Gelb, ein wenig Weiß, ein wenig Schwarz, sehr viel Braun, sei es als Grundfarbe oder als Zeichnung. Der Grund ist meist ein helles Gelb. Einige Werkstätten bevorzugten ein dunkles Braun.

Die Themen wiederholen sich zwar: Wagenzug, Reiter, pflügender Bauer, Kuhhandel, Tiere des Bauernhofes, Blumen, Vögel, aber immer mit kleinen Variationen, schematische Wiederholungen sind kaum anzutreffen.

Der Besonderheit wegen seien noch einige Sprüche angeführt:

Der Hahn thut früh
aufweken den faulen
knecht und magd, sie thun
sich erst recht streken, und
schlafen bis in tag.

Die Weiber, wasser und das feuer
das sind 3 große Ungeheuer.

Die schöne jungfrau hat gott erschaffen
vor bauersleut wie vor pfaffen.

Ein pfaff ohne kutten,
ein mädchen ohne dutten,
ein reiter ohne pferd,
die 3 sind keinen Heller wert.

Oder auch Sprüche wie an Fassaden von Bauernhäusern:

Besiehe du zuvor dein bild, eh du andere richten wilt,
bist du doch selbst vor dir nicht rein, so kannst du auch nicht richter sein,
du hast genug für dich zu thun,
mein freund laß freunde fehler ruhn.

Das ist das beste in der welt,
der Tod und Teufel nimmt kein Geld
sonst müßt ein mancher armer knecht
sterben vor dem reichen weg.

Die leute sagen immer,
die zeiten seien schlimmer
die zeiten bleiben immer,
die leute werden schlimmer.

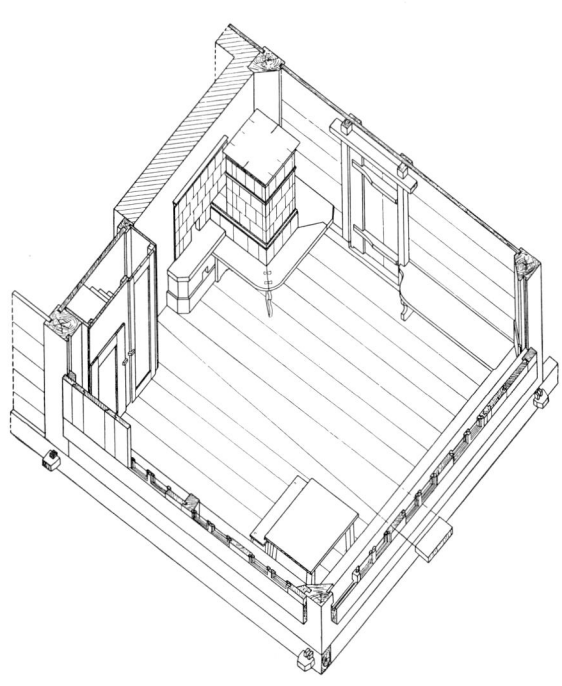

24 *Stube eines Heidenhauses im Schwarzwald*

Wir alle sind brüder, wir alle sind gleich,
der reiche der lebt von des armen schweis.

Sehet wie der jergle lacht
wenn seine mutter Küchlein bacht.

Gar mancher geht nach wolle aus
und kommt geschoren selbst nach haus.

Es kann wohl vieles noch auf erden,
in vielen stuben besser werden.

Lieben und kein freud dabei,
schmekt als wie ein wasserbrei.

Immer spiegelt sich die Volksweisheit in den Sprüchen, von welchem Hafner die Plättchen auch stammen, von Dombart, Schmid, Brehm. Aber auch kleine Bosheiten gegen Hausbewohner werden eingebrannt, Sozialkritisches wird hineinvermengt.

Im *Schwarzwald* wurde bis zur Jahrhundertwende Viehzucht mit Wechselfelderwirtschaft betrieben, dann ging man zur Milchwirtschaft über und der Boden wurde hauptsächlich als Weideland genützt. Getreide und Kartoffeln werden nur für den Eigenbedarf gebaut. Die landwirtschaftlichen Bedingungen erfordern wiederum einen besonderen Haustypus und seine Lage als Einzelhof. Die langen, meist schneereichen Winter sind dem Ackerbau nicht günstig, die Ernte mußte zu oft unausgereift eingebracht werden. Der große Dachraum wird als Stapelplatz für Heu genützt.

Es konnte im Verlauf der Untersuchungen immer wieder festgestellt werden, daß die Nutzung des Bodens, die Landwirtschaft, auf die Gestaltung der Stube kaum einen Einfluß hatte, und ob das Haus giebel- oder traufseitig aufgeschlossen war, spielte für die Lage der Stube auch kaum eine Rolle. Wesentlich waren Lebensgewohnheiten, Religion und Besitztum.

Hier wie in den alpenländischen Stuben liegt im Winkel zwischen Lang- und Breitseite die Wohnstube und hier wieder herrscht die Diagonale Tischwinkel–Ofen. Nirgendwo auf verhältnismäßig engem Raum scheiden sich die religiösen Bekenntnisse so ausgeprägt wie im Schwarzwald. Das Gutachtal gehörte dem reformierten Glauben an und so ist der Herrgottswinkel mit der Herrgottssäule von größter Nüchternheit. Die Fenster sind zahlreich und groß, wenig Platz bleibt für die Herrgottssäule. Kein buntes Heiligenbild hinter Glas gemalt bringt schimmernde Farben in das dunkle Holz. Die Hinterglasmalerei war ebenso wie im Bayerischen Wald für den Schwarzwald als Heimindustrie

eine bedeutende Erwerbsquelle. Bilder profanen Inhalts waren weithin verbreitet in reformierten Gegenden, Jahreszeiten, Persönlichkeiten, Trachtenbilder wurden bis nach Amerika exportiert. Heiligenbilder jedoch begleiteten den Herrgottswinkel nur in katholischen Gegenden. Eine besondere Eigenheit dieser Schwarzwälder Landschaft ist der Kachelofen mit der »Kunscht«, die in so hohem Maße den Öfen in Aargau, in dem Land um Zürich, ähnlich sind, als habe ein dauernder Austausch zwischen den beiden Ländern stattgefunden.

Der Herd mit der Kunst des *Hippenseppenhofes* (Abb. 238), heute im Schwarzwälder Freilichtmuseum der Vogtsbauernhof, ist ein Hinterlader, wie überall von der Küche aus beheizt, der Nebenofen, die »Kunst« mit einer Bank, wird von zwei Rauchkanälen, den »Zügen« durchlaufen. Der Kachelofen sitzt auf dem gemauerten Ofenstein auf, baut sich in vier Reihen meist schmuckloser Kacheln auf. Im »Ofenloch« – nicht zu verwechseln mit Feuerloch – der Kunst liegen zum Wärmen Säckchen mit Kirschkernen, die hier als Bettwärmer dienten, praktisch und sparsam auch den Abfall noch nutzend, sehr im Gegensatz zu den prächtigen messingenen Bettpfannen im niederdeutschen Bereich. »Ofenstängli« helfen Kleider und Wäsche trocknen, die in der Decke verzapft sind wie über den Stufenöfen im Berner Gebiet. Eine Durchreiche zur Küche, hier »Lädeli« genannt, fehlt ebensowenig wie das »Hungerloch« in anderen Landschaften.

Der *Vogtsbauernhof* (Abb. 236, 237, 240), um den das heutige Freilichtmuseum sich reiht, demonstriert im Herrgottswinkel reformierte Nüchternheit, zeigt aber über dem Tisch für das werktägliche Essen andere Möglichkeiten des bunten Schmuckes, vor allem die Schwarzwälder Uhr mit bemaltem Zifferblatt. An dem runden Tisch wurde werktags gegessen, man war fröhlich mit bunten Bildern. Am Sonntag, am Tisch im Herrgottswinkel, war die Stimmung ernst und feierlich. Der Ofen war ähnlich dem im Hippenseppenhof. Vor ihm stand der Kienspanhalter auf einer Steinplatte, eine Vorsorge gegen Feuer, wie sie häufig anzutreffen ist.

Franken

Überraschend zeigt Franken eine Anzahl von vertäfelten und bemalten Stuben, die aber nicht direkt Bauernstuben sind, sondern nur dem bäuerlichen Menschen als Versammlungs- und öffentlich zugängliche Stuben dienen.

In der *Winzerstube aus Sulzfeld* (Abb. 265, 268) im Mainfränkischen Museum in Würzburg ist zierliches Rankenwerk nach Art der Schreibmeister kalligraphisch fein an die Wände gemalt. Ihre Bestimmung als Weintrinkstube zeigen die Weintrauben in dem verästelten Weinlauf an. Die Wandverkleidungen stammen aus dem Ende des 16. Jahrhunderts. Da sich in anderen Landschaften die Bauernstuben nach Möglichkeit nach den Wirtsstuben an den großen Verkehrsstraßen richteten, bestünde die Möglichkeit, daß auch Weinbauern in den wohlhabenden Weingegenden Würzburgs, Aschaffenburgs usw. sich die gute Stube haben ausmalen lassen.

Am Ostende Frankens, im Luitpold-Museum in Kulmbach, haben sich Vertäfelungen aus einer Herbergsstube, um 1700, mit großen Apostelfiguren und einer bemalten Decke erhalten. Daß sie nicht aus einer Bauernstube stammen, auch nichts Derartiges überliefert ist, mag seinen Grund darin haben, daß Oberfranken mit Ausnahme der an Obst und Gemüse ertragreichen Maingegend nicht fruchtbar war und auf den Höhen steinige Äcker nur wenig Feldfrüchte gaben. Entsprechend arm waren auch die Stuben.

Die Anlage des Hofes ist meist dreiseitig, auch Vierseithöfe kommen vor, dabei schaut die Stube zur Straße einerseits, zum Hof mit der Mistlege andererseits. Den fränkischen Gehöften alter Zeit wird nicht eben große Reinlichkeit nachgerühmt, die Nähe des Misthaufens verursacht eine peinliche Fliegenplage, die Schuhe werden nicht immer gewechselt, vielleicht nur flüchtig abgeputzt, wenn man vom Hof ins Haus trat.

Die fränkischen Stuben, besonders Mittel- und Unterfrankens, zeigen eine Besonderheit, die sonst in keiner Bauernstube in dieser Form mehr gefunden werden kann. Ein Vorhang nur, oder auch eine Bretterwand mit durchbrochenem Aufsatz teilt einen Teil des großen Raumes ab, bildet einen Alkoven, Pos, (von repos = Ruhe), Kabinettla, Kanzleila (Abb. 269, 270), je nach der Mundart der Landschaft genannt, ein Sofa, ein Tisch, auch eine kleine Kommode bilden das Mobiliar.

Der Ofen wird häufig mit in die Pos einbezogen, so daß dieses Kabinett vom Stubenofen mit beheizt wird. Er steht meist als Kachelofen in der Mitte der Stubenwand. Eine Tischecke mit umlaufenden, wandfesten Bänken, mit quadratischem, auch mit rechteckigem Tisch und darüber je nach Glaubensbekenntnis mit einem et-

was nüchternen oder mit Heiligenbildern geschmückten Herrgottswinkel.

Die *Bauernstube um das Jahr 1800* (Abb. 266, 271) im Museum in Feuchtwangen kann als beispielhaft gelten für die fränkische Stube. Hier wird nicht das Kabinett herausgeschnitten, sondern eine Schlafstube durch eine Bretterwand von der Stube geschieden. Hier ist auch der Kachelofen aufgegeben. Der gußeiserne Ofen wird von einem ornamentierten Ofenstein getragen. Wie in steiermärkischen Stuben ein Vogelbauer an der Wand hängt, so wird hier dem Rotkehlchen ein Platz unter dem Ofen eingeräumt. Eine solche Stube gehörte bereits zu einem wohlhabenderen Hof. Um 1860 dürfte die Trennung von Wohnstube und Schlafkammer vollzogen gewesen sein. Nur bei Kleingütlern stand das mit einem Leinenvorhang versehene Ehebett mit in der Stube. Die Küche hatte wie überall offenes Herdfeuer, meist noch ohne Kamin und der Rauch suchte sich seinen Weg durch Dachluken, wie gewöhnlich das Fleisch räuchernd und die Ernte im Dachboden konservierend.

Der Speiseschrank, der B'halter, steht im kühleren Hausflur, kunstvoll bemalt ist er der Stolz der Hausfrau.

Egerland und Thüringen

Im Germanischen Nationalmuseum in Nürnberg ist in ein kleines Blockhäuschen eine *Stube aus dem Egerland* (Abb. 272–275) eingebaut. Die Stube ist klein, etwa 4 × 4 m, während die Bauernstuben im allgemeinen 5–6 m im Geviert angelegt sind. Diagonal zur Tischecke mit einem bemalten Tisch, dem Herrgottswinkel mit Hinterglasbildern ist ein behäbiger grüner Kachelofen aufgebaut. Vor eine Koch- oder Wärmeplatte sind zwei gußeiserne Höllhafen, Wasserhäfen eingelassen, wie sie auch in Ostbayern vornehmlich in Gebrauch waren. An der Wand läuft vom Tisch die Bank hin bis zur Türseite. Über einem Hühnergatter baut sich ein Schüsselregal auf, was besagen mag, daß auf dem Herd gekocht und die Speisen von da auf den Tisch gebracht wurden. Tellerrahmen wurden üblicherweise in der Küche angebracht und hatten als Unterteil statt des Hühnerstalles einen Schrank, wenn sie nicht frei an der Wand hingen.

Die Möbelmalerei des Egerlandes zeugt von großer Kunstfertigkeit und feiner farblicher Ausgewogenheit. Die dargestellten Figuren und ihre Zeichnung lassen eher an bürgerliche Aus-

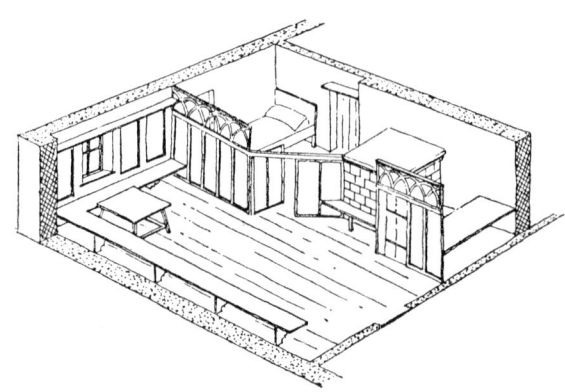

25 Mittelfränkische Bauernstube, 18. Jahrhundert, Großschwarzenlohe, Lkr. Schwabach

stattung als an bäuerliches Mobiliar denken. Schränke, Truhen, Betten bewahren Eigenständigkeit, auch wenn Form und Malerei von Einflüssen aus verschiedenen Richtungen bekunden. Egerländer Möbel unterscheiden sich deutlich von schlesischen und böhmischen.

Wesentlich derber als die Malerei des Egerlandes und einfacher in der gesamten Stubeneinrichtung sind die Thüringer Stuben. In das Heimatmuseum in Rudolfstadt ist eine *Stube aus Unterhasel* (Abb. 276, 277) aus dem 17./18. Jahrhundert eingebaut, in der vor allem der pyramidenförmige Ofen hervorzuheben ist. Der Klapptisch daneben, die Ofenbank, das Trockenreck sind die bekannten Stubeneinrichtungen der oberdeutschen Stube, nur der Ofen weicht von den würfelförmigen Kachelöfen der anderen Ofenlandschaften ab.

Hessen

Die mitteldeutschen Stuben, soweit sie zur oberdeutschen Stube gehören, erreichen bei weitem nicht die Wohnkultur, die im alpenländischen Raum in Österreich und der Schweiz geschaffen wurde. Es wurde bereits darauf hingewiesen. Je mehr sich die Stube nach Norden hinbreitete, desto mehr flachte diese Kultur ab. Erst mit der niederdeutschen Stube manifestiert sie sich wieder, und je weiter nach Schleswig-Holstein, den Marschen zu, desto mehr ist Schönheit, Zweckmäßigkeit bedingt durch Wohlhabenheit und dem Wunsch nach Repräsentation augenfällig.

Die Einrichtung des hessischen Bauernhauses war bis in das 19. Jahrhundert sehr bescheiden. Eine vollständige Stube, wie sie für andere Landschaften in Museen geborgen wurde, findet sich hier nicht. Einzelne Möbelstücke von guter handwerklicher Arbeit, geschnitzt und bemalt, haben sich erhalten und nach Hinterlassenschaftsinventaren kann die Einrichtung von Küche, Ern, von Stube und Kammern rekonstruiert werden. 1602! laut Inventar im Marburger Staatsarchiv, hinterließ der Bauer Johs. Trimper seiner Hausfrau »an fahrender Habe in der Küche einen Küchenschrank, einen dreibeinigen Stuhl und eine Bank«. Der dreibeinige Stuhl allein stand fest auf unebenem Boden des Ern, der entweder aus dickem Lehmbelag bestand, oder in den Ziegel- oder Sandsteinplatten eingelegt waren. Noch unebener war der sog. »gegrätete Ern«, wie er im Edertal, im oberen Lahntal und im Siegerland gebräuchlich war.

Die Stube selbst hatte Holzdielen, die vor Sonn- und Feiertagen sauber geschrubbt (gescheuert) und dann mit Sand bestreut wurden. Vertäfelung reichte bis unter die Fenster, die Wand und die Decke waren hell oder weiß gestrichen, die Wände erhielten auch hie und da noch eine Musterung aufgetragen.

Ein großer gußeiserner Ofen, mundartlich »Ranzen«, ein Ofen auf Sandsteinfuß, wurde wie üblich von der Küche her beheizt. Ein Holzrechen war auch hier angebracht. In der Fensterecke stand der Tisch, Wandbänke zogen sich auf zwei Seiten hin, die Bank vor dem Tisch war ohne Lehne. Ein Brettstuhl kam dem Bauern zu. Der Lehnstuhl beim Ofen war dem ältesten Familienmitglied vorbehalten. Alles in allem eine Einrichtung, die auch in benachbarten oberdeutschen Landschaften stehen konnte. Ein Hühnergatter, mundartlich hier Hinkelslade genannt, fehlte ebensowenig wie in der Alpen- oder Voralpenregion. Hessen gehörte zur reformierten Lehre, also ist der Herrgottswinkel in der Tischecke ohne den Schmuck von Heiligenbildern.

Hinsichtlich der bemerkenswerten Möbelformen muß auf die einschlägige Literatur verwiesen werden. Nur auf ein interessantes Möbel, das bezeichnend sein kann für die Wohnverhältnisse, sei hingewiesen, den Stuhltisch. Eine Tischplatte konnte aufgeklappt werden und dann ergab sich ein Lehnstuhl, ein Verwandlungsmöbel, das auch in Skandinavien wieder anzutreffen ist.

Die ehemalige Rheinprovinz

Nördlich der Mosel und Lahn, westlich von Hessen, zieht sich bis hinauf zur holländischen Grenze das Gebiet hin, das beiderseits des Rheins Eifel und Westerwald, Bergisches Land und den Niederrhein umfaßt, heute das Einzugsgebiet für das Rheinische Freilichtmuseum in Kommern. Vielfältig sind die Baukörper, bemerkenswert in der Anordnung der einzelnen Wirtschaftsteile innerhalb der Gehöfte. Die Grundrisse variieren vom Einfirsthof über den Hakenhof bis zum Vierseithof, es ist eine Fachwerklandschaft mit ebenerdigen wie Stockwerksbauten, die zur mitteldeutschen Bauweise gehören. Mit geringen Variationen ist das Wohnverhalten auch in diesen zur oberdeutschen Stubenlandschaft zählenden Gebieten das gleiche. Im Ern ist die Küche vorgesehen, der hier eine größere Bedeutung für den Aufenthalt der Familie als in südlicheren Landschaften zukommt. Im Süden ist die Stube der Hauptraum

für den Aufenthalt der Familie. Je weiter nach Norden die Menschen hausen, desto größere Bedeutung gewinnt das »Herdraumwohnen«, vergleichbar vielleicht mit der »Wohnküche«, die heute wieder aus mancherlei Gründen gegenüber der Kochküche bevorzugt wird.

Der Eingang in das Haus, sei er giebel- oder traufseitig angeordnet, führte immer über den Ern in den Herdraum und von diesem wieder in die Stube. Wo der Herdraum Hauptaufenthaltsraum der Familie war, versuchte man schon frühzeitig den lästigen Rauch auszuschalten, baute Kamine, erstaunlicherweise in eben dem gleichen Fachwerk wie das Haus selbst. Feuergefahr war nicht zu befürchten, da der Rauch die Wände imprägnierte, einen Niederschlag bildete, hart wie Glas, dem die stiebenden Funken des offenen Herdfeuers nichts anhaben konnten. Sofern die Stube einen der gußeisernen Öfen hatte, wurde dieser, ein Hinterlader auch er, vom Herd her beschickt. Im Bergischen Land ist der Herd vom Boden abgehoben etwa in Tischhöhe. War eine heizbare Stube als Hauptwohnraum vorhanden, so konnte man auf einen Kamin verzichten, der Rauch stieg dann imprägnierend und die Ernte konservierend zum Dach hinauf, wie auch in anderen Landschaften immer wieder zu beachten war. Dieses ursprüngliche Hausen wurde überall, nur in den Landschaften verschieden, rasch aufgegeben, verändert je nach Besitzstand, Nutzung des Bodens, Lage, Abgeschlossenheit von fortschrittlicherer Umgebung. Die Stubeneinrichtungen selbst waren im Vergleich zum Alpengebiet primitiv, unterschieden sich in der Anordnung kaum voneinander.

Gegen Ende des 18. Jahrhunderts begann der eiserne Sparherd das offene Feuer mehr und mehr abzulösen, der Rauch wurde unmittelbar in den Kamin geleitet, der Stubenofen vom Herd aus beschickt.

Eine Besonderheit ist für die Eifel und die Köln-Bonner Bucht zu erwähnen, die »Takenheizung«. Bei der Übertragung des *Hofhaus Scheuerheck* (Abb. 261) im Kreis Euskirchen in das Rheinische Freilichtmuseum in Kommern wurde diese altertümliche Heizung mit überliefert. Die »Feuerwand«, die Wand zur Stube, ist aus Bruchsteinen aufgemauert. In einer Nische in der Wand vor dem Feuer ist eine »Takenplatte« eingesetzt, eine reichverzierte gußeiserne Platte, die die Hitze des Herdfeuers aufnahm und die Wärme in die dahinterliegende Stube weitergab. Diese höchst primitive Form der Heizung soll früher im genannten Raum allgemein üblich gewesen sein. Seit der Mitte des 15. Jahrhunderts wird die Herstellung der gegossenen Eisenplatten für die Eifel nachgewiesen.

Das anschließende Gebiet Niederrhein vertritt bereits den Typus des Hallenhauses, bei dem Wohnraum und Stallung unter einem Dach und in einem Raum in der ursprünglich primitiven Form des Hausens untergebracht waren. Die Grenzen sind fließend, absolut genaue Linien können bei dem heute noch gegebenen Bestand der Häuser kaum mehr gezogen werden.

Die niederdeutsche Stube

Wie bei der oberdeutschen, geht es auch bei der niederdeutschen Stube nicht an, nur die äußere Erscheinung zu betrachten. Wirtschaftliche, soziale also Herrschaftsverhältnisse, landschaftliche Gegebenheiten und Bodenbeschaffenheit sind als Voraussetzung für das Entstehen dieser Hauswesen zu sehen.

Geographisch ist das niederdeutsche Haus und damit die niederdeutsche Stube von der niederländischen Nordseeküste, von Ostfriesland, vom südlichen Westfalen über Niedersachsen bis nach Schleswig-Holstein mit Nordfriesland und den nordfriesischen Inseln und zur Danziger Bucht beheimatet.

Das niederdeutsche Haus ist ein Hallenhaus mit Einfahrt auf der Giebelseite. Es birgt unter einem Dach und in einem großen Raum Mensch und Vieh. An eine große Halle, die Diele, mit den Ständen für das Vieh, schloß sich die Feuerstelle, die Herdstelle auf dem Flett an. Zu seiten der Feuerstelle weitete sich das Flett am Ende der Viehstände in zwei Abseiten, den Siddels oder Luchten aus. In einem der Siddels, meist zur Linken, befand sich der Eßplatz für Bauern und Gesinde, auf der Gegenseite war der Waschort eingerichtet, der Platz für die Wirtschaftsarbeiten, Küchenarbeit, Essensvorbereitungen und Waschen.

Dieser skizzierte Grundriß mag als Urzelle niederdeutschen Wohnens angesehen werden. Das Flett war meist mit Kieselsteinen oder Backsteinen ausgelegt, während der Dielenboden aus gestampftem Lehm bestand.

Das offene Herdfeuer befand sich zu Anfang in der Mitte des Fletts, von der Wand abgerückt, so daß der Herd umkreist werden konnte. Wie im oberdeutschen Haus der Herrgottswinkel, die Herrgottssäule, die Tischecke, so spielte im niederdeutschen Haus die Herdstelle eine bedeutende Rolle im Brauchtum, das zugleich einen Teil des Rechtslebens beinhaltete. Der Herd wurde von der Neuvermählten durch Umkreisen oder durch Anfassen des Kesselhakens symbolisch in Besitz genommen. Sie war damit in ihre neue Stellung und in ihre Pflichten und Rechte als Frau des Hauses eingeführt.

Der Herd war entweder rund oder eckig, bodengleich oder zu geringer Höhe aufgemauert, mit Aschenkanälen oder auch mit Windkanälen zum Anfachen des Feuers versehen. Das offene Herdfeuer war, wie auch in den Rauchstuben oder Rauchkuchln des oberdeutschen Hauses, mit einem Funkenhut überdacht, damit die aufstiebenden Funken nicht in den Dachstuhl aufsteigen und Brandgefahr in die dort lagernde Ernte tragen konnten. Der Funkenhut erhielt im niederdeutschen Haus eine weitaus prächtigere Auszier als in den alpenländischen Gegenden. Er hatte in einem Haus mit zwei Wärmestellen, der Kochstelle und der rauchfreien Stube, eine geringere Bedeutung als in einem Haus, in dem der Herd der Mittelpunkt des Hauswesens war, gleichsam auch der »Willkomm« für jeden Eintretenden. Vorchristliche Symbole wie Morgenstern, Drachen- und Pferdeköpfe bannen Unheil, Spruchwerk, ornamentale Schnitzereien sowie die Besitzernamen und die Jahreszahl der Besitznahme unterstreichen die Bedeutung des Funkenhutes.

Der Kesselhaken ist durch sägeartige Einkerbungen verstellbar je nach Größe der aufzuhängenden Kessel. Die Feuerstelle diente zum Kochen der menschlichen wie der tierischen Nahrung, Bier wie Milch, Suppe wie Schweinefutter und Kälbertrank wurden hier bereitet. Auch der Kesselhaken wurde wie der Rehm mit allerlei Symbolen, Monogramm und Ornamenten versehen. Meist wurde auch der Backofen von dieser Feuerstelle aus beschickt, wenn nicht ein eigenes Backhaus in der Nähe des Hauses dem Brotbacken diente, wie auch in anderen Gegenden der betrachteten Gebiete.

Der Rauch stieg wie auch im oberdeutschen Haus in den Dachstuhl auf und suchte sich den Weg nach draußen durch Luken im Dach, durch das sog. Eulenloch, auch durch Türen und Fenster im Wohnteil. Auf seinem Weg zum Dach erfüllte er wie überall die Aufgabe des Räucherns von Fleisch, Speck und Wurst, die in der Nähe des Funkenhutes angebracht waren. Erst mit Einführung des Kamins wurde auch hier das Räuchern, das Konservieren in die Kamine selbst verlegt.

Nicht nur gekocht und gegessen wurde im Flett, in den Siddels schlief man auch. Als Schlafgelegenheit dienten durch Türen oder Vorhänge verschließbare, eingebaute Gehäuse, Wandbetten, mundartlich »Butzen«, auch »Durke«. Ursprünglich waren diese Wandbetten für die Bauernfamilie wie für Knechte und Mägde alle in dem großen Einraum untergebracht. Jedoch nicht jeder Knecht und jede Magd hatte eine Butze mit Türe oder mit einem dicken Vorhang für sich allein. Heute noch findet man in den Freilichtmuseen große Truhen oder Kisten mit aufklappbarem Deckel, in denen auch ein Knechtsbett untergebracht war. Ähnliche Betten sind in der Steiermark erhalten und nach dem Zeugnis Peter Roseggers dürften diese Tafelbetten wirklich in Gebrauch gewesen sein.

Ein schlichter Strohsack diente allenthalben als Matratze und wenn es hoch kam, erhielten auch die Knechte und Mägde ein Federbett.

Das Bett mußte im Winter gut wärmen, denn der Raum war kalt, das Feuer wurde bald gelöscht und die Glut mit einem Stulp verwahrt. Die Wände des Hauses waren dünn und oft auch nicht genügend dicht, so daß es von allen Seiten zog. Auch wenn die Warmblütler, die Kühe, einige Wärme abgaben, so doch nicht genügend für einen derart großen Raum. Messungen in dem Einraumhaus mit vollbelegten Ställen ergaben, daß sich die Innentemperatur nur höchstens 4 Grad über die Außentemperatur erhob. Auch wenn man in Betracht zieht, daß die Menschen früher höchstens die Oberkleider ablegten und die Schuhe auszogen, so mag es bei aller in den Unterkleidern gespeicherten Wärme doch einer dicken Zudecke bedurft haben, um einigermaßen ruhig schlafen zu können. Behausungen in dieser primitiven Form fanden sich noch weit in unser Jahrhundert hinein und es ist nicht auszuschließen, daß selbst heute da und dort in entlegenen Gegenden derart ärmliche Verhältnisse anzutreffen sind, wie auch in manchen Gegenden Südtirols die Menschen immer noch ohne elektrisches Licht und ohne gebahnte Straßen auskommen müssen.

Die Diele hatte einen gestampften Estrich, aber das Flett war zumeist mit Kieselsteinen in kunstvollen Mustern ausgelegt, oder mit roten Backsteinen von dem Dielenraum getrennt. Der Estrich wurde gekehrt, aber das Pflaster des Flett konnte sauber gefegt, mit Wasser gewaschen werden.

Rückblickend scheint diese Art des Hausens allzu primitiv und ohne jegliche Kultur gewesen zu sein. Diese Meinung galt schon das ganze 19. Jahrhundert hindurch und im besonderen Maße noch in der Gegenwart. Lediglich Justus Möser beschreibt die großen Vorteile dieses Wohnverhaltens in seinen »Patriotischen Phantasien« 3. Teil. Die Beobachtungen zum »Osnabrücker Bauernhaus« mögen verallgemeinert für das niederdeutsche Haus, vornehmlich bis zum 18. und für ärmere Anwesen noch im ganzen 19. Jahrhundert, stehen.

In seinen Patriotischen Phantasien (2. Teil) erwähnt Justus Möser aber bereits die Ofenstube in dem Kapitel »Für die warmen Stuben der Landleute« und merkt an, daß nach Meinung der Ärzte der Landmann im Winter zu warm sitze und in seinen »engen Stuben sich zum Ersticken« erwärme.

Die Bauern weigerten sich lange, einen Kamin einzuführen, auch wenn es durch polizeiliche Feuerschutzordnungen angeordnet war. Wie in den Rauchkuchln und Rauchstuben des Alpengebietes sollte der Rauch zur Konservierung der Ernte im offenen Dachstuhl genützt werden.

Noch im 20. Jahrhundert fanden sich Häuser ohne Kamin, alte Häuser, die schon einige Jahrhunderte standen und deren Holzteile durch den Rauch und dessen hohen Kreosotgehalt so hart geworden waren, daß sie allen Witterungseinflüssen und tierischen Schädlingen standhielten.

Für die Betrachtung der Stuben, Küchen und Kammern spielt die Lage in dem Grundriß, wie auch andernorts schon erwähnt, keine wesentliche Rolle. Es kann hier auch keine Streitfrage sein, ob Döns und Pesel, die rauchfreien Stuben, angefügt oder in den vorhandenen Einraum eingestellt worden sind, wesentlich ist nur, daß mit Anfügung des Kamerfaches der Herd nun in den meisten Fällen von der Mitte des Fletts an die Wand gerückt wurde, damit mit dem offenen Feuer der Kochstelle der Stubenofen als Hinterlader bedient werden konnte. In manchen Fällen wurde der Ofen auch von der verkachelten Feuerwand aus beschickt. Der Rauch kam wieder aus einer der über der Feuerstelle liegenden Öffnungen und zog zum Dach hinauf. Wie es beim oberdeutschen Haus zahlreiche Varianten des Grundrisses gibt, z. B. ob ein Haus giebelseitig oder traufseitig aufgeschlossen wird, so gibt es auch selbstverständlich beim niederdeutschen Haus Spielarten für Grundrißlösungen. Einige sind angedeutet, wesentlich sind hier die Einrichtung und die Zweckbestimmungen von Döns und Pesel, diesen beiden Neuerungen im Wohnteil des Hauses.

Bevor im einzelnen auf die landschaftlichen Besonderheiten eingegangen werden soll, seien noch einige typische Merkmale in der Ausstattung der beiden Räume vorangestellt.

Auch wenn die rauchfreie Wohnstube, Döns und Dörnsch, ein abgeschlossener Raum für sich ist, blieb sie doch für lange Zeit nach der Diele hin geöffnet. Eine Tür führt direkt von der Diele herein und daneben gibt noch ein Fenster den Blick zur Diele frei. Mensch und Tier konnten überwacht werden, ob richtig gearbeitet und das Vieh gut versorgt war. Erst als man dazu überging, eine Trennwand zwischen Flett und Diele einzuziehen, wurde die endgültige Trennung zwischen Wohnteil der Menschen und den Stallungen für das Vieh mit allen landwirtschaftlichen Verrichtungen vollzogen.

Die Dönsen waren verhältnismäßig klein. In

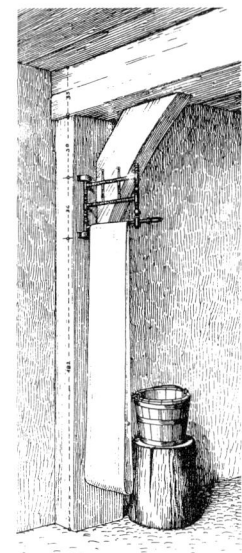

28 *Handtuchhalter und Wasserschaff*

29 *Zitat aus »Justus Möser, Patriotische Betrachtungen«*

Der Heerd ist fast in der Mitte des Hauses, und so angelegt, daß die Frau, welche bei demselben sitzt, zu gleicher Zeit alles übersehen kann. Ein so großer und bequemer Gesichtspunkt ist in keiner andern Art von Gebäuden. Ohne von ihrem Stuhle aufzustehen, übersieht die Wirthin zu gleicher Zeit drei Thüren, dankt denen, die herein kommen, heißt solche bei sich niedersetzen, behält ihre Kinder und Gesinde, ihre Pferde und Kühe im Auge, hütet Keller, Boden und Kammer, spinnet immerfort und kocht dabei. Ihre Schlafstelle ist hinter diesem Feuer, und sie behält aus derselben eben diese große Aussicht, sieht ihr Gesinde zur Arbeit aufstehen und sich niederlegen, das Feuer anbrennen und verlöschen, und alle Thüren auf und zugehen, hört ihr Vieh fressen, die Weberin schlagen, und beobachtet wiederum Keller, Boden und Kammer. Wenn sie im Kindbette liegt, kann sie noch einen Theil dieser häuslichen Pflichten aus dieser ihrer Schlafstelle wahrnehmen. Jede zufällige Arbeit bleibt ebenfalls in der Kette der übrigen. So wie das Vieh gefüttert und die Dresche gewandt ist, kann sie hinter ihrem Spinnrade ausruhen, anstatt daß in andern Orten, wo die Leute in Stuben sitzen, so oft die Hausthür aufgeht, jemand aus der Stube dem Fremden entgegen gehen, ihn wieder aus dem Hause führen, und seine Arbeit so lange versäumen muß. Der Platz bei dem Heerde ist der schönste unter allen. Und wer den Heerd der Feuersgefahr halber von der Aussicht auf die Deele absondert, beraubt sich unendlicher Vortheile. Er kann sodann nicht sehen, was der Knecht schneidet, und die Magd füttert. Er hört die Stimme seines Viehes nicht mehr. Die Einfahrt wird ein Schleichloch des Gesindes, seine ganze Aussicht vom Stuhle hinterm Rade am Feuer geht verloren, und wer vollends seine Pferde in einem besondern Stalle, seine Kühe in einem andern, und seine Schweine im dritten hat, und in einem eigenen Gebäude drischt, der hat zehnmal so viel Wände und Dächer zu unterhalten, und muß den ganzen Tag mit Besichtigen und Aufsicht haben zubringen.

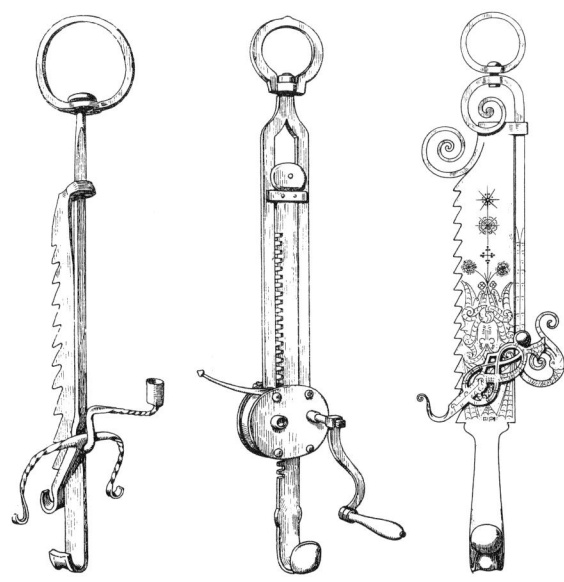

30 *Kesselhaken mit Haken für Kochlöffel, Tülle für Kienspan, Zahnrad und Kurbel*

31 *Grundriß eines niederdeutschen Hallenhauses*

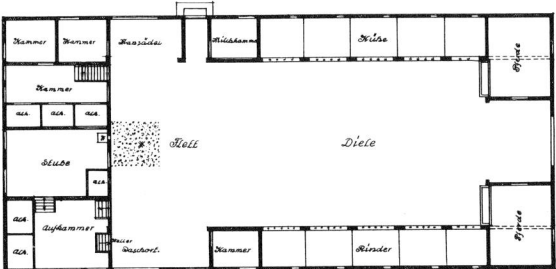

der Regel gab es nur eine Fensterwand gegenüber der Ofenseite, Zugluft zwischen zwei in der Ecke zusammenstoßenden Fensterwänden wurde so vermieden. An der Fensterwand stand der Tisch, an dem häufig eine Bank hinlief. Da weiterhin in den Siddels am großen Tisch gegessen wurde, gemeinsam mit dem Bauernpaar und dem Gesinde, konnte auf einen großen Eßtisch in der Döns verzichtet werden. Erst als sich die sozialen Gegensätze vertieften, im Norden wurde immer mehr als im Süden auf Abstand zwischen Herr und Knecht zwischen den Ständen gehalten, nahm der Bauer mit seiner Familie die Mahlzeiten in der Döns ein. Dazu konnte dann der Auszieh- oder Klapptisch in die Mitte gerückt werden und jedes Familienmitglied zog sich einen Stuhl heran. Nur der Hausherr hatte seinen besonderen Stuhl am Kopfende des Tisches. Die bäuerliche Familie sonderte sich mehr und mehr vom Gesinde ab. Die Abende wurden getrennt in Döns und Gesindestube verbracht. Die Öfen in den Dönsen sind in der Regel aus Gußeisen, selten stellte man Kachelöfen auf, wie sie in der Gegend um Hamburg, im Alten Land und in den Vierlanden anzutreffen sind. Im niederdeutschen Gebiet gab es keine Eisengießereien, die Öfen wurden eingeführt.

Der früheste Guß der Eisenplatten dürfte bereits im 15. Jahrhundert erfolgt sein und zwar in der Eifel. Für die Grafschaft Manderscheid bestätigt Agricola in seiner »De re metallica« für das obere Kyll und Salmtal an der Olef, Sebastian Münster in seiner »Cosmographia Universa« von 1541 die Herstellung von eisernen Öfen: » . . . man geusst auch eysen Öfen, die ins Oberland als Schwaben und Franken verkauft werden«. Und weiter: »In den herrschaften Sleida, Kronenberg und Keila sind eysenertz do man sie eysen Öfen aus geußt.«

Es kann hier auch nicht der Ort sein zu entscheiden, wo der Guß von Eisenplatten zuerst erfunden wurde, jedenfalls begann die Herstellung nahezu zur gleichen Zeit, anscheinend in Westdeutschland an verschiedenen Orten, im Siegerland, in Hessen, im Harz, in Württemberg, im Brenztal. Die künstlerisch wertvollsten Öfen entstanden in der Renaissance, verziert mit Figuren, Porträts, Wappen, biblischen Darstellungen, Spruchwerk, Initialen der Auftraggeber und der Jahreszahl. In manchen Stuben, die nachweislich erst aus dem 19. Jahrhundert stammen, trifft man auf Öfen aus dem 17. Jahrhundert, deutlich mit Jahreszahlen versehen. Man vermutet zunächst eine Museumsaufstellung, wie doch das Mobiliar kaum jemals ursprüng-

lich zugehörig ist, sondern aus der Region zusammengebracht wurde. Jedoch kann angenommen werden, daß hochgeschätzte und als wertvoll erachtete Öfen sich vererbten. Das Mobiliar und die Einbauten wurden zwar erneuert, der Ofen aber blieb. Es ist auch möglich, daß ein alter Ofen als Heiratsgut in das neue Heim gegeben wurde. Er war jedenfalls »mobiler« als ein Kachelofen, der meist beim Haus geblieben sein dürfte.

In einem wohlbestellten Hauswesen hatte die Hausfrau einen ansehnlichen Vorrat an Leinen, Bettzeug, Unterwäsche und Wolle in den Truhen. Bei den großen Vorräten – jede Braut brachte Aussteuer in das Haus – genügte es, die Wäsche zweimal im Jahr zu waschen und dann im Freien zu trocknen. Dazwischen aber war es wohl nötig, kleinere Wäsche, wie die Säuglingswäsche, rasch zu trocknen, und so findet sich auf nahezu jedem Eisenofen ein Trockenreck aus Holz. Es ist meist schön verziert, geschnitzt und bemalt und stellt wahrscheinlich häufig auch eine Braut- oder Liebesgabe dar. Aus Raumgründen konnte es kein Holzgestell um den Ofen geben wie im alpenländischen Gebiet und im südlichen Bereich der oberdeutschen Stube. Der Kachelofen hatte meist auch eine Öffnung, die mit einem eisernen Gittertürchen verschlossen werden konnte und dem Warmhalten der Speisen diente. Auf den eisernen Öfen findet sich dafür eine Stülpe aus Metall, aus glänzendem Messing oder auch in selteneren Fällen aus Keramik, verziert mit Sprüchen und kleinen Ornamenten. Die Messingkugeln an den Öfen sind nicht allein Schmuck, dessen Glänzen der Stolz der Hausfrau war, sondern sie dienten einem realen Zweck: sie waren abschraubbar und konnten zum Wärmen der Hände in die Taschen gesteckt werden.

Die Wände der niederdeutschen Stube sind, soweit die erhaltenen Stuben diese Feststellung zulassen, vertäfelt und gefliest. Gefliest ist nahezu immer ein Teil der Ofenwand hinter dem eisernen Ofen, zur Wärmespeicherung und als Feuerschutz. Die eisernen Öfen entwickeln eine größere Hitze als der behäbige Kachelofen und das Holz könnte leichter verkohlen. Vergleichbares war in den Ofenwandplättchen in Württemberg zu finden.

Häufig, besonders in der Nähe der Küste, sind die Fensterwände völlig gefliest. Die Fliesen halten Feuchtigkeit besser ab als das Holz, widerstehen auch nachhaltiger dem Winddruck, der in den flachen Seegegenden besonders heftig ist. Auch die Baumbarrieren, die für manche Gegenden charakteristisch sind, bieten nicht hinreichenden Schutz. Keine Berge oder auch nur Bodenerhebungen lassen den Wind übergehen. Die gefliesten Wände geben zwar ein heiteres, helles Licht und den Stuben ein prächtiges Aussehen, aber es fehlt doch ein wenig die warme Behaglichkeit, die das Holz einer vertäfelten Stube gibt. Für die Hausfrau haben die Fliesen den Vorteil, daß sie leicht zu reinigen sind.

Die Kacheln sind entweder aus Delft, Holland, importiert, oder sie stammen auch aus einheimischen Werkstätten, die sich unter holländischem Einfluß entwickelten, besonders am Niederrhein und um Krefeld, nördlich von Köln und von Aachen. Holländische Fliesen bildeten auch hier das Vorbild. Vorzeichnungen der großen Maler und Stecher lagen jeder Manufaktur vor, denn sie wurden von Kupferstichhändlern von Ort zu Ort getragen.

Mehr und mehr wurden die Wälder gerodet, das Brennmaterial wurde weniger und dementsprechend kostspieliger, daher mußte man darauf bedacht sein, den zu heizenden Raum möglichst klein zu halten. So übernahm man aus der Diele, dem Flett, die Wandbetten, die hier nun hinter der Vertäfelung zu liegen kamen. Diese Wandbetten, »Butzen«, auch »Durke«, in der Döns waren für die Bauernfamilie bestimmt, auch die Wiege stand nun nicht mehr am offenen Herdfeuer – das Gesinde bezog die Wandbetten in den Siddels, sicherlich eine soziale Verbesserung.

Die norddeutschen Menschen hatten ein verhältnismäßig großes Körpermaß, größer jedenfalls als der fränkische oder altbayerische Mensch, und so erstaunt man immer wieder über die geringe Länge der Betten. Man schlief, so wird überliefert, halb sitzend, nicht flach ausgestreckt wie heute, ein bequemes Sich-Räkeln scheint es kaum gegeben zu haben. Wenn man die Schlafgewohnheiten in den verschiedenen Landschaften betrachtet, so ist es nicht verwunderlich, daß die Lebenserwartung damals, im Vergleich zu heute, nicht höher sein konnte. Das begann schon mit der Wiege, in der das Kind entweder als Fatschen- oder Wickelkind bewegungslos lag oder wenigstens mit Wiegenbändern eingebunden war.

Das Wandbett, das in die Vertäfelung eingebaute Bett, ist nicht nur eine Besonderheit der niederdeutschen Stube, es kam auch im Elsaß und Lothringen, in der Auvergne wie in der Bretagne vor. Hier besonders finden sich Wandbetten mit reichgeschnitzten Schiebetüren oder mit Vorhängen.

Kunstvoll mit Schnitzereien verzierte Kastenbetten wie im Berner Gebiet waren auch in Nordfriesland in Gebrauch, sie fanden sich ebenso z. B. im Finistère Nord in der Bretagne, und beweisen erneut, daß kaum einer Landschaft die Formen des Bettes, die Art des Schlafens allein zu eigen sind. Das Himmelbett war, aus den für die oberdeutsche Stube genannten Gründen, früher oder später in anderen Landschaften in Gebrauch.

Der Übergang vom Wandbett zur Kammer, dem unheizbaren Raum mit freistehenden Betten, ist fließend. Bei wohlhabenden oder reichen Haushalten kam im niederdeutschen Haus im 19. Jahrhundert die Schlafkammer auf und auch das Gesinde erhielt dann Schlafräume und schlief nicht mehr auf der offenen Diele. Jedoch gab es bis zur Jahrhundertwende und noch darüber hinaus Anwesen mit Butzen, sei es auf dem Flett oder in der Ofenstube.

In bezug auf den Pesel, die Staatsstube, ist man hinsichtlich der Einführung in das Haus auf Vermutungen angewiesen. Die Meinungen der Hausforscher gehen teilweise auseinander. Die Döns scheint bereits Ende des 16. Jahrhunderts nachweisbar zu sein, während der Pesel erst im 17. Jahrhundert erwähnt wird, mit Ausnahme des Pesels des Markus Swjn, der aber zweifellos einen Sonderfall darstellt. Für die Betrachtung der Einrichtung dieses Raumes mag die Entstehung zunächst ohne Bedeutung sein.

Da im Norden das Repräsentationsbedürfnis stärker als im Süden anzunehmen ist, wäre es durchaus möglich, daß eine Staatsstube vor einer gemütlichen Ofenstube als vordringlich erachtet wurde. Es war der Raum, in dem die Bauern ihren Besitz verwahrten und auch zeigten. Wenn kein Besuch, kein Fest ins Haus stand, wird er auch als Raum für Vorräte gedient haben. An den vertäfelten oder gefliesten Wänden entlang standen die Truhen mit den Schätzen des Hauses. » . . . und sammelt in reimlich geglätteten Schrein die schneeichte Wolle den schimmernde Lein«, heißt es in Schillers Glocke. Hier liegen die Vorräte für das Hauswesen, die Aussteuer der Töchter des Hauses, der einheiratenden Braut. Der Boden im Pesel war mit Steinplatten belegt im Gegensatz zur Döns, die zunächst nur einen Estrich hatte und erst im Laufe der Jahre mit einem Riemenboden ausgestattet wurde. Schwere Balkendecken, häufig mit Malereien verziert, unterstrichen die Bedeutung und die Würde dieses Raumes.

Der Pesel war eine »Sommerstube«, in manchen Gegenden hieß der Raum auch so, und das Wort

32 *Butze aus Lehmbruck, Kreis Diepholz*

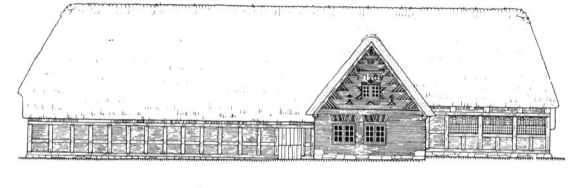

33 *Ostenfelder Bauernhaus aus Husum, Fassade und Grundriß*

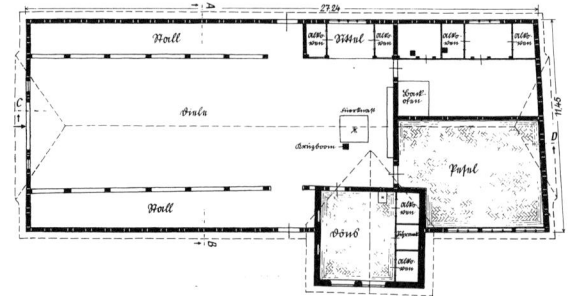

34 *Beschläge und Schnitzereien aus der Probstei*

Pesel oder auch Pisel wurde nicht allgemein verwendet. Familienfeiern konnten in der Regel nur in der warmen Jahreszeit abgehalten werden, denn der Raum war in der Regel nicht heizbar und nur gelegentlich ist ein Kamin anzutreffen. Man kann dann annehmen, daß hier eine besonders enge Beziehung zu Holland bestand.

Die Möbel erscheinen im einzelnen in den Bildern mit kurzen Erläuterungen. Wesentlich interessanter scheint in diesem Zusammenhang die Frage nach den Möbelherstellern im ländlichen Raum und nach deren Arbeitsweise. Für das Oldenburger Münsterland, das Osnabrücker Nordland und den nordoldenburgischen Raum konnte der Nachweis erbracht werden, daß die Schreiner oder Tischler meist auf dem Lande selbst gelebt haben und zum Stand der Heuerlinge gehörten, einer verhältnismäßig niederen Sozialschicht. Seit dem 18. Jahrhundert gab es eine große Anzahl von Landhandwerkern, Zimmermeistern und Schreinern (Tischlern) in Heuerlingsposition. Der Bauer wird zunächst seinen Heuerling für die Ausstattung des eigenen Hauses verpflichtet haben. Danach hatte der Handwerker in starker Konkurrenz zu anderen Werkstätten fremde Aufträge anzunehmen. Infolge der rivalisierenden Handwerker reichte aber der Verdienst nicht aus, so daß eine kleine Landwirtschaft daneben betrieben wurde. Auch ein Heuerling mit Handwerk ist zum Bauernstand zu zählen.

Ob hier auf Stör gearbeitet wurde, oder vorgefertigte Teile eingebaut wurden, darüber mögen die Meinungen auseinandergehen. Es werden beide Möglichkeiten gegeben gewesen sein. Die kleine Landwirtschaft des Heuerlings wird von Frau und Kindern betrieben worden sein, nicht anders als in all den Landschaften und Gegenden, in denen der Boden die Familie nicht ernähren konnte und die Männer Arbeit auswärts suchen mußten.

Westfalen und Niedersachsen

Im *Quatmannshof aus Elsten*, Ldkr. Cloppenburg (Abb. 294–297), heute im Niedersächsischen Freilichtmuseum Museumsdorf Cloppenburg, sind aus dem ältesten Teil des Hofes drei aufeinanderfolgende Butzen (Durken) mit Schiebetüren erhalten. Der Raum stammt aus der Zeit der Erbauung, 1803–1806. Zwischen diesen Jahren ruhte wegen Streitigkeiten zwischen Bauherren und Erbauer gelegentlich der Bau, wie eine Urkunde erweist, und das mag seine lange Bauzeit erklären.

Der Quatmannshof aus Elsten gehört zu den bedeutendsten Fachwerkbauten im ländlichen Bereich und kann in keiner Hausgeschichte fehlen. Er ist mit seiner mächtigen Gefügekonstruktion nicht nur der bedeutendste Bau Niedersachsens was Architektur, Zimmermannsarbeit und Ausmaß anlangt, sondern er spiegelt auch die Wohnkultur im bäuerlichen Bereich im ganzen 19. Jahrhundert wider.

Die mittlere Stube ist die älteste mit ihren nebeneinanderliegenden Butzen. Der Raum erhielt seine Wärme vom offenen Herdfeuer.

Das Kammerfach ist in seiner ursprünglichen Gliederung erhalten. Gegenüber den Butzen liegt die sog. »beste Stube« mit einer Einrichtung aus der Zeit um 1880, die nun den gehobenen Lebensstandard des Hausbesitzers zeigt. Polstermöbel, furnierte Schränke, der Glasschrank, das Klavier zeigen den Einfluß der oberschichtlichen Möbel, die von der Stadt geliefert zu sein scheinen, aber im Ende des 19. Jahrhunderts von ländlichen Schreinern (Tischlern) nachgearbeitet wurden. Nur das Klavier wurde aus der Stadt bezogen. Hier ist nichts mehr von charakteristisch ländlichem Wohnen zu sehen.

Im Flett allerdings haben sich noch Anzeichen erhalten. Das Flett ist von der Diele mit den Viehständen und den ländlichen Arbeiten durch eine Scherwand getrennt. Der Rauchabzug, der Kamin, der Schornstein hätte bei offener Dielentür eine zu heftige Zugluft ergeben und so schuf die Scherwand einen Küchen- und Eßraum von größerer Behaglichkeit und Wärme. Ein mächtiger Rauchfang über dem noch offenen Feuer nahm den Rauch auch aus den beiden Hinterladeröfen der Stuben auf. Die Scherwand dürfte eine Zutat anläßlich des Umbaues in letzter Zeit sein. Der Herd wurde im 19. Jahrhundert mehr und mehr an die Wand gerückt, auch wenn sich darüber noch kein Kamin erhob, sondern nur ein gemauerter Bogen den Funkenflug hemmte.

Die Anrichte, die Ende des 18., Anfang des 19. Jahrhunderts allgemein in verzierter, fast prunkvoller Art in den Flett Einzug hält, ist sowohl Küchen- als auch Kredenzmöbel, sowohl Nutzgegenstand als auch Repräsentationsmöglichkeit. Hier kann der kunstvoll bemalte Fayence-

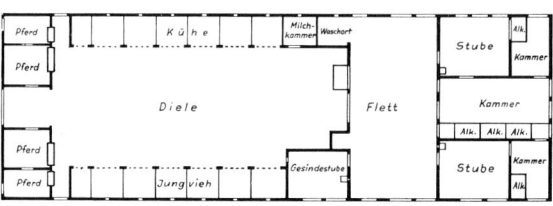

35 *Grundriß des Quatmannshofes, Cloppenburg*

Teller wie auch das blank geputzte Zinn zur Schau gestellt werden. Die Anrichte selbst, ein Möbeltyp, der schon seit dem 16. Jahrhundert in Gebrauch war, wird mit Einführung des Kamins farbenprächtiger, die Schnitzereien werden durch Farbe hervorgehoben und das glatte Holz selbst erhält einen kräftigen Anstrich. Der Ruß muß nicht mehr mit Sand und Bimsstein entfernt werden. Die Farbe hält mit dem 18./19. Jahrhundert Einzug in die Fletts wie in die Rauchstuben mit Kamin. Die Anrichte ist in fast allen Landschaften des niederdeutschen Wohnhauses zu finden, allerdings meist nur in wohlhabenderen Haushalten. Tellerborde, alte, einfachere Aufbewahrungsorte für Geschirr und Zinnzeug, finden sich in allen Landschaften und in allen bescheideneren Haushalten.

Die Trennung von Bauern und Gesinde, die besonders im niederdeutschen Haus zu bemerken ist und im 19. Jahrhundert immer stärker spürbar wird, zeigt sich auch im Grundriß des Quatmannshofes. Es ist eine Gesindestube eingebaut, die noch der Diele zugeordnet ist und außerhalb des Wohnbereiches der Bauernfamilie liegt. Weiterhin schlafen die Knechte in der Diele, in Kammern über den Pferdeställen.

Der *Hof aus dem Mindener Land* (Abb. 281) in Nordrhein-Westfalen, heute in Detmold im Westfälischen Freilichtmuseum, ist um 1780 entstanden und hat noch nicht die Trennung von Diele und Wohnbereich vollzogen. Die Döns ist wie üblich ausgestattet mit gußeisernem Ofen und Bettschränken. Der Ofen ist hier zwar aus späterer Zeit, laut Jahreszahl 1830, aber, wie oftmals darauf hingewiesen: »es dürfte so gewesen sein«. Die Wandbetten mit Flachschnitzerei in der Umrahmung, die in den Farben Blau, Rot und Gelb gehalten sind, werden mit Stoffvorhängen geschlossen, können auch von der danebenliegenden Spinnstube bestiegen werden. Sie öffnen sich in Türen mit schlichter Flachschnitzerei, so daß der private Wohn- und Schlafbereich von der Spinnstube abgeriegelt werden konnte. Andererseits aber war es für die Hausfrau wiederum bequem, wenn sie »in die Wochen« kam, die Arbeit der Mägde von dort aus zu beaufsichtigen und auch die Wochenbettpflege konnte geschehen, ohne daß die Mägde die Döns betreten mußten.

Das *Ammerländer Bauernhaus* (Abb. 278, 291–293) im Freilichtmuseum in Bad Zwischenahn zeigt nicht mehr die herkömmliche Geschlossenheit der Dönsen mit den eingebauten Wandbetten und den in die Wand zurücktretenden Schränken. Ein Himmelbett hat seinen Platz

neben einem mächtigen zweitürigen Schapp vor der weißgetünchten Wand, Stühle stehen um einen mächtigen Klapptisch, der freie Raum in der Mitte ist verstellt, die Möbel scheinen ein Eigenleben zu führen, sie sind beliebig stellbar und auch austauschbar. Gegen Ende des 18. Jahrhunderts beginnt auch der Glasschrank in das Bauernhaus einzuziehen. Sein Weg scheint von Holland über Westfalen und Niedersachsen bis nach Schleswig-Holstein zu führen. Er ist jetzt kein Einbaumöbel mehr, sondern kann an einem beliebigen Ort in der Döns aufgestellt werden. Auch der Kleiderschrank breitet sich in mehr oder weniger prunkvoller Form auf dem Flett oder hier und da auch in der Bettkammer aus. Der bevorzugte Platz war immer das Flett, denn hier vor allem konnte der niedersächsische Bauer zeigen, was er besaß, und jedem Hereinkommenden wurde der Besitzstand des Hauseigentümers deutlich.

Die Vierlande (Abb. 299, 310) bestanden aus den vier Kirchspielen Altengamme, Curslack, Neuengamme, Kirchwerder. Sie liegen südöstlich von Hamburg, nördlich der Elbe, und ebenso wie das Alte Land in einem fruchtbaren Marschland. Die Einteilung, der Grundriß des Hauses mit Flett, Deel, Diele und angefügtem Wohnteil, ist im Prinzip der des niederdeutschen Hauses, wobei verschiedene Charakteristika, Eigenheiten, Merkmale klar erkennbar herausgebildet sind.

Die Stuben der reichen Marschenbauern sind vor allem mit prächtigen Intarsien geschmückt. Meist sind es Blumensträuße, Lebensbäume in Vasen oder Vögel, Schiffe, paarige Tiere und Landschaften, die Stubentüren und Paneele verzieren. Es entsteht eine geschlossene reich verzierte Wand, die weniger als bei anderen Stuben die geschlossenen Betten ahnen läßt. Mit prächtigen Intarsien versehen sind auch die Brautstühle, die im allgemeinen neben dem Ofen stehen. Namen und Jahreszahl sind ebenso wie beim Kinderstühlchen beigegeben, weisen auf die wichtigen Ereignisse wie Hochzeit und Geburt des Kindes hin. Zur selbstbewußten Pracht der Stube gehörte auch der Tassenschrank, der das wertvolle Geschirr zur Schau stellte. Die Grundhaltung der intarsierten Möbel und Türen war braun, das Material meist Eiche. Farben erzeugten die verschiedenen Hölzer der Intarsien, Ahorn und verschiedene Obsthölzer. Der gußeiserne Bilegger war in allen niederdeutschen Landschaften bekannt, die Kachelwand aus Gründen der Feuersicherheit eine Notwendigkeit bei den sehr erhitzten Öfen. Es heißt

36 Irden- und Zinngeschirr, Küchengeräte

37 *Steinkirchen an der Elbemündung, Rückansicht mit Eulenloch im Giebel und Querschnitt.*

und zeigt sich auch auf Gemälden, daß wahrscheinlich nicht nur alte Männer auf den Hinterbeinen der Stühle wippten, um sich an den Kacheln, die bekanntermaßen die Wärme speichern, wenn der rasch erkaltende Ofen das Feuer schon verbraucht hatte, den Rücken zu wärmen. Ein schwerer, für die Hausfrau nicht zu bewegender Eßtisch, gehörte noch zur Einrichtung dieser Döns. Mächtige Balusterbeine trugen die schweren Eichenplatten des Auszugstisches und verraten unverkennbar holländischen Einfluß. Holländischer Import sind zweifellos auch die in Schiffsladungen einlaufenden Kacheln, die hier aus Wärmegründen unbedingt nötig waren.

Als die Bettbutzen nicht mehr benutzt, gebraucht und gewünscht wurden, kamen die Wände und Türen in Museen. Sie liefern so das schönste Anschauungsmaterial für die Wohnqualitäten in den Vierlanden bis zur Einführung der Schlafstuben.

Die Hochblüte der Intarsienkunst in den Vierlanden war in der 2. Hälfte des 18. und in der 1. Hälfte des 19. Jahrhunderts, dauerte von 1760–1860, rund 100 Jahre lang. Erhaltene und pfleglich behandelte Stücke lassen die Zeit genau festlegen. Intarsien gibt es in bescheidenem Maße auch in anderen Landschaften, aber nirgends ist eine derartige Üppigkeit, eine so

kunstvolle Zeichnung, gewissermaßen eine Malerei in Holz zu sehen.

Die Entwicklung dieses typischen Vierländer Mobiliars, die Entstehung eines eigenen ausgeprägten Kulturraumes, hatte zunächst wirtschaftliche Gründe und begann etwa um die Wende vom 17. zum 18. Jahrhundert. Die Vierländer begannen Obst und Gemüse in die beständig wachsende Stadt Hamburg zu liefern, daher als »Verpackungsmaterial« die zahlreichen Körbe, die an die Decke gehängt wurden. Da sich die Vierländer gegen eine eingesessene Konkurrenz zu wehren hatten, wuchs ihr Zusammengehörigkeitsgefühl, das sich nach außen in der Tracht, nach innen im Hause in der Einrichtung zeigte. Truhen, Stühle, Täfelungen wurden von Landtischlern hergestellt und nur Vierländer Schreiner durften im Land arbeiten. Die Brautausstattungen waren folgerichtig die gleichen oder zeigten nur geringe Variationen. Auch die Eheschließungen erfolgten nahezu ausschließlich innerhalb der Vierlande selbst. Vor dem Aufblühen der typischen Vierländer Intarsia waren die Möbel bis zum Ende des 17. Jahrhunderts auch mit Flachschnitzerei und nur kleinen eingelegten geometrischen Ornamenten verziert.

Ein Flett würde nicht eigentlich zur »Stube« gehören, aber in der niederdeutschen Hauslandschaft kann, ebensowenig wie in der oberdeutschen, die Stube isoliert vom Hauswesen betrachtet werden, sie verliert damit jegliches Leben. Die Stube, die Döns, die Dörnsch, wie die mundartlichen Bezeichnungen alle lauten, ist der Ruhepol im Hauswesen. Das Leben vollzieht sich im Flett.

In den Vierlanden ist, wie im niederdeutschen Haus, die Döns oder der Pesel dem Flett ein- oder angefügt worden. Gekocht wurde in der Döns nicht; bis in das 19. Jahrhundert wurde, wie auch in der oberdeutschen Küche, die Mahlzeit am offenen Herdfeuer bereitet. Früher oder später war der Herd aus der Mitte des Fletts genommen und an die Wand gerückt. Das hatte keinen Einfluß auf den Grundriß des Hauses. Der Dielenraum behielt im hinteren Teil seine Siddels, zu beiden Seiten des Fletts.

Die Dienstboten aßen an einem langen schweren Tisch auf dem Flett, sie hatten dort ihre Bettschränke und Truhen. Hamburger Schapps, die mächtigen Schränke aus dem 17./18. Jahrhundert, die im 19. Jahrhundert von den bürgerlichen Stuben abgestoßen wurden, fanden hier Platz, bis sie selbst zu endgültigem Standplatz vom Museum aufgenommen wurden. Wenn es im Winter zu kalt im Flett wurde, durften die Knechte und Mägde auch in der Döns am gro-

ßen Tisch essen, während dem Bauern und seiner Familie an einem kleineren Klapptisch am Ofen aufgetragen wurde. Der Abstand zwischen dem reichen Vierländer Bauern und dem Gesinde war größer als in anderen Landschaften.

Als das Gesinde nicht mehr in den dumpfen Schrankbetten schlafen wollte, wurden kleine Kammern zu beiden Seiten des Fletts eingebaut und Platz wurde auch geschaffen für eine Gesindestube, hier »Volksstuuv« genannt.

Die Vierländer behielten noch in der 1. Hälfte des 19. Jahrhunderts den graziösen Stil der Intarsien bei, lehnten das klassizistische nüchterne Weiß ab, das in den Städten Furore machte.

Das »Alte Land« (Abb. 301, 302), westlich von Hamburg gelegen, war dem städtischen Einfluß zugänglicher gewesen als die Vierlande östlich von Hamburg am Elbufer. Aus York am Elbufer kam eine Stube in das Altonaer Museum in Hamburg. Weißgestrichene Türen und Vertäfelung lassen keine Farbe zu außer in einem blauweißen Kachelofen. Je näher die Landschaft an der See ist, also den Frachtschiffen zugänglich, desto stärker wird der Handel mit Holland, desto größer der Einfluß auf die Wohnräume dieser Gegend. Er zeigt sich bei diesem niederdeutschen Haus an der Elbe unverkennbar.

Die Kulturräume der *Marschen*, der Elbmarschen, Krempermarsch, Wilstermarsch, Dithmarschen (Nord- und Süddithmarschen), unterscheiden sich im großen und ganzen nicht so auffallend wie die Vierlande von den anderen Stubenlandschaften.

Nach dem Ende des Mittelalters entstand Grundbesitz, der im Eigentum der freien Bauern blieb. Es konnte das monumentalste Bauernhaus, der Haubarg, entstehen, in dessen Mitte die reichen Ernten des fruchtbaren Marschlandes gestapelt werden konnten. Der Reichtum erlaubte es den Bauern, sich wie in den wohlhabenden Bürgerhäusern der Hansestädte einzurichten. Zum Reichtum aus dem Boden gesellte sich Reichtum aus Handel, den die Lage am Wasser begünstigte. Die Westküste war der Schiffahrt geöffnet. Nicht wenige dieser stolzen Großbauern legten ihr Geld in Schiffen, Reedereien und im Kornhandel an. Die Abgaben an die Landesfürsten waren gering, Privilegien auf Zoll- und Gewerbefreiheit waren weitere Voraussetzungen, daß der freie Bauer für seinen eigenen Wohlstand sorgen konnte.

Einer der reichsten Höfe aus der *Krempermarsch*, noch an der Elbe nördlich von Hamburg gelegen, der *Heydenreichsche Hof aus Herzkorn* (Abb. 303, 304), wurde in das Schleswig-Holsteinische Freilichtmuseum Rammsee bei Kiel übertragen. Es ist ein Fachhallenhaus mit einer Diele von 9 m lichter Breite, die durch das ganze Haus läuft, geschlossen von der Grotdör und der Bovendör. Es ist ein Haus mit bewegter Geschichte, die zugleich die Entwicklung der Wohngewohnheiten widerspiegelt.

Das Haus wurde 1697/99 erbaut und damals war vermutlich der Herd noch im Flett der Diele; es ist offenes Herdfeuer mit Funkenhut ohne Kamin anzunehmen und der Rauch diente, wie allenthalben im niederdeutschen Haus, ebenso in der oberdeutschen Rauchkuchl, der Konservierung der Ernte im Dachboden. 1710/11 kam der Anbau, ein Sommerhaus wollte der Besitzer haben, das zu Festlichkeiten diente, nun zur vornehmeren, feineren Geselligkeit, die sich bis dahin noch auf der Diele abgespielt hatte. Dann wurde eine Kochküche mit Kamin abgetrennt. Im Erdgeschoß des Sommer-

Schleswig-Holstein

38 Grundriß einer Stube aus der Krempermarsch

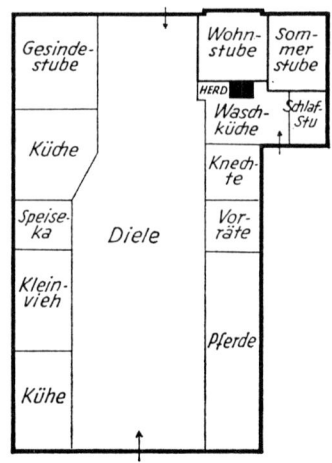

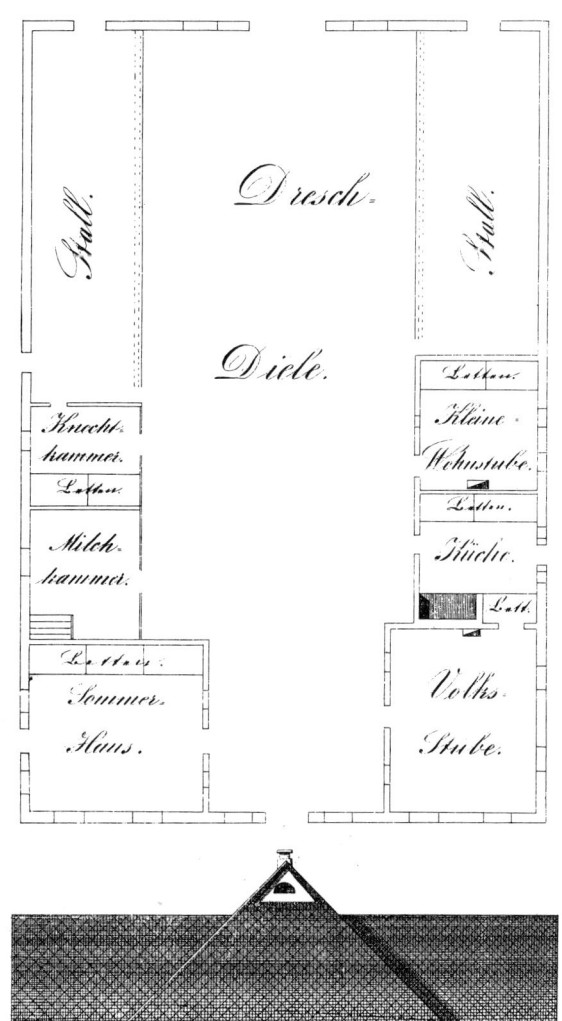

hauses wurde ein großer Raum mit gemalten Vorhängen ausgestattet, der vornehmlich zur Aufnahme der Truhen diente, in denen man die Brautausstattungen aufbewahrte. Eine Besonderheit zeigt sich bei großen Häusern der Krempermarsch: die Brauttür. Sie wurde nur zweimal geöffnet, zum Einzug der Braut und zum Auszug der toten Hausmutter. 1810 ergaben sich weitere Veränderungen: im Obergeschoß ein Wohnzimmer mit einem eleganten Empireofen, das Klavichord oder Piano kann in einem solchen Raum wirklich gestanden haben, denn die Bauerntochter sollte höhere Bildung haben und von körperlicher Arbeit auf dem Hof dürfte in derartig großen Haushalten kaum die Rede gewesen sein.

Aus einem kleineren Hauswesen stammt die *Stube aus der Krempermarsch von 1750* (Abb. 308, 309), heute im Schleswig-Holsteinischen Landesmuseum in Schleswig. Hier ist noch nichts von der Großzügigkeit des umgebauten Heydenreichschen Hofes zu finden, aber Kunstfertigkeit und Stilgefühl sind in hohem Maße ausgeprägt. Die Meister der Elbmarschen haben vielleicht in Hamburger Werkstätten gelernt und gearbeitet, brachten Anregungen mit wie den mächtigen Schrank (hier Schapp genannt) und die Gliederung der Türen und Paneele, die seit der Renaissance fortdauerten und bei denen sich nur die Ornamente der Schnitzereien dem Stil der Zeit entsprechend änderten. Die Fenster zur Diele sind durch besonderen Rahmen hervorgehoben. Der Schapp stand nicht in der Döns, sondern im Pesel, der Staatsstube, in der man seinen Besitz vorführte, oder

auch auf der Diele, wenn man das Möbel allmählich als unmodern empfand.

Der Pelikan über der Wiege zeigt den damals herrschenden Volksglauben: Er soll das Kind vor aller Unbill schützen, und als besonders wirkungsvoll galten die der Plastik eingesetzten echten Hühnerbeine. Dieser Glaube, jene Sitte, scheint nur in den Marschen verbreitet gewesen zu sein, denn für andere Landschaften wird er nicht vermerkt, man findet dort »die Unruh«, ein Gebilde meist aus Stroh kunstvoll gefertigt und an die Decke gehängt, so daß jeder Luftzug es bewegen kann. Diese Gebilde sind unabhängig von Landschaften, finden sich in Süddeutschland wie in Norddeutschland, in Friesland wie in Schwaben.

Eine Einrichtung, die in den oberdeutschen Häusern und unter den Stuben nicht anzutreffen ist, ist das sog. Sommerhus, der nicht heizbare Festraum, der häufig völlig ausgemalt ist. Landschaften bedecken die Wände, figurenreiche Darstellungen meist biblischen Inhalts bevölkern die Landschaften und in Scheinarchitekturen bewegen sich Menschengruppen. Die Türen unterbrechen die großzügige Komposition, bekommen ihren eigenen Schmuck, meist in Form von kleinen Blumendekorationen in marmorierten Rahmen; Illusion wird nicht so weit getrieben, daß die Landschaft über die Türe gezogen wird, also eine Art Tapetentür entstünde.

Während unter dem Einfluß italienischer Renaissance die Stuben in Süddeutschland, in Österreich und der Schweiz in großen Häusern meist Kassettendecken erhalten, oder als Nachwirkung der Gotik wenigstens der eine und andere Unterzug beschnitzt ist, werden in Schleswig-Holstein nicht nur in der Krempermarsch die Decken bemalt. Davon haben sich prachtvolle Beispiele erhalten.

Ebenso prächtig wie die Stuben der Krempermarsch werden die in der *Wilstermarsch* ausgestattet. Die Stubendecken schmücken bildliche Darstellungen. Die Vorwürfe sind aus dem Neuen und Alten Testament genommen, die Szenen spielen in freier Landschaft oder in einfachen Medaillons. Die Stubendecke von *Großwisch in der Wilstermarsch* (Abb. 317, 318), die 1759 von einem durchziehenden Maler, der sicherlich auf Stöhr arbeitete und schlecht und recht sein Brot verdiente, ist nicht gerade mit großer Kunst, doch liebenswürdig und mit schöner Buntheit ausgeführt. Die Frömmigkeit der Bewohner fand hier wie auch auf den Kacheln mit religiösen Szenen ihren Ausdruck. In der Wilstermarsch gab es keine Heiligenbilder, die mit schimmernder Buntheit zur Andacht aufgerufen hätten und die in Bayern und im Schwarzwald, überhaupt in katholischen Gegenden eine gewisse fromm-heitere Note in die Stube brachten. Diese Deckenmalereien sind bei aller Buntheit Szenen von düsterer Mahnung: Sündflut, Arche Noah. Die Stuben der Wilstermarsch zeigen in ihren eichenen Vertäfelungen Verwandtschaft mit dem Holzwerk der Krempermarsch. 1759 entstand wohl gleichzeitig mit der bemalten Decke das Holzwerk, Paneele und eingebaute Schränke in der Stube des *Peter Hass aus Großwisch* (Abb. 316). Würdige Eiche wird in kassettierte Felder gegliedert, Schnitzereien im Stil des schweren Barock folgen althergebrachter Gewohnheit und nur dem Tassenschrank über der Türe, ebenso dem Fenster zur Diele, wird spielerisches Rokoko erlaubt.

Die Stube des *Barghus am Arentsee* (Abb. 314, 315) wurde statt in Eiche in dem billigeren Weichholz der nordischen Kiefer hergestellt und könnte wohl bei flüchtigem Hinschauen mit der Stube des Peter Hass verwechselt werden: gefelderte Türen und Paneele, Schnitzereien in den Zwickeln, nur wirkt hier alles viel dünner, schon erstarrt im Empire, das Kraftvolle des Barock ist etwas blutleer geworden, wenn dieser Ausdruck hier gestattet sein möge. Bei Gelegenheit dieser Stube der Wilstermarsch sei noch auf einige Gebrauchsgegenstände hingewiesen, deren Schönheit, das blinkende Material, einen charakteristischen Schmuck der Stuben darstellt. Vor dem Stuhl steht das Stövchen, der Fußwärmer, hier aus Messing, in kunstvoller Durchbrucharbeit. Über dem Stuhl der Bettwärmer, durchbrochen und getrieben und gepunzt, an merkwürdig langer Stange, damit die wärmende und sehr heiße Pfanne leichter verschoben werden kann, um das ganze Bett zu erwärmen, das wegen der Seenähe immer kalt und feucht gewesen sein dürfte. Das Gerät kam wahrscheinlich ursprünglich aus Holland, mit dem zu allen Zeiten ein reger Kulturaustausch stattfand. Im 16. Jahrhundert waren Teile der Halbinsel Eiderstadt von holländischen Einwanderern besiedelt worden und Anregungen wurden aufgenommen. Es gab eine Schicht von Wohlhabenden, die etwa gleichmäßig in den Marschen verteilt war, was eine einheitliche Stubenkultur förderte. Der Stuhl mit nur einer

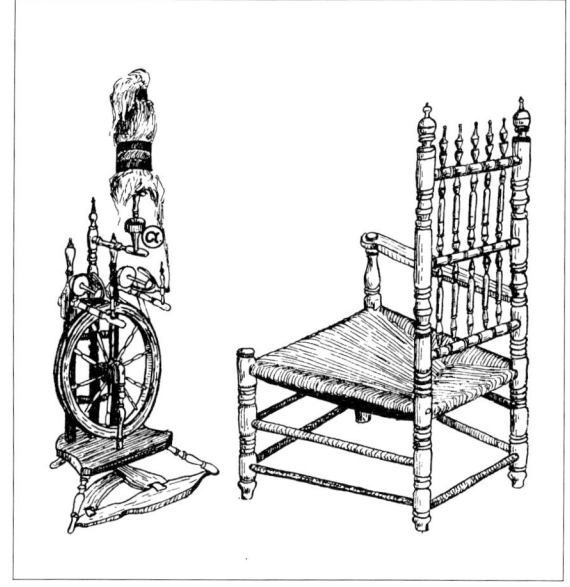

41 *Spinnrad mit einlehnigem Spinnstuhl*

42 *Stube aus Westerbüttel, Dithmarschen, Nordwand mit Herd*

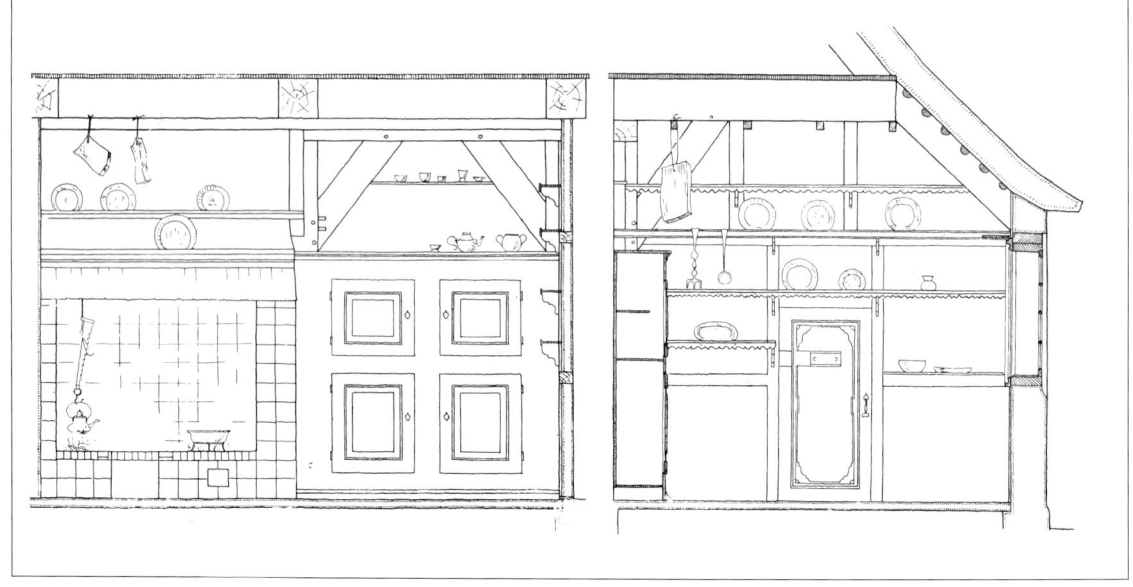

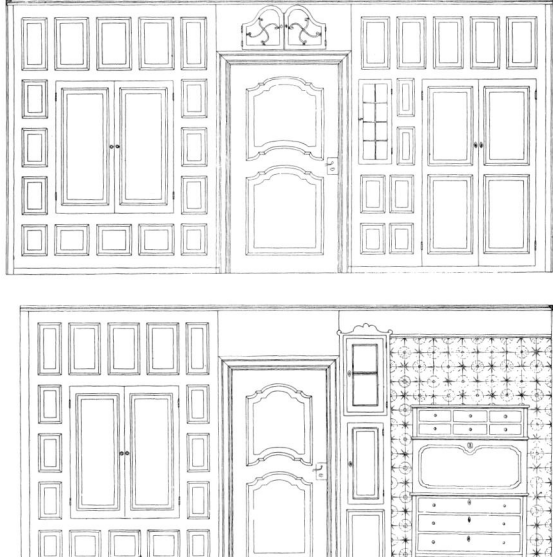

43 *Stube aus Westerbüttel, Dithmarschen, Süderstube Nord- und Westwand*

44 *Haus in Osterrade, Kreis Süderdithmarschen, Grundriß mit Scherwand zwischen Diele und Wohnteil*

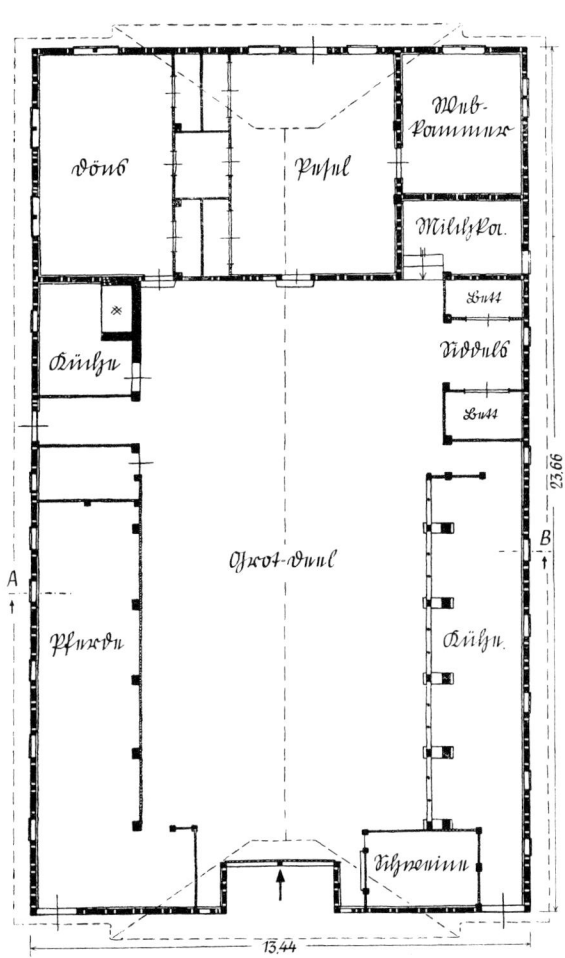

Armstütze war ein Spinnstuhl, der einarmig geplant und angefertigt wurde, um den Armen volle Bewegungsfreiheit zu geben. Für die geflochtene Sitzfläche war ein wärmendes und zugleich weiches Kissen eine Erfordernis bei der Arbeit. Vergleichbares ist im Süden nicht zu finden, denn man hatte keinen Armlehnstuhl beim Spinnen, meist saß man auf der Ofenbank, denn Spinnen war eine Feierabendarbeit, die vornehmlich in der kalten Jahreszeit ausgeübt wurde, wenn auf den Feldern die Mitarbeit der Frauen nicht mehr benötigt wurde.

Die Vorrichtung zum Trocknen von nassem oder feuchtem Zeug mußte im bäuerlichen Hauswesen vorhanden sein. Die Möglichkeiten bei den eisernen Öfen waren nur beschränkt, das Ofenreck im alpenländischen Gebiet bot mehr Fläche und Möglichkeit, der kleine Trockner des niederdeutschen Eisenofens wölbte sich nur über der kleinen Grundfläche, war dafür aber mit gedrechselten Säulchen und reich geschnitzter Stirnfläche ein Schmuckstück des Raumes. Ein Bewohner oder Kenner des Alpengebietes, an das Trockenreck, die langen Trockenstangen, gewöhnt, weiß kaum, wozu der Ofenaufsatz dienen soll. Der Nutzen wird nur schwer sichtbar.

Von den *Dithmarscher* Bauern sagte der Volksmund: Bauern wollen die sein, Herren sind sie (Dialekt), und nach der Überlieferung sollen sie auch nur vierspännig gefahren sein. Dithmarschen hatte 1559 seine politische Selbständigkeit verloren, aber Privilegien wie Zoll- und Gewerbefreiheit sowie das Recht auf einheimische Beamte sicherten den Wohlstand der Bauern, die Fürsten und Adel nicht in dem Maße zinspflichtig waren, daß die eigene Wirtschaft geschädigt werden konnte.

Wenn man den *Pesel des Markus Swyn* (Abb. 321, 322) von 1568 betrachtet, so werden erneut Zweifel wach, ob ein solch großartiger Raum noch einem Bauern zuzurechnen ist. Er stand in Lehe bei Lunden und wurde im Dithmarscher Landesmuseum Meldorf aufgestellt. Der Raum könnte ebensogut aus einem Patrizierhaus der Stadt stammen. Hier mischen sich niederländische Einflüsse mit in den Raum, denn der Kamin ist kaum jemals in den Marschen anzutreffen und auch der Kamin in dem Raum von Gjenner bei Apenrade ist eine Seltenheit. Üppige Renaissanceformen in der Kassettendecke heben den Raum aus den bäuerlichen Staatszimmern des Landes heraus. Das Himmelbett ist kein Bettschrank und wenn man auch Vorhänge annehmen muß, ist das Bett luftiger und auch

wesentlich geräumiger als ein Bauernbett. Es ist ein Staatsbett, das auch ein Fürst nicht verschmäht haben dürfte, und dennoch stand es in einem bäuerlichen Wohnwesen. Es waren nicht etwa Gastbetten, sondern hier schlief das Bauernpaar selbst, ein gewaltiger Anspruch an das Leben. Der Raum hat heute kein Vergleichsstück in Europa. Von dem Pesel ist kaum ein originales Stück erhalten und nur die Maße stehen fest. Aus der imposanten Größe kann auf Reichtum, auf Amt und Ansehen des Großbauern Markus Swyn geschlossen werden. Er fügte seinem Haus 1568 einen Anbau mit dem Pesel an. 1849 nach einem Brand kam der Pesel mit entsprechenden Ergänzungen in seiner originalen Größe in das Museum. Das Bett ist eine genaue Kopie des in Schlesien verbrannten Frauenbettes. Der Schrank, die Schenkschieve ging im Krieg ebenso verloren und wurde durch ein Original von 1605 ersetzt, gearbeitet von dem Bildschnitzer Jürgen Heitmann d. Ä., vergleichbar dem Rotter Abendmahlschrank im Osterfelder Bauernhausmuseum.

Die erste Blüte der Wohnkultur in den Dithmarschen war im 16./17. Jahrhundert, als der Pesel des Markus Swyn entstand, später die reichgeschnitzten Schenkschieven und als Besonderheit der Dithmarschen das Hörnschapp (Abb. 324, 325), das durch seine prächtige Ausstattung und kunstvollen Schnitzereien Reichtum dokumentierte. Es ist ein Erbschrank, ein Verwahrmöbel nahe dem Sitz des Hausherrn, das Getränke, Gebetbuch und wohl auch Wertsachen enthielt.

Eine zweite Hochblüte bäuerlicher Raumkunst wuchs in der 2. Hälfte des 18. Jahrhunderts besonders in den Süderdithmarschen. Die *Döns aus Dingen* (Abb. 332, 335), datiert 1800, heute im Dithmarscher Landesmuseum in Meldorf, über dem Ofen in wappenähnlicher Kartusche, gehört zu den anmutigsten, reichsten und auch farbigsten Erzeugnissen in den Süderdithmarschen. Die Bettenwand der Stube wurde von dem Tischler Johannsen und seinem Gesellen Johann Junge in Edellack gearbeitet. Die Stilelemente des Rokoko und des Empire verschmelzen hier zu einem Werk, das man sich auch in einer bürgerlichen Stube vorstellen könnte. Die Bettüren hatten wohl auch ursprünglich feine Stoffvorhänge, die Schwingungen, Vasenaufsätze, die zarten Farben erinnern an elegantes Louis-seize. Ein Schmuckstück besonderer Art ist das Ofenreck, bei dem man kaum mehr an praktische Nutzung denkt. An dem eisernen Ofen sind auch keine Handwärmer mehr angebracht. Die figurenreiche Kreuzigung fügt sich in die kleinteilige Ornamentik mit Früchten, Blumen, Vögeln, Laubwerk.

Wie die bemalte Decke über den geschwungenen Voluten der Wandschränke aufsitzt, und wie die Grundfarbe Rot den Raum zusammenfaßt, zeigt noch eine weitere *Döns aus Dingen* (Abb. 333, 334), ebenfalls aus der Zeit um 1800, heute im Schleswig-Holsteinischen Landesmuseum.

Gegenüber den Marschenstuben nehmen sich die Geeststuben vergleichsweise bescheiden aus. Im Museum in Meldorf ist eine *Bettenwand* mit drei »inmokten«, eingebauten Betten, aus *Bunsche* (Abb. 327) erhalten. Die einfachen Verzierungen sind farbig gefaßt und wahrscheinlich von einem nicht namhaft zu machenden Dorfschreiner hergestellt. Einzelne barocke Stilelemente wie Palmetten sowie die Farben Blau, Braun, Rot, Gelb und Grün dürften zeitgemäß erneuert sein. Die Vertäfelung ist meist ohne besonderen Zierrat, die gefliesten Wände schmücken und erzählen, lassen den Zweck vergessen. Einen besonderen, sehr ins Auge fallenden Raum-Schmuck bilden die Beiderwandvorhänge vor den Wandbetten. Die freihängenden kunstvollen Webereien sind heute meist Kopien von Arbeiten aus dem 17./18. Jahrhundert, einer Zeit, in der eine rege Industrie in den Webereien von Schleswig-Holstein sich entwickelt hatte. Die Themen sind immer wieder die gleichen: der Einzug in Jerusalem, Pyramus und Thisbe, Kranich und Einhorn, Opferung Isaaks, Vier Erdteile. Beiderwand, ein Hohlgewebe in zwei Schichten, entsteht aus farbiger Wolle mit naturfarbener Leinenbindung und bildet auf beiden Seiten das gleiche Muster, nur jeweils farbenverkehrt.

Das »*Alte Pfarrhaus von Grube*« (Abb. 337–339) in Ostholstein bei Kiel, 1569, heute in Rammsee, Schleswig-Holsteinisches Freilichtmuseum, das älteste datierte Bauernhaus, gibt in mehrfacher Hinsicht Zeugnis vom Leben in den von der Natur weniger reich bedachten Landschaften.

Stuben und Feuerstätten sind rekonstruiert, gewissenhaft nach Urkunden und Überlieferungen. Es ist ein Bauernhaus mit Mittellängsdeel, offenem Herd mit Funkenhut, den üblichen Siddels, und angeschoben oder eingeschoben drei Stuben, wie es in dieser einfachen Form überall im niederdeutschen Haus zu finden ist. Es wurde eine ausgemalte Staatsstube eingerichtet, die man aus einem alten Wohnhaus in Preetz übertragen hatte. In die mittlere Stube ragt der

45 Bettwand aus Bunsche

Backofen herein, der von der Diele aus beschickt wurde, und zugleich auch den Raum heizte. Die Anordnung und Walzenform des Ofens war in den Bauernhöfen häufiger anzutreffen.

Auch eine Studierstube für den Pastor wurde angenommen und eingerichtet. Der Pastor hatte für sein materielles Auskommen selbst zu sorgen, er mußte von seinem Bauerngut leben und eben von dem, was die Bauern ihm noch als Naturalien spendeten. Fritz Reuter bekundet solche Abhängigkeit z. B. auch für Mecklenburg.

Nach verschiedenem Besitzwechsel – Herzogtum Schleswig – dänisches Krongut – holsteinische Grafen – beließen letztere den *Fehmarnern* eigenes Landrecht und so mag das Eigene in den Häusern auch darin seinen Urgrund haben. Zwar sind wie allenthalben die alten Bauernhäuser verschwunden und nur im Freilichtmuseum in Rammsee ist ein Hof aus Fehmarn wieder aufgebaut und gibt Zeugnis für die Einteilung des Hauses, von der man sonst allein in älterer Literatur erfahren kann. Die schmale Diele weitet sich zu einer Döns, hier häufig auch Saal genannt, die schmale Diele beiderseits in Stuben, nicht wie sonst in Fachhallenhäusern in Ställen. Der Saal, hier nicht Repräsentationsraum wie der Pesel, öffnet den Zugang zu Stuben.

Der Hof *Carsten Blockwolds aus Teschendorf* (Abb. 345–348), am Grotdörbalken Jz. 1746, heute im Schleswig-Holsteinischen Freilichtmuseum in Rammsee, ist ein Durchgangshaus mit Grotdör zur Straßenseite und Achterdör auf der Gegenseite. Eine Stube aus Blieschendorf auf Fehmarn wurde übernommen und erstaunt durch die Malerei, welche die Stube an Wänden und Decke sowie die Bettbutzen überzieht. Vorbilder sind nachgewiesen: Die großfigurigen Darstellungen der vier Jahreszeiten gehen auf Kompositionen von Nicolas Lancret zurück, der 1743 viele amouröse Szenen schuf. Frühling, Sommer, Herbst und Winter ziehen sich an den Wänden hin, die Szenen in den kurzen Betten zeigen Paare in der Tracht des Rokoko, auf die von der Decke Amor seine Pfeile schießt. Die Malerei entstand vermutlich nach Amigoni, dem Venezianer. Ein einheimischer Maler führte in Anlehnung an diese Vorbilder um 1770 die graziösen Szenen aus.

Immer wieder erstaunen die verschiedenartigen Stubenerscheinungen in den Schleswig-Holsteinischen Landschaften. Von den Fehmarner Stuben und Grundrissen des Wohnteiles unterscheidet sich die Einrichtung der Stube in der

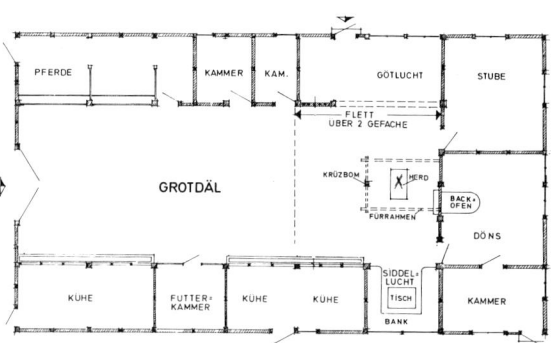

46 Grundriß des alten Pfarrhauses von Grube

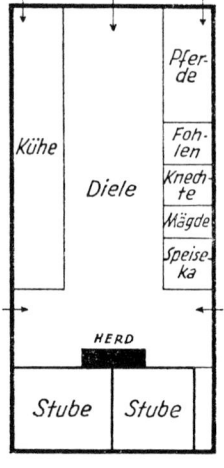

47 Grundriß eines Hauses aus der Probstei

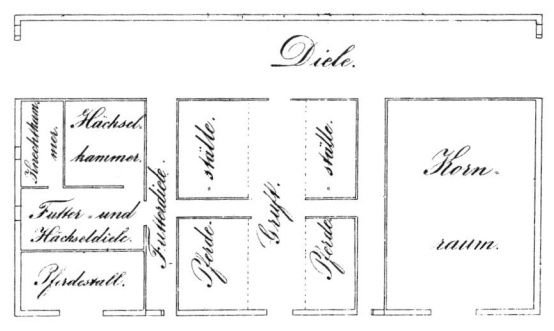

Diele.

Backhaus.

Wohnhaus.

Façade.

48 *Grund- und Aufriß des Hofes Carsten Blockwold*

Probstei, sie ist im Vergleich zu denen der West-küste bescheidener, zurückhaltender. Die Prob-stei, jenseits des Kieler Hafens gelegen, gehörte ehemals dem Kloster Preetz. In diesem abge-schlossenen Gebiet bildeten sich eigene Formen nicht nur in Möbeln, sondern auch in Tracht und Schmuckformen heraus. Eichenholzpaneele in schlichter architektonischer Gliederung, ein-fach profilierte Rundbogen über den Türen der Wandbetten, sind mit wenig Flachschnitzerei an den Türen neben der eingebauten Uhr der Schmuck des Raumes. Die Decke mit aufgeleg-ten flachen Leisten, die ein Netz von geometri-schen Figuren überzieht, scheint ebenfalls cha-rakteristisch für die ruhigen, etwas dunklen Räume.

Das Untied Haus aus Barsbeck von 1797 kann als Beispiel für andere stehen, heute im Frei-lichtmuseum in Rammsee bei Kiel. Der Herd steht nicht mehr, ausgangs des 18. Jahrhunderts, in der Diele, es ist ihm eine eigene Küche einge-räumt. Zwischen Deel und Küche liegt eine Dunkelkammer, eine angenehme Schlafstube im Winter. Die Entfernung von Küche und Stube bewirkte, daß die Stube hier nicht mit einem Hinterlader beschickt werden konnte, sondern ein »modischer« Kanonenofen um 1800 aus Schönberger Keramik für Wärme sorgte.

An der Ofenseite ist wie üblich eine Kachel-wand. Der Schönberger Keramik-Ofen ist die Ausnahme, andere Stuben aus der Probstei be-wahren den eisernen Ofen mit den Messing-knöpfen als Handwärmer, auch sind nicht alle Probsteier Stuben von solcher Strenge wie die von Barsfeld oder von Schönberg; das Bendfel-der Zimmer mit Intarsien an der Türe strömt größere Behaglichkeit aus.

Der Osten Schleswig-Holsteins hatte es wirt-schaftlich wesentlich schwerer als der Westen. Hier konnten sich die Bauern von der Kolonisa-tionstätigkeit des Adels, die im 13. Jahrhundert begann, nicht freimachen.

Das Lehenswesen der Schauenburger Grafen und die Herausbildung der Grundherrschaft be-deutete das Ende der bäuerlichen Freiheit, die nur in den Marschengegenden der Westküste gewahrt werden konnte. Der Lehnsadel war hier der beherrschende Stand anstelle des »Volks-adels« in anderen Landschaften. Die Hanse ging Ende des Mittelalters zurück, die wirtschaftliche Bedeutung kam allein der Nordsee zu. Die Mar-schenbauern wurden immer reicher, was allein an den prächtigen Dönsen und Pesels abzulesen ist. Im 17. und 18. Jahrhundert sind in den östlichen Gebieten kaum Stubenausstattungen besonderer Eigenart zu konstatieren mit Aus-nahme der Probstei und Fehmarns und einem Teil Angelns.

Die Wohn- und Schlafgewohnheiten haben sich im 19. Jahrhundert bereits geändert. Man ge-winnt Bettkammern statt Butzen. So wurde der *Hof Kortüm aus Schiphorsterfeld* (Abb. 340, 342–344) zwischen Neumünster und Bornhövel, heute Freilichtmuseum Kiel, mit offenem Bett, mit Waschtisch und Spiegel eingerichtet, eine gestrickte und gehäkelte Bettdecke zeugt von gehobener Schlafkultur, die ohne bürgerlichen Einfluß kaum zu denken ist. Auch der Wohn-raum mit ovalem Tisch, Polstermöbel mit Samt-bezug, Glasschrank aus Nußbaum zeigen die verfeinerte Wohnkultur, die bürgerliches bis kleinadeliges Wohnverhalten nachahmt.

So unterscheiden sich die Stuben der Holstei-nischen Geest kaum vom herkömmlichen Typus mit Alkoven, Beiderwand, Eisenofen, Fliesen-verkleidung, gelegentlich etwas Malerei auf Tü-ren und den einfachen Feldern des Getäfels.

Ein wesentlicher Unterschied zur oberdeut-schen Stube in den Alpen ist die Befensterung. Die Fenster sind groß, vielteilig, ähneln den Vorarlberger, Berner oder Schwarzwälder Fen-steranordnungen. Je später die Erbauungszeit, desto zahlreicher und größer die Fenster, das immerhin läßt sich als Faustregel festhalten.

Nordfriesische Stuben

Besondere Merkmale weisen die »uthlandfriesi-schen« Stuben in den Häusern auf den Halligen, den Inseln und auf dem schmalen Streifen des Festlandes auf. Sie sind oft klein wie Kajüten, von freundlicher Farbigkeit vom Boden bis zur Decke, Messinggeräte blitzen und die Fliesen-wände erzählen Geschichten aus der Bibel, von Schiffen, von Kinderspielen, Blumen, Land-schaften, Häusern und Tieren. Verkachelte

Wände sind auch in anderen Landschaften zu finden, nur rücken sie bei der Kleinheit dieser Räume mehr in das Gesichtsfeld.

Das uthlandfriesische Haus ist besonders klein, niedrig, duckt sich vor den schweren Stürmen, die hier besonders zum Frühjahr und zum Herbst toben, und deshalb sind auch die Stuben niedrig. In der »Dörnsch«, wie hier mundartlich die heizbare Wohnstube heißt, wie auch im Pesel, ist die »Kattschur« das hervorstechende Merkmal einer Friesenstube. Die Wand über dem Fenster ist abgeschrägt, bildet den Übergang zur Decke, stößt an einen schweren Balken, eine Konstruktion, die der Stubenwand erhöhte Stabilität und Widerstand gegen Winddruck gibt. Die Kattschur ist die Folge des tief herabgezogenen Daches, so daß die Stube an Dachzimmer erinnert. Das friesische Haus weist durchwegs Holzvertäfelung auf, auch auf der Fensterseite, die niedrigen Decken sind bemalt, geteilt und verstärkt durch schwere Unterzüge. Die Ofenwand ist, wie auch anderswo bei eisernen Öfen, gefliest. Schiffsbilder, die mehrere Fliesen beanspruchen, sind über dem Ofen eingelassen, weisen vor allem auf den Hauptberuf, die wesentliche Erwerbstätigkeit, die mit Schifffahrt in Verbindung steht, hin.

Die Stuben sprechen von Wohlstand; alle Gegenstände sind kunstvoll verziert, geschnitzt oder bemalt. Die große Erwerbsquelle, der Hauptlebensunterhalt, kam vom Walfang, der die Männer bis nach Grönland hinauf führte und den größten Teil des Jahres von zu Hause fernhielt. Der Stallteil ist klein, der bäuerliche Anteil diente nur für den Eigenbedarf, im weitesten Sinne ist auch ein inselfriesisches Haus dem bäuerlichen Hauswesen zuzurechnen. Wenn der Hausherr vom Wal- oder Fischfang zurückkehrte, wünschte er nach den Monaten des Lebens auf Schiff ein gepflegtes behagliches Wohnen, und wenn auch die Stuben klein waren, so sollten sie doch Schönheit und in der Zeit möglichen Komfort und Kostbarkeit aufweisen. Der Fußboden besteht aus großen Natursteinplatten. Unter dem Sitz des Hausherrn kann auch ein eiserner Ring entdeckt werden, mit dem eine Platte herausgehoben werden konnte, darunter war eine Vertiefung für den Geldschatz, der nicht von Bodenfeuchtigkeit geschädigt werden konnte, und so saß der Herr im buchstäblichen Sinne auf seinem Geld. Die Friesenstuben hatten mit wenigen Ausnahmen bis weit in das 19. Jahrhundert hinein Wandbetten.

Der *Pesel aus Borgsum auf Föhr* (Abb. 372), heute im Städtischen Museum in Flensburg, stammt aus dem Jahre 1699, die Bemalung jedoch kann erst in der 2. Hälfte des 18. Jahrhunderts entstanden sein. Das Holzwerk grün gestrichen, die Felder sind grün, gelb, orange marmoriert, ebenso ist die Decke einschließlich der Katschur gehalten.

Die Arkaden mit dem reichen Schnitzwerk, die Friese, die an den Wänden hinlaufen, die Türumrahmungen können laut Inschrift noch Ende

des 17. Jahrhunderts entstanden sein. Der Bettschrank ist nicht wandgleich, sondern ragt in die Stube hinein. Wenn das an der Wand hängende Instrument, bez. 1785, auch nicht direkt zum Thema Stubeneinrichtung gehören mag, so kann es doch ein wenig die Vorstellung Leben in der Stube erwecken. Eine Halbgitarre mit messingenen Seiten, eine sog. Hommel, wurde zum Teil mit dem Finger, zum Teil mit der Federspule angerissen. Man hat einst den Sonntagspsalm damit begleitet, aber auch nach dieser Musik getanzt.

Der wahrscheinlich älteste erhaltene inselfriesische Pesel ist heute in das Museum in Flensburg eingebaut. Er stammt aus *Nieblum auf der Insel Föhr* (Abb. 355), datiert 1632. Er ist noch einfacher in der Vertäfelung. Die schlichte Bretterdecke und die Vertäfelung des Katschur dürften Museumszutat sein. Schuppen und Flechtbandmuster in der Vertäfelung, auf dem Eckschränkchen kleine intarsierte Sterne, zieren die Arkadenbögen. Ein einfacherer Vorläufer für den Pesel aus Borgsum auf der gleichen Insel.

Fensterbierscheiben sind im niederdeutschen Raum allgemein in Gebrauch. Beim Bau eines Hauses halfen die Nachbarn und nach Fertigstellung gab es ein festliches Mahl, ein Bierfest. Nachbarn und Freunde stifteten kleine Fensterscheiben mit Darstellungen meist profanen Inhalts, der »Willkomm« war der häufigste Inhalt, auch Bezug zum Gewerbe, zur Besonderheit des Hauses, wie zur Imkerei, war gegeben. Ähnliche Fensterspenden gab es auch in Teilen des Berner Landes.

An den Paradehandtüchern zeigte sich die besondere Handarbeitskunst der friesischen Frauen. Paradehandtücher gab es in allen Landschaften, in denen eine Waschgelegenheit im Hause war, aber hier wurden sie mit auffallender Sorgfalt gearbeitet.

Ein *Pesel aus Wraby* (Abb. 381) auf der Insel Röm, der nördlichsten der friesischen Inseln, läßt holländischen Einfluß in dem wuchtigen Tisch deutlich erkennen. Die einzigen beweglichen Einrichtungsgegenstände sind, wie auch in den meisten oberdeutschen Haus- und Stubenlandschaften, Tisch und Stuhl, alles übrige ist wandfest eingebaut. Die weitgereisten Seefahrer brachten größere und kleinere Einrichtungs- oder Schmuckgegenstände von ihren Reisen mit. Uhren wurden nicht im Lande hergestellt, finden sich aber häufig in den Räumen, vor allem die »Stühlchen-Uhren«, die aus Holland stammen und im allgemeinen als friesische Uhren bezeichnet werden.

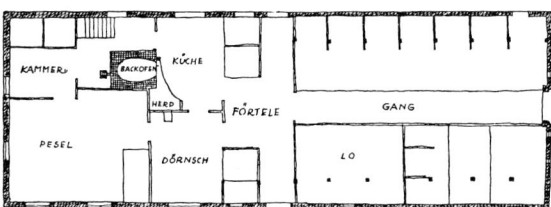

49 *Grundriß des Hauses Klockries nach seinem Wiederaufbau im Freilichtmuseum Rammsee bei Kiel*

Die Vertäfelung und die Türen des *Pesels aus Morsum auf Sylt* (Abb. 367, 368) dürfte in einzelnen Teilen gemalt worden sein, die Felder wurden mit Profilleisten gerahmt und dann eingesetzt. Nahezu in jeder inselfriesischen Döns ist der Klapptisch anzunehmen. Die Tischplatte zusammengeklappt, gedreht und dann dicht an die Fensterwand gestellt. So wurde der Raum nach dem Essen wieder begehbar.

Das uthlandfriesische Haus mit seinen besonderen Charakteristiken kommt nicht nur auf den nordfriesischen Marschen und den Inseln vor, auch für den mageren Geestboden bei Niebüll wurde die Konstruktion, die Architektur als zweckmäßig empfunden. Das Haus Hansen aus Klockries, heute im Schleswig-Holsteinischen Freilichtmuseum in Rammsee bei Kiel, stammt aus dieser Gegend. Es gibt hier keine große weiträumige Diele. Eine kleine Vordiele trennt den Stall mit nur einem schmalen Gang vom Wohnteil mit Dörnsch, Pesel und Kögen. Wenn auch in der mageren Geest kaum mit Sturmfluten zu rechnen ist, so ist die Konstruktion mit Ständer und Dachbalken, dem herabgezogenen Dach und der Katschur auch hier gewählt. Der Pesel, der hier hinter der Döns liegt, birgt besonders reiche Malereien. Ein Schrank mit Jahreszeitenbildern wird der »Deezbüller Schule« zugeschrieben. Die Wandschränke, wahrscheinlich um 1750 entstanden, bringen ebenfalls Jahreszeitenbilder. Die lebhafte Farbigkeit, bei der besonders ein kräftiges Blau beliebt zu sein scheint, ist vergleichbar in heiterer Lebenshaltung mit Bauernschränken aus Oberbayern, vornehmlich der Tölzer und Schlierseer Gegend. Die Schrankwände, die nicht ursprünglich zugehörig sind, wurden aus Lindholen hierher übertragen. Es sind auch für Nordfriesland Malzentren auszumachen.

In der äußeren Erscheinung sehr ähnlich dem Haus Hansen aus Klockries ist das Haus des *Lorenz Petersen de Hahn* aus Westerland (Abb. 361–365), heute im Schleswig-Holsteinischen Freilichtmuseum in Rammsee bei Kiel. Es trägt die Jahreszahl 1699. Lorenz Petersen de Hahn war Kapitän eines Walfangschiffes und entsprechend reich. Den Sommer über bewirtschaftete die Frau eine kleine Landstelle, der Stallteil war entsprechend klein, dagegen zeigte der Wohnteil mit Döns, Pesel und Osterstube höchste Raumkunst, sowohl was die gesamte Farbigkeit, die sehr lebhaft ist, als auch die einzelnen Gegenstände anlangt. Mit Importen aus Holland wie der Uhr, den Fliesen, dem eisernen Ofen mit Doppelporträt vielleicht aus dem Harz, figuren-

reichen Beiderwandvorhängen waren die Räume ausgestattet. Reizvoll sind die Bemalungen der Bettbutzen, das Spruchwerk, die Malerei in dem Pesel, das Zusammenklingen der Farben macht aus den verhältnismäßig kleinen Räumen jeweils eine liebenswürdig heitere Atmosphäre.

Der *Pesel aus Gjenner bei Apenrade* (Abb. 378–380, 382), Kirchspiel Osterlügum, heute im Städtischen Museum Flensburg, stammt laut Inschrift aus einem 1637 erbauten Haus, das im jütisch besiedelten Teil Nordschleswigs lag: Es ist der Fest- und Wohnraum eines begüterten, wenn auch nicht besonders reichen Bauern. Bemerkenswert ist vor allem der große Kamin, der einem Bürger- oder auch Adelshaus wohl anstehen würde. Er gehörte ursprünglich zu dem gemauerten Komplex der im Haus angelegten Feuerstätte, ist nun aber notwendigerweise aus dem Zusammenhang mit den übrigen Räumen und ihren Funktionen gerissen, der Döns mit dem Bilegger, dem Herd, der Diele und dem Flett. Gegenüber der Eingangstür neben dem Kamin führen zwei Türen in die »Kloven«, kleine unheizbare Räume, deren Bezeichnung allein schon dänischen Ursprung verrät. Die reichgeschnitzten Türpfosten haben entgegen anderen Konstruktionen wirklich tragende Funktion. Die Hängebretter, eingeschoben zwischen die Pfosten, welche den Ansatz der Türflügel verdecken, können von der Konstruktion im frühmittelalterlich skandinavischen Haus übernommen worden sein. Mächtige Knaggen, reich verziert, stützen die bedeutenden Unterzüge, könnten, von zeitgenössischen Renaissanceornamenten abgesehen, direkt aus den Häusern Skandinaviens nach »Altväterart« übernommen worden sein. Derartige Stuben sind in den Freilichtmuseen in Aarhus/Dänemark oder in Sorgenfri bei Kopenhagen wieder aufgebaut.

Die Stubenlandschaften sind hier wie überall in den deutschsprachigen Gebieten nicht fest umrissen. Die Grenzen sind häufig fließend in Randgebieten, und nur aus den Kerngebieten treten die Haupteigenschaften, die Charakteristika klar in Erscheinung. Sie verbreiten Einfluß nach allen Seiten, bis von einem anderen Kerngebiet wieder Einflüsse wie in konzentrischen Kreisen ausgehen.

Es geht nicht an zu sagen, daß die Stubenkultur des Alpengebietes die höchste sei, und ähnliches nicht wieder erreicht wurde. Die Wohnkultur im nördlichen Deutschland ist nach Einführung der rauchfreien Stube nicht geringer, sie ist nur andersartig geprägt von Faktoren, die, wie berichtet, landschaftsgebunden sind.

50 *Klockries, Haus von den Friesischen Inseln*

Schönheit und Behaglichkeit der oberdeutschen, insbesondere der alpenländischen Stube wurden von den Städtern entdeckt. Der Städter war es, der sich nach dem »einfachen Leben« sehnte, während umgekehrt der Bauer eingerichtet sein wollte wie der Mensch in der Stadt. Eine »Bauernstube«, was auch immer man darunter verstand, richtete sich der Städter in seiner Villa, seinem Einfamilienhaus ein. Nicht nur die Tracht gab der Bauer auf, bis auf wenige Gegenden, er richtete sich jetzt mit Serienmöbeln aus der Stadt ein, tat das alte »Geraffel« auf den Speicher, oder gab es später um ein Geringes an die Stadtleute oder auch an die Museen.

Hie und da macht sich aber jetzt auch beim Bauern ein Besinnen auf die alten Werte bemerkbar. Nun verkauft er nicht mehr unbedingt seine alten Möbel, um sich dafür Pseudo-Nußbaummöbel aus der Möbelfabrik anzuschaffen. Er ist sich ihres und seines Wertes bewußt geworden. Kopien alter bemalter Bauernmöbel sind ein einträgliches Geschäft geworden, von Stadt- und Landbewohnern gleichermaßen gesucht, besonders dann, wenn frei gewordene Zimmer auf dem Bauernhof an Gäste vermietet werden sollen. Sie wollen ein Bild nicht unterbrochener Tradition vorstellen. Fest steht aber: Je wohlhabender die Bauern waren, je ertragreicher das Land oder der Nebenerwerb, desto rascher sind die alten Stuben verschwunden, es sei denn, daß die Menschen dieser und jener Gegend besonders traditionsbewußt waren.

Nun aber verfallen immer mehr Bauernhäuser, weil sie nicht mehr wirtschaftlich nutzbar sind oder weil die Wiederherstellung ebensoviel Geld kosten würde wie ein Neubau. Viele alte Bauernhäuser werden auch von Menschen aus der Stadt gekauft, zweckentfremdet, urbanem Leben angeglichen und anderen Berufen dienstbar gemacht.

In Freilichtmuseen werden nach Möglichkeit Häuser mit wertvoller Bausubstanz zusammengefaßt, so daß heute noch das Bild ehemaligen bäuerlichen Hausens gezeigt werden kann.

Darüber ist eines allerdings nicht außer acht zu lassen: Alle diese »gehorteten« Häuser und die Stuben sind ihres Lebens verlustig. Man weiß zwar, wo Küche und Stall waren, auch wo die Stube lag – wie gelebt wurde, das kann kaum mehr abgelesen werden. Alle Einrichtungen sind nicht mehr Original, es muß immer heißen, »es kann so gewesen sein«. Die Einrichtungsgegenstände, allenfalls ist der Ofen zugehörig, werden aus der Region zusammengeholt.

Das Entzücken, die Freude der Besucher solcher Museen mutet häufig wie eine Flucht in die Vergangenheit an. Es scheint, als bildeten sich da die Menschen ein, die Vergangenheit sei schöner gewesen. Aus der eigenen Unzufriedenheit mit einem hektischen Leben, das sich der Mensch im allgemeinen doch selbst bereitet, ersteht ein bedeutendes Maß von Gegenwartsflucht und man sieht in die heute so stillen Stuben – falls sie nicht mit musealen Gegenständen zu sehr angefüllt sind – eine Ruhe und Ordnung hinein, die es auch für die Bewohner jener Stuben kaum gegeben haben dürfte. Man sucht eine verlorene Zeit. Das ist durchaus vertretbar und begreiflich, auch sollte die Vergangenheit bewußt mit in die Zeit hereingenommen werden, nur sollte man noch hinter die Erscheinungen sehen.

Peter Rosegger, der »Waldbauernbub« aus der Steiermark, schreibt, er war damals Schneidergeselle, in »Waldheimat«, Erzählung »Als ich davon ging«:

»Und wenn wir dann spät um 10 oder gar um 11 Uhr – bei dringender Arbeit vor Festtagen mußten wir stets tief in die Nacht hinein fleißig sein – aufs Stroh gingen, das uns die Bäuerin auf dem Fußboden in der Stube nahe unserem Arbeitsplatz ausgebreitet hatte . . .«

Dieses Leben allerdings kann in den Heimat- und Freilichtmuseen nicht mehr sichtbar gemacht werden.

Zeitgenössische Literatur, Überlieferungen oder Erzählungen von Großeltern, können der Phantasie helfen, die Stuben mit Leben zu erfüllen.

Schlußbetrachtung

Oberdeutsche Stuben

Österreich

51 *Salleger Moar, Typ des steirischen Rauchstubenhauses. Anfänge des Gehöftes bis 1409 zurückzuverfolgen. Bank mit umlegbarer Lehne, Kienspanbeleuchtung, Brett zur Ablage verschiedener Gegenstände. Blockbau, noch kein Herrgottswinkel. Ältester Teil des Hauses, später Anbau eines Stübls. Stübing bei Graz, Österreichisches Freilichtmuseum*

52–55 *Rauchstubenhaus, ehemals ob der Pack bei Köflach.*
Graz, Steirisches Volkskundemuseum
52 Blochstiege mit Falltüre zum Dachboden. Zugang von der
Laube (Lab'n, Vorplatz, Hausflur). Rechts Eingang zur
Rauchstube.

53 *Tischecke mit Hergottswinkel. Ursprünglich niedere Fenster von nur einer Balkenbreite in der Höhe. Mit Holzschiebern verschließbar. Größere Fenster aus späterer Zeit.*

55 *Einziges Bett im Raum. Vorratsschrank mit kleinem Schüsselrehm. Trockenstangen unter der Decke zur Aufbewahrung und zum Trocknen von Feuerungsholz und Spänen.*

54 *Herd des Rauchstubenhauses, offenes Herdfeuer in Tischhöhe ohne Rauchabzug, rechts daneben Backofen; Hühnergatter, Steinpflaster vor dem Herd.*

53 △

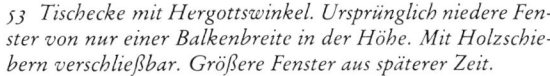

54 ▽

57 »Krauthaufen« im Stübl des Salleger Moar. Unterbau Bruchsteine, darüber braune Kacheln in weißlichem Grund. Stübing bei Graz, Österreichisches Freilichtmuseum

56 Kleines Austragsstüberl, am mächtigen Unterzug Jz. 1805, aus dieser Zeit die Stube, noch völlig in Blockbauweise. Ofen mit Ofenbank und Trockengerüst, sehr flacher »Krauthaufen«. Das eintürige niedrige Kästchen von 1754. Graz, Steirisches Volkskundemuseum

58 *Vogelbauer in Form eines Hauses, aus dem Stübl Abb. 56*

59 △

60 ▽

59 *Einhof vulgo Säuerling aus Einach an der Mur nahe der salzburgischen Landesgrenze. Offener Herd, Backofen mit seitlicher Feuerung, Saukessel, zugleich Waschkessel. Mächtiger Zwieselbaum mit Trambaum, ursprüngliche Anlage. Die Anfänge des Hofes vermutlich im 16. Jh.*
Stübing bei Graz, Österreichisches Freilichtmuseum

60 *Tafelbett in der Rauchstube, Deckel zum Zuklappen.*
Stübing bei Graz, Österreichisches Freilichtmuseum

61 △

63 ▽

61 *Herrgottswinkel. Eßtisch mit eingeschnittener Jahreszahl 1757, über dem Tisch Suppenspucker.*
Mondsee, Freilichtmuseum Mondseer Rauchhaus

62 *Schlafkammer der Bauern und Kleinkinder, großes Ehebett, einfach bemalter Schrank. Luke für Warmluft von der Ofenstube.*
Mondsee, Freilichtmuseum Mondseer Rauchhaus

63 *Obere Wirtsstube aus Neumarkt von 1607. Schlichte Vertäfelung, eingebaute Schränke für Geschirr, Klapptische zum Abstellen. Fensterseite.*
Graz, Museum Joanneum

64, 65 *Mondseer Rauchstubenhaus. Hühnergatter und einfaches Tellerbord. An der gemauerten Herdwand angebaut der Hinterladerofen mit der Ofenbank, graphitierte Topfkacheln, einfache »Ofenstangl«. Schlafplatz in der Höll. Mondsee, Freilichtmuseum Mondseer Rauchhaus*

66 *Mondseer Rauchstubenhaus. Der Herdraum, das »Haus«. Zwei Feuerstellen von Funkenhüten überwölbt. Rauch zieht in die »Rau«, den darüberliegenden Rauchboden ab. An Stangen Fleisch zum Selchen. Backofen, eingebauter Wasserkessel, links Nische für das Salzfaß. Im Hintergrund die Treppe zum Stall. Rechts Herd für den Austragsbauern, ohne Backofen.*
Mondsee, Freilichtmuseum Mondseer Rauchhaus

67 *Austragsstube im Rauchhaus, Kachelofen, grüne Topfkacheln, flache Reliefs mit Reitern, eingebauter gußeiserner Wasserbehälter, Wärmefach. Auch hier Schlafstelle hinter dem Ofen mit Holzkeil als Kopfstütze.*
Mondsee, Freilichtmuseum Mondseer Rauchhaus ▷

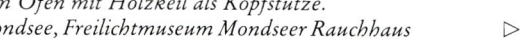

68 »Hohe Stube« aus einem Vierkanthof des Traunviertels mit bemalten Möbeln aus dem Florianer Land. Nachgebildet einer guten Stube aus Hargelsberg. Decke in Rokokostuck, Kleiderschrank, Truhe, Tellerbord, Fensteraufsatz, ein Prunkraum mit Möbeln erster Qualität (vgl. auch Abb. 72). Linz, Oberösterreichisches Landesmuseum, Schloßmuseum

69 Stube aus dem Vierkanthof aus St. Ulrich bei Steyr in Oberösterreich. Herrgottswinkel und Tischecke mit hübsch bemaltem Tisch und ebenfalls bemalten Lehnenbänken. Die Vertäfelung nur bis Fensterhöhe, eingebauter Wandkasten, Hinterglasbilder.
Stübing bei Graz, Österreichisches Freilichtmuseum

zu Seite 71
70 Kruzifix mit Gottvater, Heilig-Geist-Taube und Armen Seelen im Fegfeuer, geschnitzt und farbig gefaßt, 2. H. 18. Jh. (vgl. Abb. 72).

71 Vierkanthof aus St. Ulrich bei Steyr in Oberösterreich (zur Stube Abb. 69). Die Anfänge dieses Haustypus bereits im 17., vielleicht Ende 16. Jh. zu suchen. Vorbild Schloß und Kloster. Wohnteil und Wirtschaftsgebäude in einem Baukörper.
Stübing bei Graz, Österreichisches Freilichtmuseum

72 Die »Hohe Stube« (vgl. Abb. 68). Reich bemaltes Rokoko-bett mit den Bildnissen von Kaiserin Maria Theresia und Kaiser Joseph. Bettschere. Kommode mit Aufsatzschrank, Kruzifix und eingebautes Schränkchen

68 △   69 ▽

73 *Stube aus der Sammlung Spiegl (ehemals Volkskundemuseum Engleiten bei Bad Ischl). Kachelofen mit graphitierten Schüsselkacheln und Reliefkacheln mit Reitern. Klapptische beim Ofen mit männlicher Figur als Stützfigur. Auf dem Eckschrank St. Notburga, die Bauernheilige.*
Linz, Oberösterreichisches Landesmuseum, Schloßmuseum

74 *Kammer einer »Holsprügelsölde«, einem Kleinhaus aus Gallham im Raume Prambach-Eferding. Baualtersmäßig aus dem Beginn des 18. Jhs., typenmäßig jedoch unverändert seit dem Spätmittelalter. Ofen aus graphitierten Hohlkacheln aus der Gemeinde Strohheim (vgl. auch Abb. 77).*
Linz, Oberösterreichisches Landesmuseum, Schloßmuseum

75 *»Noarimhäusl«, Austragshaus vom Schmiedbauer in Winslroid bei Oberhofen, Jz. 1778.*
Mondsee, Freilichtmuseum Mondseer Rauchhaus

73 △

74 ▽

76 *Uhr mit mechanisch bewegtem Schlagwerk, 1. H. 18. Jh.,
ein Zeichen für Wohlhabenheit der Bauern im 18./19. Jh.
Linz, Oberösterreichisches Landesmuseum, Schloßmuseum*

77 *Herrgottswinkel (aus Stube Abb. 74). Blockbau, die Fugen
mit Werg gedichtet und weiß gestrichen. Suppenspucker mit
Heilig-Geist-Taube.
Linz, Oberösterreichisches Landesmuseum, Schloßmuseum*

76 △

77 ▽

78 *Holzklopfer zum Wecken der Knechte, die über der Stube schliefen.*
Linz, Oberösterreichisches Landesmuseum, Schloßmuseum

78 △   79 ▽   80 △   81 ▽

79, 80 *Wegleithof aus St. Walburg im Südtiroler Ultental (vgl. Abb. 83). Stube in Blockbau. Über der Türe die Jahreszahl* MDCCCXXXXIIII. *Unter dem »Auge Gottes« die Inschrift: »Friede sey in diesem Haus, / Wer da geh' ein und aus, / Liebe Gott halt sein Geboth, / So wirst du Glücklich sein, / Wenn du gehest aus und ein.« Einfache Wandmalerei in »Ochsenblut«. Weißer Walzenofen mit Ofenbruck, eine Schlafstelle hauptsächlich für Kinder. Neben dem Ofen die Höll mit Ofenbank, links vom Ofen das »Hungerloch«, eine Durchreiche vom Küchenherd.*
Stübing bei Graz, Österreichisches Freilichtmuseum

81 *Stube aus Klausen in Südtirol/Italien. Gliederung der Wand durch profilierte Stäbe. Bekrönung durch flachge-schnitzte Akanthusblätter, Maßwerk in Reliefschnitzerei. Material der Wandverkleidung Zirbel und Fichte, 15. Jh. Gemauerter Walzenofen mit Ofenbruck.*
Bozen, Stadtmuseum   ▷ ▷

74

82 *Decke in der St. Johanserstube aus Villanders ob Klausen, Südtirol/Italien, um 1500. Zirbel, Holznägel, Rosetten in Kerbschnitt.*
Innsbruck, Tiroler Volkskunstmuseum

83 *Wegleithof aus St. Walburg im Südtiroler Ultental. Durch die Hanglage direkter ebenerdiger Zugang zum Wohnge-schoß über dem gemauerten Keller. Durchlaufender Gang vom Eingang zum Südgiebel. Hölzerner Gang »Söller« auf der Süd- und halben Westseite (vgl. Abb. 79, 80).*
Stübing bei Graz, Österreichisches Freilichtmuseum

82 △

83 ▽

84, 85, 87 *Gerichtsstube aus Niederndorf, Hochpustertal, Südtirol/Italien. Ofen aus graphitierten Topfkacheln und zwei Reihen Flachkacheln mit Jagdmotiven und Tieren. Hinter dem Ofen Nische mit Sitzbank, Türe mit Kielbogen, Sonnenrädern und Kleeblatt. Tektonische Gliederung durch Profilleisten. Fensterumrahmungen im Schnurmotiv. Prachtvolle Decke mit ornamentalen (Rollband und Flechtband) und vegetabilen (Eicheln und Weintrauben, Blatt und Blumenranken) Schnitzereien. Hinter dem Kruzifix Maiskolben – Unheil abwehrend und Fruchtbarkeit spendend nach dem Volksglauben.*
Innsbruck, Tiroler Volkskunstmuseum

86 *Unterzugsbalken aus einer Tiroler Stube, 2. H. 15. Jh. Zirbelholz. Darstellung die Verkündigung Maria am Betpult, auf der gegenüberliegenden Seite der Engel der Verkündigung. Spätgotisches Rankenwerk als Verbindung. Flachschnitzerei, geschnittene Konturen wie Brandmalerei.*
Innsbruck, Tiroler Volkskunstmuseum

85 △

86 ▽

88-92 *Vertäfelte und bemalte Stube aus dem Tannheimer Tal in Tirol. In Ovalmedaillons die Halbfiguren von Heiligen, die Muttergottes mit Kind, St. Josef mit Kind. Blumensträuße in Rokokokartuschen oder frei auf der Fläche über alle vier Seiten. Kleine Szenen auch die Jahreszeiten darstellend. Auf drei Seiten umlaufende Bänke, unterbrochen durch Türen für den Museumsrundgang. Kassettierte Decke mit gemalten Blumensträußen. Unbekannte Maler, Ende 18. Jh. Kuppelofen, ein runder Lehmofen aus Rollsteinen, typisch für das Allgäu.*
München, Bayerisches Nationalmuseum

93-95 *Stube aus dem Tannheimer Tal, völlig vertäfelt, Ende 18. Jh. Vermutlich vom gleichen Meister wie Abb. 88–92. Stärkere Farbigkeit. Perspektivische Würfelmuster werden bekrönt von Bildern in Rokokorahmen, z. T. Heiligenbilder, z. T. Szenen aus dem Alten und Neuen Testament. Zweifeldrige Türe mit Landschaften. Herrgottswinkel mit Maria und Josef mit dem Kind in Halbfiguren, links das Letzte Abendmahl, rechts Isaak und Abraham mit dem Engel »Halt ein und tu dem Knaben nichts zu Leide«. Wiederum kassettierte Decke mit Würfeln und Blumenranken.*
München, Bayerisches Nationalmuseum

96-99 *Wandkästchen und Ofen aus dem Tannheimer Tal (aus Stube Abb. 93-95).*
München, Bayerisches Nationalmuseum
96 Eingebautes Wandkästchen mit Malerei in zwei Feldern: Landschaft mit Häusern, vielleicht Situationen aus dem Tannheimer Tal.

97 △   98 ▽

97–99 Grüner Kachelofen mit Allegorien von Glaube, Gerechtigkeit, Stärke, Mäßigkeit und anderen. Wie im Stil der
Renaissance sind die Figuren in Rundbogenarkaden gestellt
und inschriftlich bezeichnet. An der Decke befestigte Trokkenstangen.

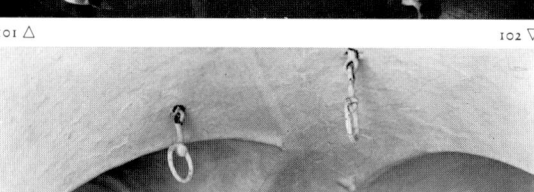

101 △

102 ▽

100 *Wirtsstube beim »Altwirt« in Patsch über Innsbruck, mit Kästchen und Nische, Profilleisten, Zirbel.*
Am Ursprungsort

101 *Herrgottswinkel in der alten Stube im Grünwalder Hof bei Patsch über Innsbruck, in der Diagonalen zum Ofen. Einrichtung wie in den Bauernstuben.*
Am Ursprungsort

102 *Hausflur mit Feuerstelle für den Stubenofen, 72 cm hoch (vgl. Abb. 106). Rückwärts Türe zum Stall, rechts Eingang zur Küche. Stubenofen nicht vom Herd aus beschickt.*
Am Ursprungsort, Patsch über Innsbruck, Kirchstraße ▷

84

103 *Wirtsstube im Grünwalder Hof bei Patsch. Weiß gekalkter Tonnenofen wie üblich in Tirol. Ofenbruck. Über der Türe Jz. 1750, renoviert 1816, 1901, 1929. »Anton Graf von Thurn und Taxis«. Ehemalige Poststation in der Form und Ausstattung einer Tiroler Bauernstube. Heute noch im Besitz eines Grafen Thurn und Taxis.*
Am Ursprungsort

104 *Spätgotischer Fries, Zirbelholz in der Wirtsstube beim »Altwirt« in Patsch über Innsbruck.*
Am Ursprungsort

105 *Erker in der Gaststube im Grünwalder Hof bei Patsch. An der Decke der Doppeladler, das Wappen der Thurn und Taxis (vgl. Abb. 101, 103).*
Am Ursprungsort

106 *Gemauerter Ofen mit grünen Topfkacheln und der üblichen Ofenbruck. Vorratsschrank. Hinter dem Ofen breite Höll als Schlafplatz. Getäfel heute überstrichen (vgl. Abb. 102).*
Am Ursprungsort, Patsch über Innsbruck, Kirchstraße

103 △   104 ▽   105 △   106 ▽

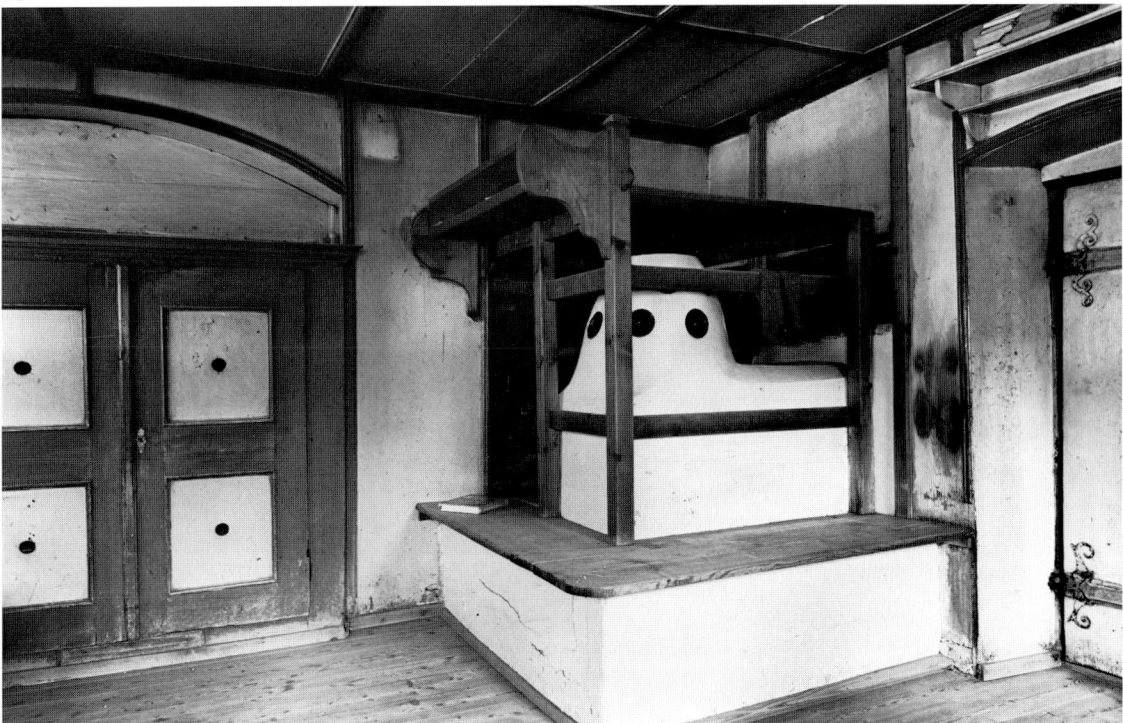

107 *Wildschönauhof Gwiggen aus Oberau, dat. 1625. Erbauungszeit aber angeblich 14. Jh. Mittelflurhaus mit längsangesetztem Stallteil. Flur mit zwei Feuerstellen und zwei Rauchabzügen.*
Kramsach, Museum Tiroler Bauernhöfe

108 *Küche mit Hühnergatter und offenem Herdfeuer. In der Vertiefung rechts ist das Glutloch. Neben dem Glutloch Ausguß für Wasser.*
Kramsach, Museum Tiroler Bauernhöfe

107 △

108 ▽

109 *Stube anschließend an Abb. 107, von dort beheizt der Hinterlader-Kachelofen mit drei Reihen Topfkacheln und Flachkacheln mit Hirschen. Hinter dem Ofen Höll mit zwei Liegemöglichkeiten.*
Kramsach, Museum Tiroler Bauernhöfe

110 *Zillertaler Sennhütte »Schroflaste« im Zillergrund, im First Jz. 1803. Mittelflurhaus mit giebelseitigem Eingang, eingeschossiger, teilweise unterkellerter Almwirtschaftsbau. Herdstelle mit Bänken zum Sitzen und Liegen, Funkenhut.*
Kramsach, Museum Tiroler Bauernhöfe ▷

111–113 *Bregenzerwälderhaus aus Schwarzenberg/Vorarlberg. Einfaches Feldergetäfel an Wänden und Decken. Das Sofa und die eingebaute Uhr zeigen hohe Wohnkultur und bäuerlichen Wohlstand. Daneben Schlafstube des Bauernpaares mit bemalten Möbeln.*
Stübing, Österreichisches Freilichtmuseum

114 △

115 ▽

zu Seite 90

114 *Haus von Ostermundigen, Gemeinde Bolligen »im Eichacker«, Berner Mittelland, Gruppenhof 1797 nach Brand wieder aufgebaut. Sandstein aus den Steinbrüchen bei Ostermundigen. Holzwerk des Wohnteils grauer Anstrich, von weitem Ansehen eines Steinhauses. Große Ründe. Hinter der Giebellaube vorgetäuschte Fenster und das imposante Gosteli-Wappen.*
Ballenberg, Schweizerisches Freilichtmuseum

115 *Haus von Madiswil 1709–1711, Stube im westlichen Wohnteil. Das ursprünglich zugehörige Büffet – eine große Seltenheit – in einfachen Formen das Büffet des 17. Jhs., als Verwahrmöbel und Schaumöbel für wertvolles Geschirr. Der Eßbereich mit großen Fenstern und nur kleinen Fensterflügeln.*
Ballenberg, Schweizerisches Freilichtmuseum

116 *Haus von Madiswil 1709–1711, Stube im östlichen Wohnteil des Doppelwohnhauses.*
Ballenberg, Schweizerisches Freilichtmuseum ▷

116 △   118 ▽

117 *Haus von Madiswil, Küche mit zwei Kochstellen, östlich Herdanlage mit Kochherd »Buuchherd« für das Kochen von Viehfutter, Kartoffeln und Wäsche. Großer Aschenbehälter zum Bereiten von Wäschelauge. Zwei Rauchabzüge in Keilform.*
Ballenberg, Schweizerisches Freilichtmuseum

118 *Haus von Madiswil »im Bemacher« am südlichen Dorfrand von Madiswil. Doppelhaus, an der Haustüre 1710. Blockbau. Um das Haus besonders hübsche Pflasterung, Kieselsteine in konzentrischen Kreisen.*
Ballenberg, Schweizerisches Freilichtmuseum ▷

120 △   121 ▽

119 *Haus von Ostermundigen, Kanton Bern, in der östlichen Wohnstube. Sofa, barocke Standuhr, Stickkissen. Ballenberg, Schweizerisches Freilichtmuseum*

120 *Haus von Madiswil, Aufhängevorrichtung für die Trokkenstangen über den Ofen (vgl. Abb. 122). Ballenberg, Schweizerisches Freilichtmuseum*

121 *Haus von Ostermundigen. Büffet in der östlichen Wohnstube, Oberteil mit geschnittenen Gläsern. In dem wohlhabenden Haus zunehmend städtisch-bürgerlicher Einfluß. Ballenberg, Schweizerisches Freilichtmuseum*

122 *Haus von Madiswil, östliche Stube, Sandsteinofen mit Trockenreck. Hinterlader vom Flur und Küchenherd zu heizen. Ofenwand aufgemauert.*
Ballenberg, Schweizerisches Freilichtmuseum

124 △   125 ▽

124, 125 *Bettkammer im Haus von Ostermundigen. Die Öfen aus den anliegenden Stuben ragen in die Kammer herein und heizen mit. Bettdecke in kunstvollen Mustern gehäkelt. Arbeit der Hausfrau und der Töchter.*
Ballenberg, Schweizerisches Freilichtmuseum

123 *Küchenbüffet im Haus von Ostermundigen mit eintürigem Kasten und Schüsselrehm, Küchengerät.*
Ballenberg, Schweizerisches Freilichtmuseum

126 *Haus von Ostermundingen, Stubenofen, grün gestriche-*
ner Sandstein mit Inschrift: »Christian Gosteli 1850«.
Ballenberg, Schweizerisches Freilichtmuseum

128 *Spülstein in der Küche im Haus von Ostermundigen (vgl.*
auch Abb. 123–126).
Ballenberg, Schweizerisches Freilichtmuseum

127 *Wasserbarometer (vgl. auch Abb. 126).*

130 *Haus von Adelboden, Kanton Bern, 1698 erbaut von Thomas Gyger, durch den Zimmermeister Jakob Pieren und den Wandknecht Peter Oester. Blockbau. Stube mit Schiebebetten. Trittofen aus Sandstein mit Schieferplatten belegt, Hinterlader.*
Ballenberg, Schweizerisches Freilichtmuseum

129 *Taunerhaus von Detligen, Berner Mittelland, Gemeinde Radelfingen (Tauner von Tagwaner = Tagesarbeiter, Taglöhner). Zweigeteilte Türe zum Gang und zur Küche.*
Ballenberg, Schweizerisches Freilichtmuseum

131 *Gefangene Schlafkammer im Haus von Adelboden.*
Ballenberg, Schweizerisches Freilichtmuseum

132 *Taunerhaus von Detligen, Trittofen, dat. 1806.*
Ballenberg, Schweizerisches Freilichtmuseum

133, 134 *Haus von Matten bei Interlaken, Kanton Bern, »im Baumgarten«, wahrscheinlich aus dem 17. Jh. Himmelbett in der Stube wie häufig in bescheideneren Haushaltungen. Stube mit Einrichtungen zur Wollverarbeitung.*
Ballenberg, Schweizerisches Freilichtmuseum

135 *Haus von Madiswil. Trittofen mit Kacheln verkleidet, manganfarbige Malereien, Sandsteinstützen.*
Ballenberg, Schweizerisches Freilichtmuseum ▷

133 △ 134 ▽

136 △

137 ▽

138 *Haustüre aus dem 18. Jh., Kanton Bern. Ahorn mit flacher Reliefschnitzerei.*
Bern, Historisches Museum

136 *Trittofen aus Sandstein im Haus von Matten, bez. 1845, Hans Sterchi, Elisabeth Roth. Durchblick in die Bettkammer.*
Ballenberg, Schweizerisches Freilichtmuseum

137 *Rauchküche mit großem Käskessel am »Turner«, dem Schwenkbalken im Haus von Matten. Neben dem Herd der Backofen.*
Ballenberg, Schweizerisches Freilichtmuseum

139 Kastenbett, »Gasteren«, bez. 1715, aus Diemtigen, Kanton Bern, Intarsien, verschiedene Hölzer. Lüftungen durch einfache Ausschnitte und zierliche Säulchen.
Bern, Historisches Museum

140 Schrank, bz. 1686, aus einer Stube aus dem Simmental mit Auflegearbeit in hell und dunkel. Türe mit dunklen Intarsien.
Bern, Historisches Museum

141–143 *Stube aus dem Thurgau, Schweiz, mit Jz. 1666. Völlig vertäfelt mit Kassettendecke. Auflegearbeit, Nußbaum, Intarsien. Am Büffet eingebauter Waschkasten, daneben Kredenz mit abgetrepptem Mittelteil zum Aufstellen von Prunkgeschirr, Ober- und Unterteil mit je zweitürigen Schränken. Die Vertäfelung der Stube mit tektonischem Aufbau, Halbpilastern mit Kapitellen. In der Türe Intarsien in geometrischem Muster.*
Nürnberg, Germanisches Nationalmuseum

142 △

143 ▽

144 *Aus der gleichen Stube wie Abb. 141–143, der Ofen mit der »Kunscht«. Grüner Kachelofen mit abgetreppter Sitzgelegenheit. Dazu vertäfelte Wand zur höchstmöglichen Wärmeausnützung.*
Nürnberg, Germanisches Nationalmuseum

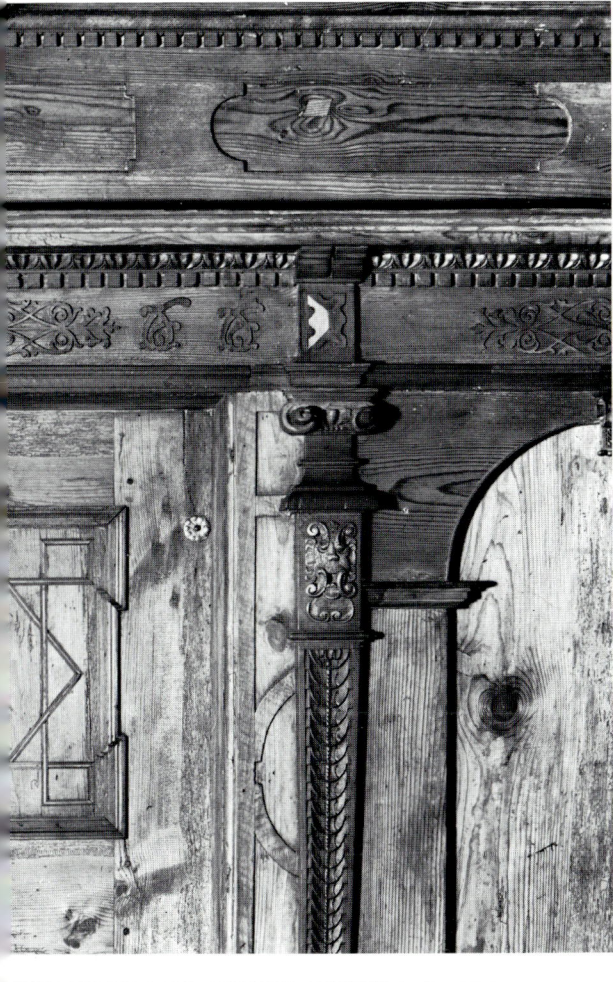

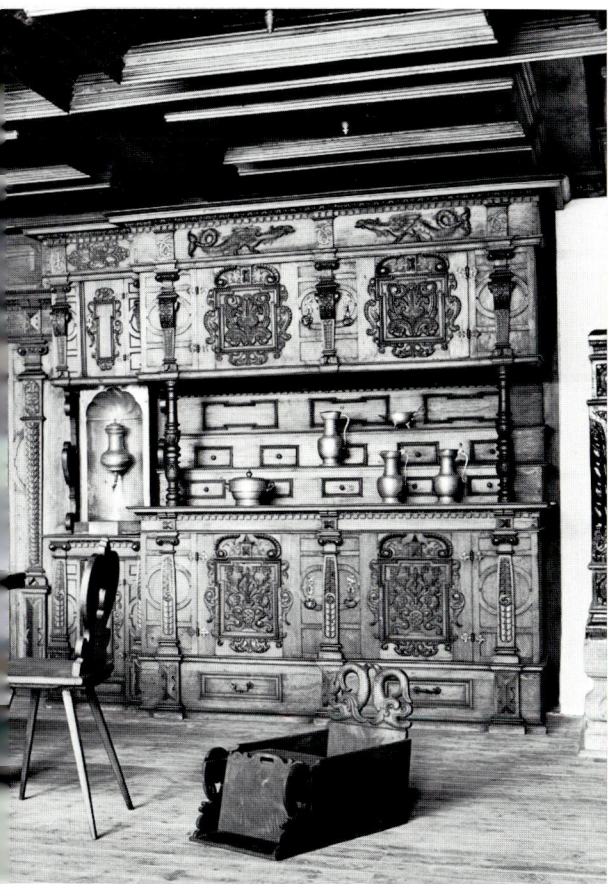

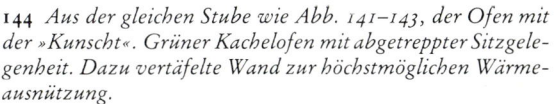

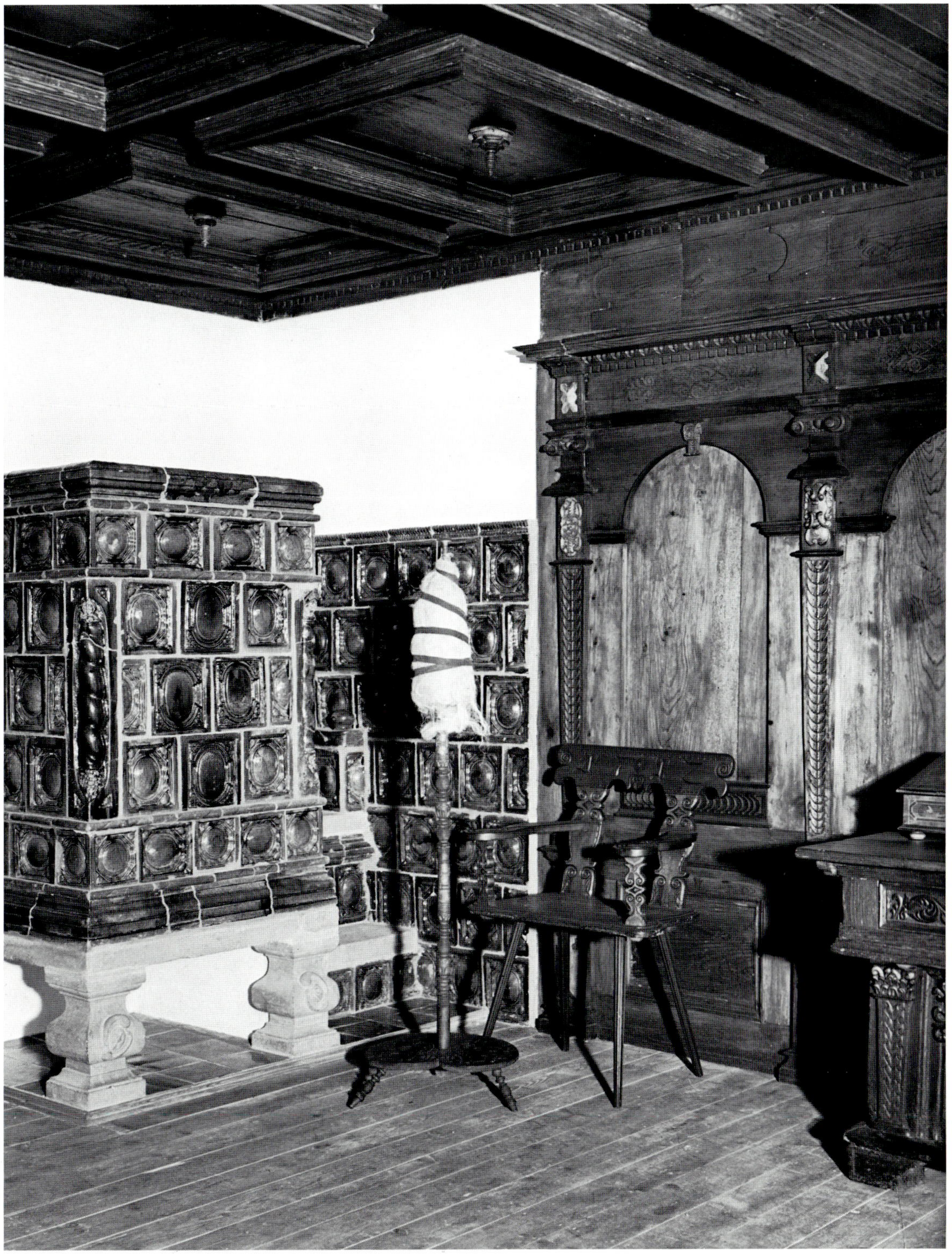

145 *Chesa Merleda, La Punt, Engadin, am Ufer des Inn.*

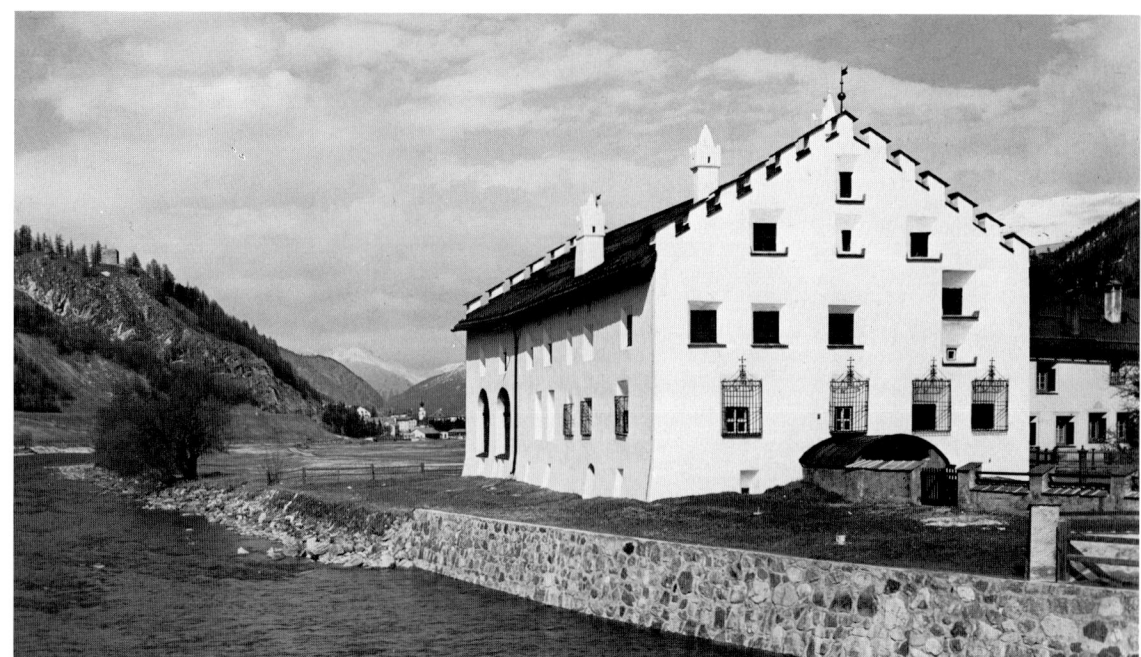

146 *Haus Juvalta, S-chanf, Engadin, aus der Prunkstube, Stüva sura, im Obergeschoß. Detail der Kassettendecke, Mittelstück als Vierpaß mit Wappen im Blattkranz, Arvenholz, gefirnißt (vgl. Abb. 159).*
Am Ursprungsort

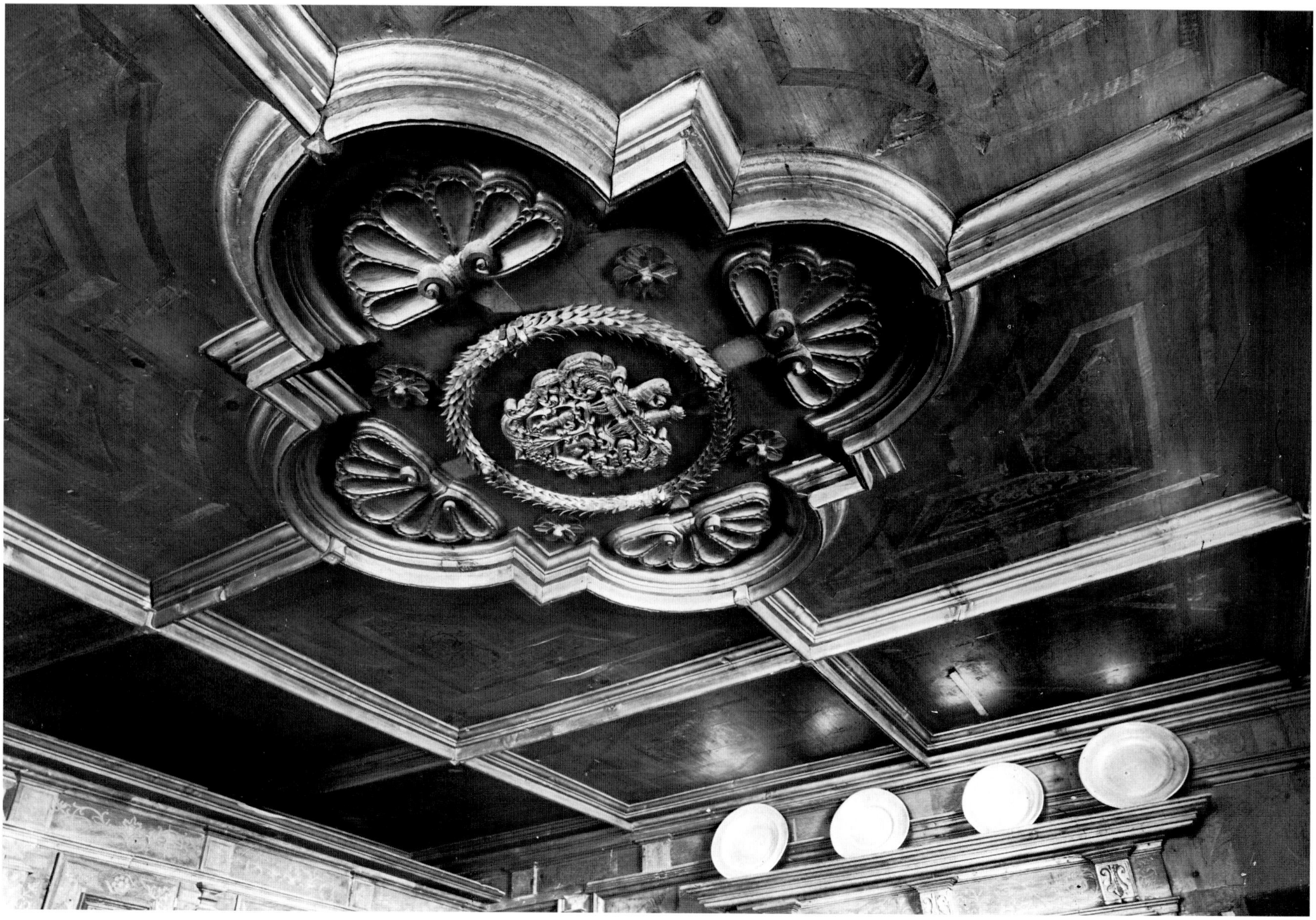

147 △

149 ▽

150 ▽

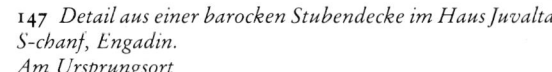

147 *Detail aus einer barocken Stubendecke im Haus Juvalta, S-chanf, Engadin.*
Am Ursprungsort

148 *Detail der Türe in der Stüva sura im Haus Juvalta (vgl. Abb. 159).*

149, 150 *Haus Juvalta, S-chanf, obere Stube. Details der Wandgliederung: Edelmann mit Federbusch und Wilder Mann mit Füllhorn (vgl. auch Abb. 159).*
Am Ursprungsort

151 △   152 ▽   153 ▽

154 *Barocker Stuhl mit drei Gesichtern aus dem Haus Juvalta in S-chanf.*
Am Ursprungsort

155 *Stüva sura in der Chesa Merleda, La Punt, um 1660. Vertäfelung mit architektonischer Gliederung, Rundbögen und Halbsäulen. Einfluß italienischer Renaissance, mit toskanischen Kapitellen. Reichgeschnitzte, kassettierte Decke.*
Am Ursprungsort

zu Seite 106
151, 152 *Schlafzimmer im Chesa Merleda in La Punt, Engadin, neben der Stüva sura. Schmale Stube mit Kassettendecke mit Sternen im Mittelpunkt, Blattwerk in den Ecken aus verschiedenfarbigen Hölzern. Über der Türe Jz. 1649.*
Am Ursprungsort

153 *Oberer Flur, als Sommerstube in der Chesa Merleda, La Punt (vgl. auch Abb. 145).*
Am Ursprungsort

156–159 *Stüva sura im Haus Juvalta, S-chanf, Engadin, um 1670. Prächtig verzierte obere Stube. Am Ursprungsort*

160 *Chesa Merleda, La Punt, Engadin, für die Landschaft typischer abgetreppter Ofen mit Kuppel über achtseitigem Aufsatz, gelb-grüne Marmorierung auf weißem Grund (vgl. Abb. 145, 151–153, 155). Vertäfelung dunkel gefirnißt.*
Am Ursprungsort

161–164 *Stüva sura aus Sent Haus Pool, dat. 1723. Auffallend helles Arvenholz, wird gewöhnlich 1–2mal im Jahr mit Bimsstein und Sand gereinigt und geschruppt. Ganz vertäfelt, reiche Holzschnitzerei, tiefe Fensterlaibungen. Kachelofen lebhaftes Grün mit Darstellung der Erdteile Amerika und Afrika, dazu Heiligenfiguren, St. Petrus, St. Andreas, Christus mit Assistenzfiguren, gedrechselte und geschnitzte Ofenstangen. Türe mit Intarsien, Ränder wie mit Brandmalerei, schwarz umrandet. Lisenen mit Kapitellen tragen Fries mit Eierstab. Auflagen auf der Decke aus profilierten Leisten, Fries mit Fabeltieren. Mittelstück in der Decke vertieft eingelassen mit Profilleisten. Im Büffet herausklappbare Schreibplatte.*
Heute Chesa Planta, Samedan, Engadin

162 △

163 △

164 ▽

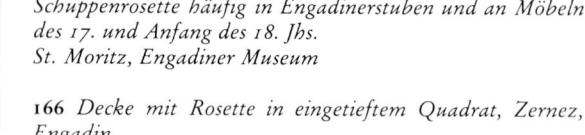

165 *Decke der Prunkstube aus dem Hause der Familie a Marca in Mesocco, Graubünden, Schweiz, dat. 1691. Kleine und große Rosetten in der tief eingelegten Kassettendecke. Die Schuppenrosette häufig in Engadinerstuben und an Möbeln des 17. und Anfang des 18. Jhs.*
St. Moritz, Engadiner Museum

166 *Decke mit Rosette in eingetieftem Quadrat, Zernez, Engadin.*
Am Ursprungsort

165 △   166 ▽

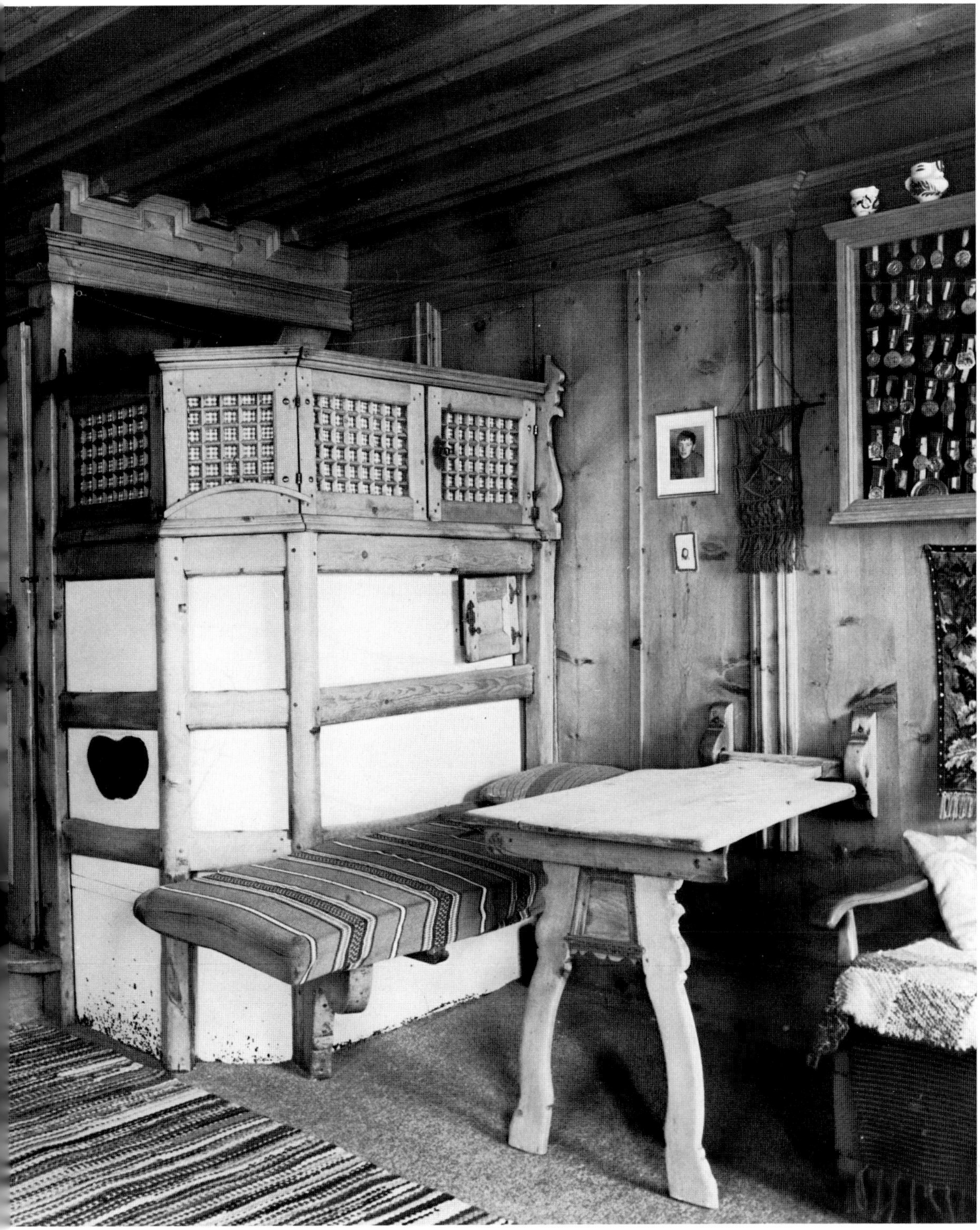

167, 168 *Haus 44 in S-chanf, Engadin. Großer Ofen mit gemauertem Unterteil, durchbrochener Aufsatz aus Holz. Gutschibett mit Klapptisch davor. Neben dem Ofen mit Türe verschließbare Treppe zum Obergeschoß, Zugang vermittels einer Falltüre. Alter der Stube ca. 1650–1700.*
Am Ursprungsort

169 *Schlafkammer im Obergeschoß des Hodererhofs aus Kochel, Lkr. Bad Tölz. Unverputzter Blockbau, Doppelbett mit durchbrochenen Aufsätzen.*
Murnau, Oberbayerisches Freilichtmuseum an der Glentleiten

170 Wohnstube im Hodererhof. Gemauerter Ofen mit Gupf und grünen Kacheln. Ofen mit gemauertem Erdgeschoß direkt an die Wand gerückt (vgl. Abb. 171).

171 Hodererhof von 1775 aus Kochel. Vermutlich schon älterer Bestand. Rauchküche ohne Kamin, gemauerter Rundbogen zum Auffangen des Funkenfluges mit Holzverschalung. Neben dem Herd in Tischhöhe Backofen. Offener Dachstuhl. Eßplatz für das Gesinde, im Sommer vermutlich auch für die Bauernfamilie. Bodenbelag aus Back- und Bruchsteinen.
Murnau, Oberbayerisches Freilichtmuseum an der Glentleiten

172 Mesnerhof zum Kramer aus Siegertsbrunn, Lkr. München. Türe ehemals beim Dorfkramer in Großweil, Ende 18. Jh.
Murnau, Oberbayerisches Freilichtmuseum an der Glentleiten

170 △

171 ▽

173 *Hodererhof von 1778, Hof mit zwei Eingängen, an der Trauf- und an der Giebelseite. Tennenauffahrt, auf drei Seiten umlaufender Balkon.*
Murnau, Oberbayerisches Freilichtmuseum an der Glentleiten

174 *Deichhäusl aus Höfen bei Arzbach, Lkr. Bad Tölz, 17./19. Jh. Ursprünglich Weberhäusl. Zustand des 19. Jhs. Blockbau, im 19. Jh. verputzt.*
Murnau, Oberbayerisches Freilichtmuseum an der Glentleiten

175 *Stube im Hodererhof, Kommode mit drei Schubladen, Ausstattung 19. Jh. Möbel nicht mehr in die Wand eingelassen.*
Murnau, Oberbayerisches Freilichtmuseum an der Glentleiten

176 *Deichhäusl aus Höfen bei Arzbach. Ofen mit geflammten Kacheln, Neuanfertigung nach alten Vorbildern.*
Murnau, Oberbayerisches Freilichtmuseum an der Glentleiten

175 △   177 ▽   176 △   178 ▽

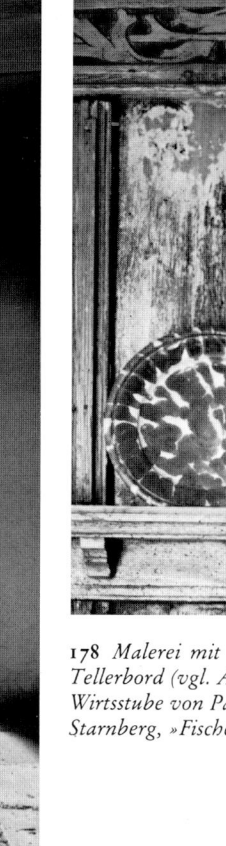

178 *Malerei mit Rundbogen und spätgotischem Fries über Tellerbord (vgl. Abb. 211), ähnlich geschnitztem Fries in der Wirtsstube von Patsch (Abb. 104).*
Starnberg, »Fischerhäusl«, Heimatmuseum

177 *Deichhäusl, 17./19. Jh. Kuchl mit kleinem Flur, eingebauter Schrank. Rauchkutte.*
Murnau, Oberbayerisches Freilichtmuseum an der Glentleiten

179–182 *Schieblhof aus Tyrlbrunn bei Trostberg, dat. 1691, mit Blockbau, im Obergeschoß zwei Räume mit Malereien auf leichtem Verputz:*
179 Jagdszene mit Jäger, Hirsch, Hund, Hase und Fuchs, daran anschließend, hier nicht sichtbar, St. Sebastian.
180 Schiebefenster, Bordüre mit Engelsköpfen, Renaissance- und Barockornamenten.
181 Fries mit der Legende von St. Georg und der erretteten Königstochter.
182 Fries mit St. Florian, der Wasser auf ein brennendes Haus gießt, daneben St. Bartholomäus, St. Ursula.
Murnau, Oberbayerisches Freilichtmuseum an der Glentleiten

179 △   180 ▽

183 △   184 ▽   185 △   186 ▽

183–188 »Probstbauernstube« aus Fischhausen, Amtsstube des Probstes Hans Rechtaler, 1669 im Obergeschoß seines Bauernhauses eingebaut. Der Probstbauer war der Verwalter der Schlierseer Güter des Stifts zu Unserer Lieben Frau in München.
183 Jahreszahl in der Bekrönung der Türe.
184 Fensterbekrönung, aufgelegte Holzornamente wie Laubsägearbeit.
185 Türschloß mit Bandornamentik und Gesichtern.
186 Waschbecken, auf der Zinnkanne HR 1644.
187 Kachelofen in der Probstbauernstube, bez. 1561, mit religiösen Darstellungen, Sündenfall, Gnadenstuhl, Jüngstes Gericht, vom Hafner in Urtbach.
188 Detail vom unteren Teil des Kachelofens auf gemauertem Podest mit Sündenfall, Gnadenstuhl, Jüngstes Gericht, darüber die Immaculata auf der Mondsichel. Alle Darstellungen von Rundbogen mit Spruchwerk überwölbt.
München, Bayerisches Nationalmuseum

187 △   188 ▽

189 *Haus Schnapping, Lkr. Laufen, Auslauf für die Hühner vom Hühnergehege in der Stube.*
Amerang, Bauernhausmuseum

190 *Mesnerhof zum Kramer aus Siegertsbrunn, Lkr. München. Dunkelgrüner Ofen mit Topfkacheln, Kommode mit drei Schubladen, Aufsatz mit verglasten Türen, 19. Jh.*
Murnau, Oberbayerisches Freilichtmuseum an der Glentleiten

189 △

190 ▽

191 *Haus Schnapping, Lkr. Laufen, 17. Jh. Hausflur mit Blick in die Wohnstube, rechts großer Wasserbehälter, am Eingang Platte mit Jz. 1796, möglicherweise Datum einer Renovierung, Haus bis 1975 bewohnt.*
Amerang, Bauernhausmuseum

192 *Haus Schnapping, Wohnstube mit Kachelofen und Wasserbehälter, korrespondierend mit Behälter im Vorplatz (vgl. Abb. 191). Türsturz mit Kielbogen.*
Amerang, Bauernhausmuseum

193–196 *Haus Schnapping, Lkr. Laufen:*
193 Fliegenfänger in Gebrauch von den Alpen bis Schleswig-Holstein.
194 Feierabend mit Bierkrug und Zither.
195 Stube mit Hühnergatter (vgl. Abb. 189), Fugen im Blockbau mit Werg gedichtet.
196 Sofa und Spucknapf, Aufklappen des mit Sand gefüllten Kistchens durch Herunterdrücken des Knopfes.
Amerang, Bauernhausmuseum

193 △

194 ▽

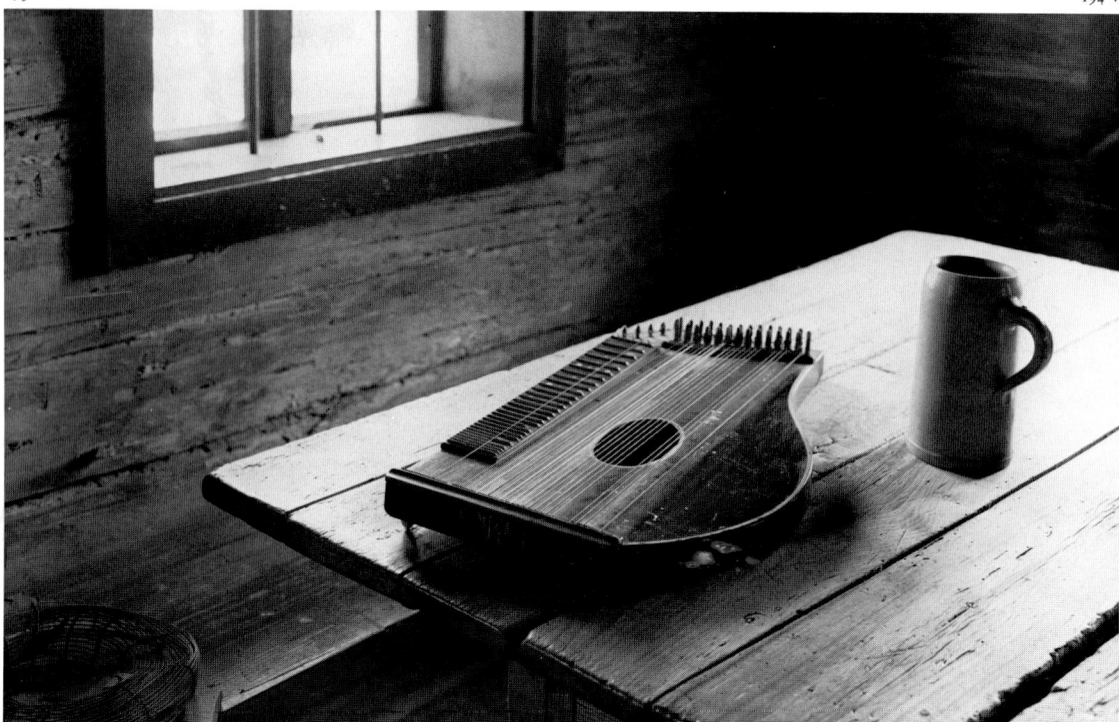

197 *Haus Schnapping, Lkr. Laufen. Im Obergeschoß Schlaf-*
kammer der Eheleute, Nachtstuhl, älterer eintüriger Kasten
mit neuer Bemalung von 1832.
Amerang, Bauernhausmuseum

198 *Haus Schnapping, Kastenbett, Maße 180×128×137 cm.*
Schwarze Schablonenmalerei.
Amerang, Bauernhausmuseum

200–202 *Stube des Anton Perthaler (1740–1806), Kistler und Maler in Milbing bei Degerndorf im Inntal, mit bemalter Decke und dem bekannten zweitürigen Schrank. Der Raum durch die Museumsaufstellung höher als in den Bauernhäusern. Über der Türe das Monogramm des Malers und die Jahreszahl 1785. An der Türe zwei Felder mit Darstellung der Jahreszeiten Herbst und Winter.*
München, Bayerisches Nationalmuseum

zu Seite 129
203 *Betthimmel von Anton Perthaler, dat. 1781, Maße 137 × 199 cm, mit drei brennenden Herzen, Jesus, Maria und Josef.*
Nürnberg, Germanisches Nationalmuseum

203

◁ 204 *Stube von 1842. Vertäfelung bis zum Fensteransatz.*
Gemauertes Erdgeschoß.
Schliersee, Heimatmuseum

205, 208 *Im Obergeschoß Blockbau mit zwei Schlafkam-*
mern und Himmelbetten eingerichtet. Vor einem Bett Ein-
steigtruhe, die auch als Kinderbett dienen kann. Betten aus
der Gegend, älter als Stube, 2. H. 18. Jh.
Schliersee, Heimatmuseum

206 *Rauchküche, tischhoher Herd, Feuerloch für Stuben-*
ofen, Eßplatz.
Schliersee, Heimatmuseum

207 *Wandkästchen (vgl. Abb. 204) auf der Bank etwa in*
Fensterhöhe, hier die hl. Familie Selbdritt, Flucht nach
Ägypten.
Schliersee, Heimatmuseum

205 △

206 ▽

207 △

208 ▽

131

209, 210 *Schlafkammer mit zwei Betten, Kommode und Glasschrank als Aufsatz, zwei zweitürige Kleiderschränke aus Obstädt, Lkr. Ebersberg, aus der Werkstatt des Balthasar Gaßner und seiner Nachfolger in Obstädt. Es handelt sich zweifellos um eine Brautausstattung eines sehr wohlhabenden Anwesens, die für die »Gute Stube« bestimmt war, ähnlich der »Hohen Stube« aus dem Traunviertel. Geschnitzt und farbig gefaßt. Auf den Fußbrettern der Betten Landschaften, auf den Kleiderschränken Heilige und Früchte. Um 1850.*
Wasserburg, Heimatmuseum

211 *Kammer mit Ehebett im Obergeschoß des Fischerhäusls, im sog. Herrenstock mit Resten von Wandmalerei (vgl. auch Abb. 178).*
Starnberg, Heimatmuseum

212 *Wohnstube mit Ausblick in eine Weberstube mit Bett. Ehemals vielleicht Austragsstube. Kachelofen mit Hühnergehege. Eßplatz am Ofen für die Bauersleute, vielleicht auch für den Austragsbauern, möglicherweise auch Knechtstisch. Die Regelung in den einzelnen Haushalten auch verschieden gehandhabt. Stiege zum Obergeschoß, dem sog. Herrenstock.*
Starnberg, »Fischerhäusl«, Heimatmuseum ▷

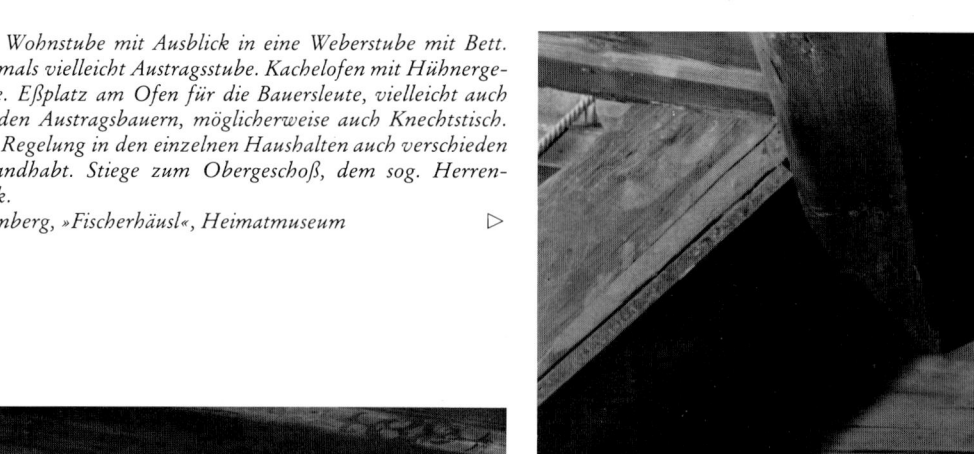

213, 215 *Himmelbett von 1838 mit den Zeichen Mariae im Kopfteil und dem Zeichen von Jesus im Strahlenkranz an der Decke, im Herrenstock des Fischerhäusls. Seitlich, an den Langseiten ursprünglich längere Gardinen.*
Starnberg, »Fischerhäusl«, Heimatmuseum

214 *Zweitüriger Schrank in schlichter Malerei und Schnitzerei, 1. H. 19. Jh.*
Starnberg, »Fischerhäusl«, Heimatmuseum ▷

214 △

215 ▽

216 *Vierseithof im Innviertel.*

217 *Herrgottswinkel mit Hinterglasbildern auf der ungestrichenen Blockwand, Schüsselrehm und Bord unter der Decke zum Ablegen verschiedener Gegenstände, in der Tischlade das Tischtuch, um die Löffel direkt nach Gebrauch abzulegen. Sehr einfach, kaum datierbar, vielleicht noch 17. Jh., besonders große Stube (6,5–7 m).*
Lindberg, Bauernhausmuseum, Niederbayern, Bayer. Wald

218 *Schlafstube neben der Ofenstube. Möbel aus verschiedenen Gegenden des Bayerischen Waldes. Bett datiert 1835. Lindberg, Bauernhausmuseum, Niederbayern, Bayer. Wald* ▷

219 *Brauner Kachelofen, Antritt aus Ziegeln, Ofenwand mit Bruchsteinen aufgemauert, Antritt wie Ofenwand aus Feuersicherheit häufig in der Gegend. Lindberg, Bauernhausmuseum*

220 *Webstuhl aus der Wegscheider Gegend, 17./18. Jh. Zum Weben von Fleckerlteppichen. Lindberg, Bauernhausmuseum* ▷

222 *Käsküche aus der St. Ulrichsölde, Sonderraum neben der Küche, häufig im Allgäu. Käsekessel aus Kupfer, verschiedene Gerätschaften zum Buttern und zur Käserei. Illerbeuren, Bauernhofmuseum*

223 *Küche aus der St. Ulrichsölde, die Seiten des Herdes ausnahmsweise verkachelt. Illerbeuren, Bauernhofmuseum*

224 *Aufgedoppelte Sterntüre, 18. Jh.*
Illerbeuren, Bauernhofmuseum

225 *Kammer aus der St. Ulrichsölde, Himmelbett von 1820,*
mit Herz Jesu, Herz Mariae, im Betthimmel die Heilig-
Geist-Taube. Die Vorhänge an den Langseiten des Bettes zu
kurz.
Illerbeuren, Bauernhofmuseum

226 *Kupfermodel und Pfannen, Salzfaß.*
Kaufbeuren, Heimatmuseum

227 △   228 ▽

227 *Beim »Wagner«, ehemals St. Ulrichsölde, früher Orts-*
vorsteherhaus, Wagnerei bis 1900, doppelflügeliges Adlertor.
Illerbeuren, Bauernhofmuseum

228 *Haustüre mit »Auge Gottes« in Rokokorahmen, St.*
Ulrichsölde beim »Wagner«.
Illerbeuren, Bauernhofmuseum

229 *Der Uttenhof, Pfründnerhaus, gemauerter Kuppelofen und Wärmeloch in der Decke, »Heizung« für die darüberliegende Kammer.*
Illerbeuren, Bauernhofmuseum

230 *St. Ulrichsölde, beim »Wagner«, Kachelofen mit Jagdszenen, Personengruppen, Vasen, Laubgehängen, Sofa aus dem Donautal, »Großvaterstuhl«, Schwarzwälder Uhr, Ofenplatte mit Kreuzigung, nicht ursprünglich zur Einrichtung gehörig.*
Illerbeuren, Bauernhofmuseum

232 △

234 ▽

231 *Eggentaler Bauernstube, Ostallgäu, aus der Werkstatt des Schreiners und Malers Franz Xaver Boos in Baisweil, urkundlich 1816, Biedermeier, Tisch von 1791.*
Kaufbeuren, Heimatmuseum

232 *Eckschrank aus der St. Ulrichsölde, auf der Türe St. Josef, Biedermeier, 1. H. 19. Jh.*
Illerbeuren, Bauernhofmuseum

233 *Kommode mit Apothekenschränkchen als Aufsatz, St. Ulrichsölde.*
Illerbeuren, Bauernhofmuseum

234 *Aus der Eggentaler Bauernstube, biedermeierlicher Eckschrank (vgl. Abb. 231).*
Kaufbeuren, Heimatmuseum

235 *Schwarzwaldhaus in Präg bei Bernau.*

236 *Lorenzerhof, Kinzigtäler Schwarzwaldhaus. Wiege in der Schlafkammer der Bauersleute.*
Vogtsbauernhof, Schwarzwälder Freilichtmuseum

237 *Eßecke für den Alltag in der Stube des Vogtsbauernhofes. Durchreiche zur Küche, große Fenster mit kleinen Schiebefenstern.*
Vogtsbauernhof, Schwarzwälder Freilichtmuseum

238 *Hippenseppenhof, Kachelofen mit angebauter »Kunst«, Hinterlader, »Künscht« – Nebenofen mit einer Bank von Rauchkanälen, »Zügen«, durchlaufen. Im Ofenloch Säckchen mit Kirschkernen als Bettwärmer, »Ofestängli«, »Lädeli«, die Durchreiche zur Küche.*
Vogtsbauernhof, Schwarzwälder Freilichtmuseum

239 *Lorenzerhof, Wohnstube mit Geschirrschrank und Truhe, Schwarzwälder Uhr, keinerlei Heiligenbilder. Vogtsbauernhof, Schwarzwälder Freilichtmuseum*

240 *Der Vogtsbauernhof, schmuckloser Tischwinkel, große Fenster mit Schiebern, Stuhl mit Lehne für den Hausherrn. Vogtsbauernhof, Schwarzwälder Freilichtmuseum*

241–243 *Gußeiserner Ofen von 1770 mit Doppeladler und Blattranken im unteren Teil, im Aufsatz Christian Keppler, Anna Barbara Keppler. Ofenwandplättchen von Johann Georg Dompert um 1840. Volkstümliche Darstellungen, zum Teil derbes, ermahnendes Spruchwerk:*
»Ich bin geloffen über berg und thal,
hab untreu funden überall
Der mensch fährt hin aus dieser welt
gleich wie die blumen ab dem feld
was steht ihr da zu gaffen,
geht heim zu eure sachen« usw.
Die Wand hinter dem Ofen ist signiert mit »diese blättelein hat gemacht Johann Georg Dompert, Hafner zu Sinolzheim 1849«, weiter oben stehen die Namen der Auftraggeber Jakob Friedrich Dürr und seine Ehefrau Elise.
Calw, Heimatmuseum

244 *Schwarzwälder Uhr, in der Bekrönung Doppeladler, Pferdegespann für Rottverkehr. Bezeichnet »Johanes Strohm 1827«.*
Stuttgart, Württembergisches Landesmuseum

zu Seite 151
245 *Lorenzerhof, Kinzigtäler Schwarzwaldhaus. Tischwinkel diagonal zum Ofen. Herrgottssäule mit Rosenkranz, Hinterglasmalereien mit Trinitas und Ecce Homo, Kinzigtal katholische Gegend.*
Vogtsbauernhof, Schwarzwälder Freilichtmuseum

246 *Schwarzwälder Uhrmacherwerkstatt mit bäuerlichem Kachelofen, gemauertem Unterteil, Reliefkacheln, Topfkacheln im Aufsatz.*
Furtwangen, Historische Uhrensammlung, Heimatmuseum

247 *Bauernstube aus dem Dreisamtal bei Freiburg. Schlichte Vertäfelung, Bretterboden, Holzdecke mit schmalen Leisten und starkem Unterzug.*
Am Ursprungsort ▷

248 *Schlafkammer mit einfacher Vertäfelung im Schnieder-*
lihof.
Hofsgrund-Schauinsland, Heimatmuseum   ▷

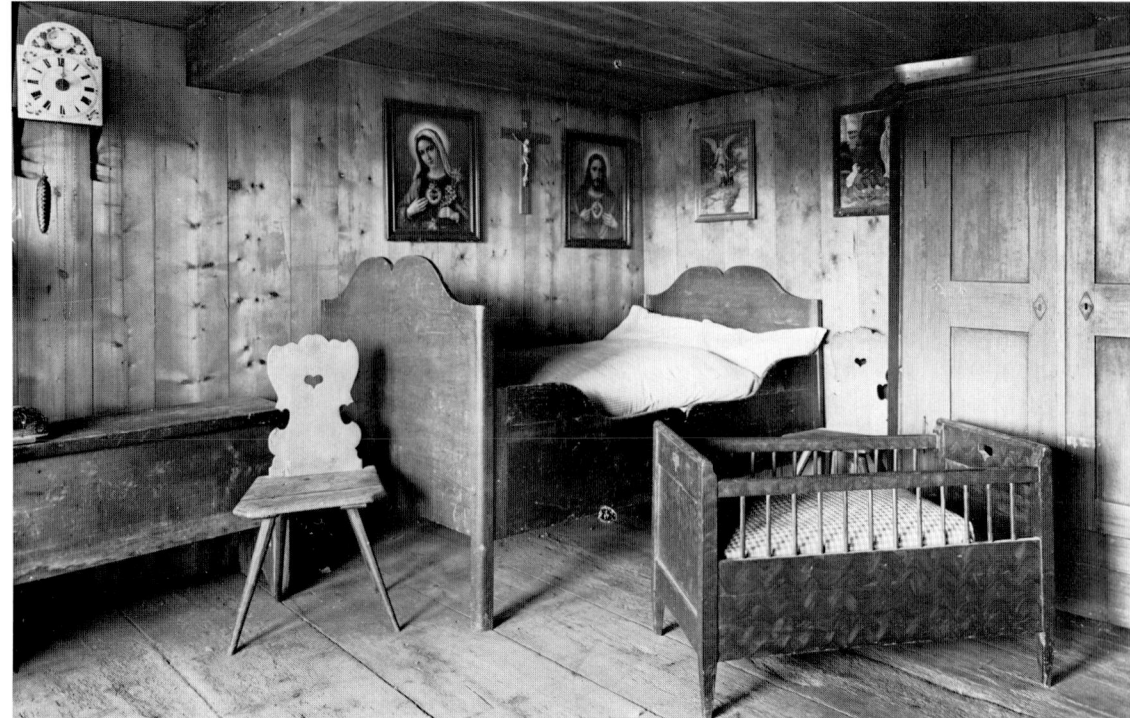

249 *Gußeiserner Kanonenofen, wie häufig in einfacher*
Form im Elsaß zu finden. In vier Rinden Fabelwesen, aus
Wasseralfingen.
Zell am Harmersbach, Heimatmuseum

250 *Vertäfelte Schlafstube mit Himmelbett.*
Zell am Harmersbach, Heimatmuseum

248 △   250 ▽

251 *Fliegenfänger und Petroleumlampe (vgl. Abb. 252).*

252 *Vertäfelte Wohnstube im Schniederlihof, die »Stub«, kleine Schiebefenster.*
Hofgrund-Schauinsland, Heimatmuseum

253 *Stube mit Herrgottswinkel und Rosenkranz, Madonna in Nische, vierteilige Fenster, glatte Vertäfelung.*
Zell am Harmersbach, Heimatmuseum

251 △ 252 △ 253 ▽

254 △ 255 ▽ 256 △ 257 ▽

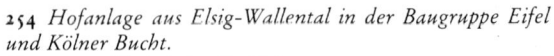

254 *Hofanlage aus Elsig-Wallental in der Baugruppe Eifel und Kölner Bucht.*
Kommern, Rheinisches Freilichtmuseum

255 *Vorratskammer, Kuchengestell mit Kuchenbrettern, Brottragegestell mit Brotkörben.*
Tann/Rhön, Heimatmuseum

256 *Gußeiserner Ofen mit Jugendstil-Ornamenten mit »Spandeise«, Trockenstangen.*
Tann/Rhön, Heimatmuseum

257 *Gesindekammer mit geschnitztem und bemaltem Bett.*
Tann/Rhön, Heimatmuseum

258 *Schlafstube mit Vorhangbett mit langen Gardinen, daher der Name »Gardinenpredigt«.*
Tann/Rhön, Heimatmuseum

259 *Schlafkammer des niederrheinischen Hallenhauses aus Korschenbroich, Kreis Neuß. Das Fachwerk des 17. Jhs. im Raum noch sichtbar.*
Kommern, Niederrheinisches Freilichtmuseum

261 *Feuerstätte in dem Haus aus Korschenbroich. Vor der in die Wand eingelassenen gußeisernen Kaminplatte »Taken«, dreiteiliger Kesselhaken.*
Kommern, Niederrheinisches Freilichtmuseum ▷

260 *Gestickte Tagesdecke auf einem Bauernbett aus der Rhön.*
Tann/Rhön, Heimatmuseum

262 *Herd in dem Haus Bonn-Kessenich aus dem Jahre 1616. Dreiteiliger Kesselhaken. Treppe zum Obergeschoß. Kommern, Niederrheinisches Freilichtmuseum*

263 *Stube aus dem Haus Bilkheim, Kreis Montabaur, Baugruppe Westerwald-Mittelrhein. Fachwerkbau von 1687. Kommern, Niederrheinisches Freilichtmuseum*

264 *Haus aus Elsig von 1719, Baugruppe Eifel und Kölner Bucht, neben dem gußeisernen Herd Einschubloch für die Beschickung des Hinterladers in der Stube, darüber Löffelbrett »Gott schütze unser Heim 1771«. Kommern, Niederrheinisches Freilichtmuseum*

262 △

263 ▽ 264 ▽

265, 268 *Winzerstube aus Sulzfeld, Ende 16. Jh. Wandverkleidung aus bemalten Fichtenholzdielen und Einbauschränken. Ehemals Trink- und Feststube eines Winzers. Auf einer Seite geraffter Vorhang, illusionistisch an einer Stange aufgehängt. Darüber an zierlichen, dünnstieligen Ranken Trauben. In Arabesken die Brustbilder von Heiligen, vermutlich Johannes der Täufer und St. Kilian, der Schutzpatron der Winzer, und andere nicht mehr deutbare Figuren im Halbprofil. Die Balkendecke mit Unterzug bemalt mit Rankenwerk und Arabesken. Farben schwarz, rot, grün, auf weißem Untergrund. Einrichtung nicht ursprünglich zugehörig. Würzburg, Mainfränkisches Museum*

266, 271 *Mittelfränkische Bauernstube. Ofen von 1804, im Empirerahmen Frauenköpfe im Profil. Steinsockel von 1701. Lehnstuhl von 1766. Flachschnitzerei Löwen mit Doppeladler. Trennwand mit durchbrochenem Aufsatz; zwischen dieser Stube und der Schafstube, dem »Cabinettl«. Von Schreinermeister Michael Gerbing (1750–1830) von Breitenau bei Feuchtwangen die Stühle und der Schreibschrank. Feuchtwangen, Heimatmuseum*

267 *Lehne eines mittelfränkischen Brettstuhles mit stilisiertem Doppeladler, Jahreszahl 1796 und Monogramm IMB. Feuchtwangen, Heimatmuseum*

266 △

267 ▽

269 *Fränkische Stube in Mittel- und Oberfranken ehemals anzutreffen. Das Kabinett der Alkoven wird vom Kachelofen mit beheizt. Die Trennwand vom Alkoven zur Stube wie allgemein mit durchbrochenem Aufsatz.*
Aufnahme von 1926, ehemals Tauchersreuth, heute abgebrochen

270 *Mittelfränkische Stube mit Pos (Alkoven, Cabinettl) weiß gestrichen.*
Aufnahme von 1926, ehemals Velden a. d. Pegnitz, heute abgebrochen

268 △   269 ▽   270 △   271 ▽

273, 274 *Schrank von 1820 (Museumsaufstellung) und Detail. Lebhafte Farben, elegante Paare nach Modekupfern, bezeichnend für das Egerland. Kinderbetten mit Kästen auf langen schrägstehenden Beinen nur für die Oberpfalz und das Egerland bezeugt.*
Nürnberg, Germanisches Nationalmuseum

272 *Egerländer Bauernstube. Blockbau. Grüner Kachelofen mit Hirschen in flachem Relief, vor dem Ofen eingemauerte eiserne Wasserbehälter. Über den Trockenstangen Warmluftloch.*
Nürnberg, Germanisches Nationalmuseum

275 *Stube aus dem Egerland. An der Türseite Geschirrbank.
Darunter Gehege für Hühner mit aufziehbarem Mittelteil.
Auslauf durch die Küchentüre. Beliebteste Farbe im Eger-
land blau, die meisten Möbel seit dem 18. Jh. bemalt.
Nürnberg, Germanisches Nationalmuseum* ▷

276, 277 *Aus dem Unterhaseler Bauernhaus, Thüringen, 17./18. Jh. Schlafkammer mit bemaltem Himmelbett und Truhe. Ofenecke, Ofen aus grünen Topfkacheln. In der Vertäfelung Ofenwand auf zwei Seiten ausgespart. Klapptisch am Ofen wie auch in anderen Landschaften. Ausblick in die Schlafstube. Hohe Türschwelle.*
Rudolstadt/Thüringen, Heimatmuseum

Niederdeutsche Stuben

Westfalen und Niedersachsen

278 △

279 ▽

278 *Ammerländer Bauernhaus, Fachwerk ausgefacht mit Backsteinen. Halbwalm mit Eulenloch im Schopf, für die Eulen zum Mäusefang ausgespart.*
Bad Zwischenahn, Ammerländer Bauernhaus, Heimatmuseum

279 *Stube mit ovalem Klapptisch, Bettbutzen und Glasschrank. Der Glasschrank aus städtischem Bereich übernommen, von Landtischlern in der 1. H. 19. Jh. hergestellt.*
Cloppenburg, Museumsdorf, Freilichtmuseum bäuerlicher Kulturdenkmale

280 *Im Quatmannshof, ältester Teil, drei hintereinander gestaffelte Bettbutzen (Durken).*
Cloppenburg, Museumsdorf, Freilichtmuseum bäuerlicher Kulturdenkmale

281 *Hof aus dem Mindener Land, Nordrhein/Westfalen, Döns mit Wandbetten, um 1780. Eiche zum Teil farbig gefaßt, gußeiserner Ofen von 1830, Hinterlader.*
Detmold, Westfälisches Freilichtmuseum

282 *Aus einer niederdeutschen Stube mit Bettbutze und Ohrenbackenstuhl am Kanonenofen, Niederrhein.*
Kommern, Niederrheinisches Freilichtmuseum

280 ▽   281 △ 282 ▽

283 *Schlafstube im niedersächsischen Bauernhaus. Im 19. Jh. freistehendes Bett, kein Schrankbett mehr.*
Detmold, Westfälisches Freilichtmuseum

284 *Truhe, Artland/Niedersachsen, Ende 18. Jh., in einer Bettkammer.*
Detmold, Westfälisches Freilichtmuseum

285 *Flett im niedersächsischen Bauernhaus. In Quadraten verlegtes Pflaster aus Kieselsteinen. Eßtisch im Siddel und Eingang zur Döns. Fachwerk.*
Celle, Bomann Museum   ▷

286 *Flett aus der Gegend von Diepholz, Niedersachsen, 17./18. Jh. Pflaster aus Kieselsteinen, Eßplatz im Siddel, Wandbetten durch Türen verschließbar. Fensterbierscheiben.*
Nürnberg, Germanisches Nationalmuseum

287 *Reck für Schinkenbretter und Löffel, am Eßplatz ange-bracht.*
Detmold, Westfälisches Freilichtmuseum

288 *Herdstelle, ebenerdig Wendebaum mit verstellbaren Kesselhaken, Feuerbock und Feuerstülpe. Erneuerter Funkenhut mit Pferdeköpfen. Rauch zog gegen den Dachstuhl ab. Attrappen von Fleisch- und Wurstwaren.*
Nürnberg, Germanisches Nationalmuseum

287 △

288 ▽

zu Seite 170, 171
290 *Butze und gußeiserner Ofen (vgl. auch Abb. 279, 280).*
Cloppenburg, Museumsdorf, Freilichtmuseum bäuerlicher Kulturdenkmale

291 *Flett im Ammerländer Bauernhaus, Funkenhut mit stilisierten Pferdeköpfen, ebenerdige Feuerstelle, Fußbodenbelag des Flett mit Ziegelsteinen, Diele gestampfter Estrich (vgl. Abb. 278).*
Bad Zwischenahn, Ammerländer Bauernhaus, Heimatmuseum

292 *Funkenhut mit Jz. 1756 (Detail aus Abb. 291).*

293 *»Middeldöns«, Wohnstube mit Bett wie häufig bei kleineren Hauswesen.*
Bad Zwischenahn, Ammerländer Bauernhaus, Heimatmuseum

291 △

292 △

293 ▽

294 △

294 *Flett mit Rauchfang im Quatmannshof, rechts Eßecke mit »Mansedel«, rote Sandsteinplatten als Bodenbelag, reichgeschnitzte Anrichte.*
Cloppenburg, Museumsdorf, Freilichtmuseum bäuerlicher Kulturdenkmale

295 *Wohnstube im Quatmannshof, spätere Einrichtung im 19. Jh. mit Polstermöbeln, Glasschrank.*
Cloppenburg, Museumsdorf, Freilichtmuseum bäuerlicher Kulturdenkmale

296 *Detail aus Abb. 294. Feuerloch und Rauchabzug zum Hinterlader in der Döns. Abzug des Rauches im großen Kamin.*

zu Seite 173
297 *Klavier in der Stube des Quatmannshofes (vgl. Abb. 295).*

298 *Hamburger Schapp, um 1700, Eiche, Nußbaum Fournier, Schnitzerei in Ebenholz-Imitation die vier Jahreszeiten.*
Meldorf, Dithmarscher Landesmuseum

299 *Stube, »Döns«, aus den Vierlanden aus Kirchwerder bei Hamburg. Kachelofen wie häufig in der Hamburger Gegend. Wandbetten und Türen mit reichen Intarsien. An der Türe »Anno 1803, Nicolaß Kraßmann Catharina Kraßmann«. Stühle aus verschiedenen Zeiten. An der Decke Körbe, mit denen Gemüse und Obst auf den Markt gebracht wurde.*
Celle, Bomann Museum

295 ▽

300 *Wandmalerei in der großen Bettkammer des Heydenreichschen Hofes über dem Sommerhaus, Detail der Ausmalung 1757 blau und grau.*
Rammsee bei Kiel, Schleswig-Holsteinisches Freilichtmuseum   ▷

301 *Stube aus Jork, Altes Land bei Hamburg. Gedrechselter Handtuchhalter. Pfostenstuhl dat. 1841.*
Hamburg, Altonaer Museum

302 *Aus der gleichen Stube wie Abb. 301. Vertäfelung und Türen weiß gestrichen, klassizistisches Dekor um 1800, eingebaute Uhr.*
Hamburg, Altonaer Museum

300 △   302 ▽

303 *Der Heydenreichsche Hof aus der Krempermarsch, älterer Teil 1697, Anbau des Sommerhauses 1711.*
Rammsee bei Kiel, Schleswig-Holsteinisches Freilichtmuseum ▷

304 *Kistenkammer im Heydenreichschen Hof. Die Kistenkammer im Sommerhaus mit der Brauttür, die nur zum Einzug der Braut und zum Auszug der Hausmutter geöffnet wurde. Malerei nach alten Resten erneuert, Grundfarbe hellgrün mit roten Wandbehängen, rotgrünen Ranken. Treppe zum Obergeschoß.*
Rammsee bei Kiel, Schleswig-Holsteinisches Freilichtmuseum

305 *Sommerstube aus der Krempermarsch, Fenster zur Diele mit geschnitztem Rahmen. Vertäfelung bemalt in der damaligen Stadtmode.*
Hamburg, Altonaer Museum

306 *Paneel aus der Krempermarsch. Grüner Grund, weiße und rote Ornamente, Landschaften mit Schäfer und Herde, mit Haus und Brunnen.*
Glücksburg, Detlefsen Museum ▷

307 *Detail einer Türe aus dem Barghus am Arentsee, Wilstermarsch. Teilung in kleine Felder wie in der Renaissance, an den Ecken Blumen in zierlichem Rokoko. Material nordische Kiefer.*
Rammsee bei Kiel, Schleswig-Holsteinisches Freilichtmuseum ▷

308 *Pelikan über der Wiege, mit echten Hühnerbeinen bedeutet es besonderen Schutz für das Kind. In der Krempermarsch verbreitet. Auf den Schwanzfedern 1753. Aus Borsfleth.*
Schleswig, Schleswig-Holsteinisches Landesmuseum, Schloß Gottorf

309 *Vertäfelung aus Borsfleth, Krempermarsch, 1750 teilweise erneuert. Schnitzerei mit Sternintarsien. Über der Türe Tassenschrank, Pilaster mit geschnitzten Akanthusranken, Kapitelle mit intarsierten Rosen.*
Schleswig, Schleswig-Holsteinisches Landesmuseum, Schloß Gottorf

zu Seite 179
310 *Paneel, Türen zu Wandbetten mit reichen Intarsien, eingelegt neben Besitzernamen die Jz. 1812, aus den Vierlanden.*
Hamburg, Altonaer Museum

308 △

309 ▽

310

◁ 311 *Wendische Weberstube mit Bettbutze und Webstuhl.
Celle, Bomann Museum*

312 *Detail einer Türe aus einem Raum aus Bendfeld,
Probstei. Material Eiche, dat. 1749 (1751). Profilierte Füllungen mit eingelegtem Stern. Gegenständige Vögel und
Schwäne.
Schleswig, Schleswig-Holsteinisches Landesmuseum, Schloß
Gottorf*

313 *Hochzeitsstuhl mit paarigen Tieren, Ende 18. Jh. Geschnitzt und bemalt in den Farben rot, grün, blau. Große
Handarbeitskunst in Kissen.
Schleswig, Schleswig-Holsteinisches Landesmuseum, Schloß
Gottorf*

312 △   313 △   315 ▽

314 *Pelikan aus dem Barghus am Arentsee, Wilstermarsch.
Zum Schutz des Kindes über der Wiege.
Rammsee bei Kiel, Schleswig-Holsteinisches Freilichtmuseum*

315 *Döns im Barghus am Arentsee, Wilstermarsch, zu
betreten über zwei Stufen, darunter Keller. Geschnitztes,
unbemaltes Eichenholz-Paneel aus Rumfleth bei Wilster.
Fenster zur Vördeel, die nicht nur Festraum, auch Arbeitsraum war.
Rammsee bei Kiel, Schleswig-Holsteinisches Freilichtmuseum* ▷

316 *Kachelbild aus der Stube von Großwisch, Wilster-marsch. Schiffsbild »de Speelman«, holländische Fliesen um 1800, übrige Fliesen um 1914.*
Hamburg, Altonaer Museum

317, 318 *Stubendecke aus Großwisch, Wilstermarsch, ver-mutlich von einem durchziehenden Maler, der auf Stör arbeitete. Inschrift »Das muß mit Noah in den Kasten gehn«, darunter die Sintflut »Verkehrt die Welt und Drücket Jeden Stand«. Nach Vorlagen des Matthäus Merian aus der Straßburger Bibel von 1630.*
Hamburg, Altonaer Museum

317 △

318 ▽

319 *Aus der Stube Abb. 315. Gußeiserner Ofen mit Sa-
mariterin am Brunnen, Kain und Abel, Jahreszahl 1624.
Geschnitztes Reck auf dem Bilegger, Bettpfanne, unter
einarmigem Spinnstuhl Stövchen aus Messing zum Wärmen
der Füße.*
*Rammsee bei Kiel, Schleswig-Holsteinisches Freilichtmu-
seum*

320 *Hof aus den Süderdithmarschen, Wohnteil nach Westen,*
nach Osten die Deel. Parallel zum Haus die große Scheune.
Aus mehreren Teilen von Häusern der Umgebung wieder-
aufgebaut.
Rammsee bei Kiel, Schleswig-Holsteinisches Freilichtmu-
seum

321, 322 *Pesel des Markus Swyn aus Lehe bei Lunden,*
Norderdithmarschen. Haus eines vom König eingesetzten
Landvogtes, 1568 mit dem Gepräge eines städtischen Patri-
zierhauses, bis auf wenige Teile Ergänzungen, Kopien,
Attrappen. Schlafraum des Bauernehepaares.
Meldorf, Dithmarscher Landesmuseum

320 △

321 ▽

322 △

324 ▽   325 ▽

323 »Tresor«, Regal zur Aufbewahrung und zum Zeigen von wertvollem Geschirr, Schnitzerei mit Tulpen und Rosetten, 2. H. 18. Jh.
Hamburg, Altonaer Museum

324 »Hörnschapp«, Eckschrank mit Flachschnitzerei, Dithmarschen. Eiche, Stühlchenuhr, Stövchen, 2. H. 17. Jh.
Meldorf, Dithmarscher Landesmuseum

325 »Hörnschapp« mit biblischen Szenen, Anbetung des Kindes, Verkündigung, Glaube, von Jürgen Heimamm d. J.
Frühbarocker Knorpelstil.
Meldorf, Dithmarscher Landesmuseum

185

326 *Fenster zur Diele.*
Rammsee bei Kiel, Schleswig-Holsteinisches Freilichtmuseum

327 △

328 ▽

327 *Bunscher Bauernstube, Dithmarschen. Wand mit drei »inmokten« (Wandbetten), um 1700. Gutsituierter Geestbauer. Einfache Verzierungen, farbig gefaßt, Werk eines Dorftischlers.*
Meldorf, Dithmarscher Landesmuseum

328 *Abnamehaus (Austragshaus) aus Bordesholm, hellgrün gestrichene Vertäfelung, Wandbetten mit Schiebetüren, eingebautes Buffet.*
Rammsee bei Kiel, Schleswig-Holsteinisches Freilichtmuseum

186

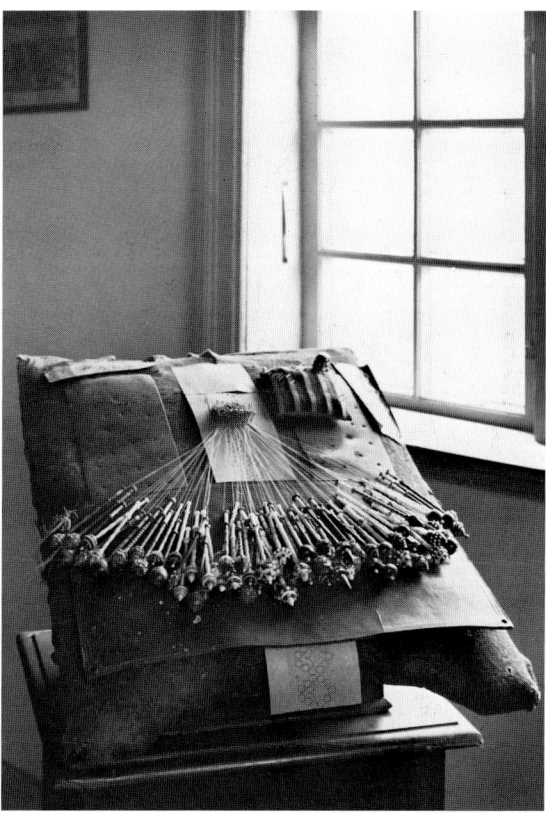

330 *Klöppelkissen aus dem Abnamehaus aus Bordesholm. Rammsee bei Kiel, Schleswig-Holsteinisches Freilichtmuseum*

329 *Beiderwandvorhang mit Einzug Christi in Jerusalem aus Kellinghusen, Holsteinische Geest, um 1700. Kopie. Stövchen aus Ton, Wärmflasche.*
Schleswig, Schleswig-Holsteinisches Landesmuseum, Schloß Gottorf

331 △   332 ▽   333 ▽

334 *Detail der Decke aus Abb. 333: Josef und Potiphars Weib.*

335 *Detail vom Ofen mit Trockenreck von 1784, ein Erbstück, vor Anfertigung der Vertäfelung (vgl. Abb. 332).*

334 △   335 ▽

zu Seite 188

331 *Stube aus Kellinghusen, Holsteinische Geest, vertäfelt und gefliest, Tisch mit schweren Kugelfüßen, vermutlich aus Holland.*
Schleswig, Schleswig-Holsteinisches Landesmuseum, Schloß Gottorf

332 *Döns aus Dingen, Süderdithmarschen, von 1800, geschnitzt und farbig gefaßt. Nach der Überlieferung in der Familie des ehem. Besitzers wurde die Stube von dem Tischler Johann Junge in Edelak gefertigt. In der Vertäfelung unter einem Blumenkorb »ANNO 1800«.*
Meldorf, Dithmarscher Landesmuseum

333 *Döns aus Dingen, Süderdithmarschen, bemalt und vergoldet, Empire. Bilegger mit Darstellung der Demut, Ofenstülp aus Messing, Decke aus einem anderen Hause aber aus der Gegend.*
Schleswig, Schleswig-Holsteinisches Landesmuseum, Schloß Gottorf

zu Seite 191

336 *Kachelofen mit figurenreichen Fliesen aus der Gegend um Hamburg.*
Hamburg, Altonaer Museum

337-339 *Altes Pfarrhaus von Grube, Ostholstein, der Bau von 1569, ältestes datiertes Bauernhaus in Schleswig-Holstein. Pastorat im Bauernhaus.*
337 *Mittellängsdeel, Stuben und Feuerstätte des Hauses rekonstruiert. Der Backofen ragt in die dahinterliegende Stube hinein.*
338 *Studierstube des Pfarrers, ebenfalls rekonstruiert, als möglich anzunehmen.*
339 *Malereien in der Stube des Pfarrhauses aus einem Wohnhaus bei Preetz. Der Backofen teilweise sichtbar.*
Rammsee bei Kiel, Schleswig-Holsteinisches Freilichtmuseum

337 △   338 ▽   339 ▽

341 △   342 ▽

340 *Hof Kortüm aus Schiphorsterfeld, 1801/02, zwischen Neumünster und Bornhövel. Wohnstuben und Schlafzimmer mit bürgerlich-städtischer Ausstattung, die Alkoven sind aufgegeben. Schreibsekretär aus dem 19. Jh.*
Rammsee bei Kiel, Schleswig-Holsteinisches Freilichtmuseum

341 *Kate aus Elsdorf-Westermühlen, Kreis Rendsburg, Lauenburg. Der gemauerte Ofen ist aus der Mitte des Fletts an die Wand gerückt. Der Rauch entweicht durch die Schlitze, kein Rauchabzug.*
Rammsee bei Kiel, Schleswig-Holsteinisches Freilichtmuseum

342 *Bettkammer mit kunstvoll gehäkelter Bettdecke im Hof Kortüm aus Schiphorsterfeld.*
Rammsee bei Kiel, Schleswig-Holsteinisches Freilichtmuseum
▷

343 *Hof Kortüm aus Schiphorsterfeld, Schlafzimmer mit Waschkasten und Bilegger.*
Rammsee bei Kiel, Schleswig-Holsteinisches Freilichtmuseum

344 *Wohnstube mit Polstermöbel des 19. Jhs., Schreibsekretär mit Glasschrankaufsatz im Hof Kortüm.*
Rammsee bei Kiel, Schleswig-Holsteinisches Freilichtmuseum

343 ▽

345 *Hof Blockwoldt aus Teschendorf, Fehmarn. Paneel aus Blieschendorf auf Fehmarn. In großfigurigen Malereien in blauen Tönen die vier Jahreszeiten nach Nicolas Lancret 1743, dem Maler aus Frankreich. Die amourösen Szenen waren durch Kupferstichhändler im Lande verbreitet. Hier »der Winter« mit Schlittschuhläufern.*
Rammsee bei Kiel, Schleswig-Holsteinisches Freilichtmuseum

346 *Die Bettbutzen aus dem Hof Blockwoldt, ebenfalls ausgemalt mit Liebesszenen, auf der Schaukel, Gärtner und Gärtnerin, Amor mit dem Pfeil, Amor und Psyche. Bemerkenswert kurze Betten. Man schlief beinahe sitzend.*
Rammsee bei Kiel, Schleswig-Holsteinisches Freilichtmuseum

347 △

349 ▽

347 *Aus der Jahreszeitenfolge in der Kammer des Hofes Blockwoldt »der Frühling«, die Erde wird umgegraben, Blumen werden gesammelt.*
Rammsee bei Kiel, Schleswig-Holsteinisches Freilichtmuseum

348 *Hof Carsten Blockwoldt, Fehmarn. Dielenraum zweigeteilt in die Deel und in die dahinterliegende Döns. Auf dem Grotdörbalken Jz. 1746. Deel mit Eßplatz.*
Rammsee bei Kiel, Schleswig-Holsteinisches Freilichtmuseum

349 *Haus Untiedt aus Barsbeck von 1797, Probstei. Schlichtes Paneelwerk mit auslaufenden Voluten und Ranken, Ende 18. Jh.*
Rammsee bei Kiel, Schleswig-Holsteinisches Freilichtmuseum

350 *Das Ostenfelder Bauernhaus bei Husum, Ursprungsort, heute Museum. 1673 Anbau des Pesels mit den großen Fenstern, Anbau der Döns 1789 querstehend zum ursprünglichen Einraum.*
Husum, Freilichtmuseum »Ostenfelder Bauernhaus«

351 *Grotdäl des Ostenfelder Hauses. Herdstelle mit der »Blink«, dem blinkenden Geschirr, festgestampfter Lehmbelag. Erste Verlängerung 1673 hinter der Blink des dreischiffigen alten Hauskerns mit dem Pesel. Siddels links mit der Bettbutze. Ganz rechts Eingang zur 1789 angebauten Döns.*
Husum, Freilichtmuseum »Ostenfelder Bauernhaus«

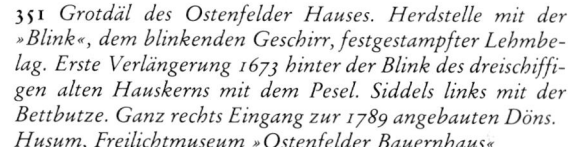

352 Schrank, Schenkschive, dreigeschossig mit reichen Schnitzereien mit Blumen und Blattwerk, 17. Jh.
Flensburg, Städtisches Museum

353 Sog. Rotter Abendmahlsschrank im Pesel des Ostenfelder Hauses von dem Husumer Bildschnitzer »Berend von Husum« (Berend Cornelius von Gronningen) aus dem Jahre 1642. Der Name von der Mitteltür des Schrankes mit dem Abendmahl. Außerdem Geburt Christi, Darstellung im Tempel. Allegorische Darstellungen.
Husum, Freilichtmuseum »Ostenfelder Bauernhaus«

354 Döns im Ostenfelder Bauernhaus, zierliche Flachschnitzereien im Anbau des Peter Heldt und der Margarete Peters 1789 laut Inschrift über der Türe. Beiderwandgardinen, roter Backsteinboden, ursprünglich täglich mit weißem Sand bestreut. »Unruh« über der Wiege.
Husum, Freilichtmuseum »Ostenfelder Bauernhaus«

352 △   353 △   354 ▽

355 *Pesel aus Nieblum auf Föhr, 1637. Gliederung und Verzierung der Vertäfelung, Schuppen und Flechtmuster, Schränkchen auf der Bank, daneben Platz des Hausherrn, in der Nähe seiner Wertsachen.*
Flensburg, Städtisches Museum

356 *Friesischer Stuhl aus dem Pesel von Gjenner, bez. 1731, Brautstuhl.*
Flensburg, Städtisches Museum

357 △

355 △

356 ▽

358 ▽

359 *Pesel aus Keitum auf Sylt, Nordfriesland. Türe mit Ranken und Blumen, um 1750.*
Hamburg, Altonaer Museum

360 *Klapptisch aus Nordfriesland, 2. H. 18. Jh.*
Nürnberg, Germanisches Nationalmuseum

zu Seite 198

357 *Haus Lorens Petersen de Hahn, dat. 1699, bis 1967 in Westerland, Süderende. Lorens Petersen de Hahn (1668–1747), Kommandeur eines Walfangschiffes im Eismeer, uthlandfriesisches Haus.*
Rammsee bei Kiel, Schleswig-Holsteinisches Freilichtmuseum

358 *Klapptisch aus Friesland, 18. Jh. Föhrenholz von Hallig Hooge, auf zwei Seiten abklappbar, Darstellung eines Walfanges.*
Flensburg, Städtisches Museum

361 *Hans Lorens Petersen de Hahn (vgl. auch Abb. 357). Pesel mit Butzen. Umlaufendes Bord für Schaugeschirr. Blick in die »Osterstube«.*
Rammsee bei Kiel, Schleswig-Holsteinisches Freilichtmuseum

zu Seite 201:
362 *Döns im Hause Petersen de Hahn. Gußeiserner Ofen mit Doppelporträt und Jz. 1711. Über dem Bilegger Fliesenbild: Darstellung eines Walfanges mit dem von Petersen geführten hamburgischen Schiff »De Stadts Welvaert«, gemalt von Hubertus Jessel, seinem Nachbarn. Dänische Bodenstanduhr, Ende 18. Jh., silberner Zifferring, Bronceappliken, Mondphase im Bogen, Achttagewerk.*
Rammsee bei Kiel, Schleswig-Holsteinisches Freilichtmuseum

363 *Haus Petersen de Hahn, Osterstube, 1699, unheizbare Stube, Wandbett, an den Innenseiten mit Arabesken wie an der Decke ausgemalt.*
Rammsee bei Kiel, Schleswig-Holsteinisches Freilichtmuseum

364 *»Kinnerkesboom« im Hause Petersen de Hahn, 46 cm hoch, Ährenkranz mit Pferd und Kuh, Bauernpaar, Adam und Eva, Windmühle aus Teigwaren, Pflaumen als Fruchtbarkeitssymbol, Buchsbaum, zu Weihnachten zwischen die Fenster gestellt.*
Rammsee bei Kiel, Schleswig-Holsteinisches Freilichtmuseum

365 *Pesel im Hause Petersen de Hahn, Wandbetten für Kinder übereinandergestaffelt, mit Bibelsprüchen und Psalmen an den Innenseiten der Türen.*
Rammsee bei Kiel, Schleswig-Holsteinisches Freilichtmuseum

367 △

368 ▽

366 *Friesische Stühlchenuhr, um 1769, Messingwerk, Messingzifferblatt auf mit Viktorien bemaltem Schild, Zinnguß-appliken.*
Flensburg, Städtisches Museum

367, 368 *Pesel aus Morsum auf Sylt, 18. Jh. Völlig vertäfelt, blaugrünes Holzwerk. Wandschränke kleinfeldrige Türen mit Landschaften, ebenso an der Kattschur, Rankenwerk an der Decke.*
Flensburg, Städtisches Museum

369 *Nachbildung des Walfangschiffes »De Stadts Welvaert«
an der Decke des Pesels von Petersen de Hahn.
Rammsee bei Kiel, Schleswig-Holsteinisches Freilichtmuseum*

370 *Sitzkissen für Wagen oder Bank, bez. »ANNO 1766«.
Raumbestimmend in der leuchtenden Farbigkeit.
Schleswig, Schleswig-Holsteinisches Landesmuseum*

369 △   370 ▽

372 *Pesel aus Borgsum auf Föhr, 1699. Grünes Holzwerk, gelb, orange marmorierte Felder, ebenso in der Kattschur. Inschriften im Fries, Halbgitarre »Hommel« heute nicht mehr in Gebrauch, begleitete früher Psalmen und Tanz. Stuhl von 1760, Brautstuhl. Flensburg, Städtisches Museum* ▷

371 *Wandbett aus dem Pesel Abb. 372. Weiß-rote Beiderwand, Isaak im Gewand des Rokoko. Einsteigtruhe mit Namen Minche Boyen und Jz. 1747. Flensburg, Städtisches Museum*

373 *Fensterbierscheiben, gestiftet zum Hausbau von Nach-barn mit den Stifternamen, anläßlich der Fertigstellung des Hauses und dem feierlichen Fensterbier, rechts Jahreszahl 1697.*
Flensburg, Städtisches Museum

374 *Brauttür aus der Brautkammer der Mühle in Schaff-lund, Kreis Flensburg, Ende 18.Jh. »Der Glaube« auf rotem Grund, kein Schloß, keine Klinke. Wurde nur für den Einzug der Braut und für den Auszug der Hausmutter geöffnet.*
Flensburg, Städtisches Museum

375 *Empireofen aus der Brautkammer der Schafflunder Mühle, Gußeisen.*
Flensburg, Städtisches Museum

373 △   374 ▽   375 ▽

376 *Detail der Türe im Pesel auf Borgsum (vgl. Abb. 371, 372). Inschrift:* DES MENSCHEN LEBEN IST GELEICH WIE EIN BLUMANFELD.
Flensburg, Städtisches Museum

377 △
378 ▽

380 △

381 ▽

377 *Friesisches Überhandtuch mit Filetstickerei, zwei Engel halten Krone über Brautpaar, paarige Tiere, vermutlich Brautgabe, 18. Jh.*
Flensburg, Städtisches Museum

378–380 *Pesel aus dem Dorf Gjenner, nördlich Apenrade, Nordschleswig, Dänemark. Sog. Herbergshof. Haupt- und Festraum eines wohlhabenden Bauern. Der Rehmbalken der Fachwerkwand durch Ständer geschützt, gestützt auf starke,* mit Schnitzerei verzierte Knaggen. Ziegelfußboden. Kamin *aus Backsteinen mit verziertem Fries, vielleicht herrschaftlichen Ursprungs. Detail der Vertäfelung mit Halbrosetten und flachen Voluten.*
Flensburg, Städtisches Museum

381 *Pesel aus Wraby auf der Insel Röm, heute Dänemark, um 1700. Die letzte Bemalung mit Rokokoornamenten von einem Meister NP 1783. Holländischer Tisch und Stühle, neuere Museumsaufstellung.*
Flensburg, Städtisches Museum

382 *Pesel aus dem Dorf Gjenner (vgl. auch Abb. 378–380). Türe mit mächtigem, ornamentiertem Pfosten von tragender Funktion, eingeschobenes Hängebrett, auf der Türe Jeppes und Marin, die Eheleute, auf anderer Türe die Jz. 1673. Flensburg, Städtisches Museum*

Dank

Es wurde mir von so vielen Seiten Hilfe zuteil, daß es leider nicht möglich ist, allen Damen und Herren der Museen, die mir liebenswürdigerweise die neuesten Forschungen und wissenschaftlichen Erkenntnisse in schriftlichen und mündlichen Auskünften zur Verfügung stellten, im Einzelnen zu danken.

Jedes der angeführten Museen gab bereitwillig Auskunft und Hilfe bei den Aufnahmen. Bedanken darf ich mich vor allem bei den Herren der Freilichtmuseen, Herrn Prof. Dr. Kamphausen, Schleswig-Holsteinisches Freilichtmuseum Rammsee bei Kiel, Herrn Prof. Dr. Pöttler, Österreichisches Freilichtmuseum Stübing bei Graz, Herrn Dr. Gschwend, Schweizerisches Freilichtmuseum Ballenberg, die mit uns zur Vorbereitung der Arbeit ihre weiten Gelände abschritten mit sehr förderlichen Gesprächen und Hinweisen.

Mein besonderer Dank gilt Frau Helga Schmidt-Glassner, die keine Strapazen scheute, um die teilweise sehr schwierigen Aufnahmen in so vollendeter Form zustande zu bringen.

M. B.-H.

Literaturhinweise

ALLGEMEIN

Baer, C. H. Deutsche Wohn- und Festräume aus 6 Jahrhunderten, Stuttgart, o. J. Bauformen-Bibliothek Bd. 6

Das Bauernhaus im Deutschen Reich und in seinen Grenzgebieten, Dresden 1906, Nachdruck Hannover, Curt R. Vincentz Verlag

Baur, Veronika Kerzenleuchter aus Metall, Geschichte, Formen, Techniken, München 1977

Baur-Heinhold, Margarete Deutsche Bauernstuben, Blaue Bücher, Königstein im Taunus 1961

Beitl, Richard Wörterbuch der Deutschen Volkskunde, Stuttgart 1974

Benker, Gertrud Altes bäuerliches Holzgerät, München 1976

Benker, Gertrud Alte Bestecke, Ein Beitrag zur Geschichte der Tischkultur, München 1978

Cuisenier, Jean Die Volkskunst in Frankreich, Ausstrahlung, Vorlagen, Quellen, München 1976

Deneke, Bernward Führungsblätter des Germanischen Nationalmuseums Nürnberg, Volkskundliche Sammlungen, Die Bauernstuben, o. J.

Deneke, Bernward Bauernmöbel, Ein Handbuch für Sammler und Liebhaber, München 1969

Döllgast, Hans Alte und neue Bauernstuben, München 1951

Gebhard, Torsten Alte Bauernhäuser, Von den Halligen bis zu den Alpen, München 1977

Gruber, Otto Deutsche Bauern- und Ackerbürgerhäuser, Karlsruhe 1926

Hähnel, Joachim Hauskundliche Bibliographie, Band 1, 1961–1970, Münster 1972

Karlinger, Hans Deutsche Volkskunst, Berlin 1938

Kaufmann, Gerhard Bemalte Wandfliesen, Bunte Welt auf kleinen Platten, München 1973

Kippenberger, Albrecht Die Kunst der Ofenplatten, dargestellt an der Sammlung des Vereins Deutscher Eisenhüttenleute in Düsseldorf, Düsseldorf 1973

Klöckner, Karl Alte Fachwerkbauten, Geschichte einer Skelettbauweise, München 1978

Lauffer, Otto Die Bauernstuben des Germanischen Museums, Mitteilungen des Germ. Museums 1903

Meier-Oberist, Edmund Kulturgeschichte des Wohnens im abendländischen Raum, Hamburg 1956

Meyer-Heisig, Erich Die deutsche Bauernstube. Art und Entwicklung der Stube im deutschen Bauernhaus, Nürnberg 1952

Meyer-Heisig, Erich Deutsche Volkskunst, München 1954

Montaigne, Michel de (1533–1592), Reisetagebuch, Kempten

Pöttler, Viktor Herbert Alte Volksarchitektur, Graz 1975

Ritz, Gislind M. Alte bemalte Bauernmöbel, 9. Auflage, München 1975

Ritz, Gislind M. Alte bemalte Bauernmöbel – Europa, 3. Auflage, München 1979

Ritz, Gislind M. Alte geschnitzte Bauernmöbel, 2. Auflage, München 1978

Ritz, Gislind M. Hinterglasmalerei, Erscheinung, Geschichte, Technik, 2. Auflage, München 1975

Schlee, Ernst Die Volkskunst in Deutschland, Vorlagen, Ausstrahlung, Quellen, München 1978

Schöpp, Alexander Alte Deutsche Bauernstuben und Hausrat, Elberfeld 1921, 1934

Sommer, Kurt A. Bauernhof-Bibliographie, Leipzig 1944

Thiede, Klaus Deutsche Bauernhäuser. Blaue Bücher, Königstein 1936

Vierkötter, Otto Alte deutsche Bauernhäuser, Hattingen 1975

Völkers, Otto Deutsche Hausfibel, Bamberg 1949

Völkers, Otto Wohnraum und Hausrat, Bamberg 1949

Waas, Adolf Die Bauern im Kampf um Gerechtigkeit, 2. Auflage, München 1976

Witzleben, Elisabeth von Glasscheiben, Volkstümliches Leben auf Kabinett und Bierscheiben, München 1977

Volkskunst Zeitschrift für Volkstümliche Sachkultur, München, Callwey-Verlag

DIE OBERDEUTSCHE STUBE

Freundeskreisblätter, hg. Freundeskreis, Freilichtmuseum Südbayern e. V., Großweil bei Murnau

Das Bauernhaus in Österreich/Ungarn 1905, hg. vom Österreichischen Ingenieur- und Architekten-Verein, Reprint Carl R. Vincentz Verlag, Hannover

Bedal, Konrad Schusterröderhof, Niederbayerisches Bauernhofmuseum, Massing an der Rott 1974

Bedal, Konrad Bäuerliche und bürgerliche Wohnkultur Nordostbayerns in Inventaren des 16. und 17. Jahrhunderts, Sonderdruck aus »Kulturelle Stadt-Land-Beziehungen in der Neuzeit«, hg. v. Günter Wiegelmann, F. Coppenrath, o. J.

Bedal, Konrad Haus und Stadt, Bäuerliches Bauen in der Oberpfalz, Regensburg 1975

Beitl, Klaus Landmöbel, Zeugnisse alter Handwerkskunst, Salzburg 1976

Campbell, Bettina Die Engadinerstube von ihren Anfängen bis zum Ende des 19. Jh., Schweizer Heimatbücher, Bern 1968

Colleselli, Franz Begleiter durch das Tiroler Volkskunstmuseum, Innsbruck 1973

Colleselli, Franz Tiroler Wand- und Hängekästchen, in: Volkskunst 1, 1978

Colleselli, Franz Tiroler Bauernmöbel, Innsbruck 1967

Colleselli, Franz Bauernstuben, Bauernmöbel in den Alpen, Innsbruck 1968

Csillery, Klara Die Bank mit umgelegter Lehne, in: Volkskunst Heft 1

Dimt, Gunter Eine Haus- und Wohnform des 17. Jh. im Bereich des oberösterreichischen Ennstales, in: Festgabe für Franz Carl Lipp zum 65. Geburtstag, Volkskultur, Mensch und Sachwelt, Wien 1978

Freeden, Max von Aus den Schätzen des Mainfränkischen Museums, Würzburg 1972

Fuger, Walter Volkstümliche Möbel aus Altbayern, München 1975

Gebhard, Torsten Wegweiser zur Bauernhausforschung in Bayern, München 1957, Verlag Bayerische Heimatforschung

Gebhard, Torsten – Helmuth Sperber Alte bäuerliche Geräte aus Süddeutschland, München 1978

Gebhard, Torsten Der Bauernhof in Bayern, München 1975

Geramb, Victor von Kurzer Führer durch das Steirische Volkskundemuseum, Graz o. J.

Geramb, Victor von Die Rauchstuben im Lande Salzburg, Salzburg 1950

Götzker, H. – H. Prechter Das Bauernhaus in Bayerisch-Schwaben, Das Bauernhaus in Bayern, Band I, München 1960

Greiffenberg, Rudolf Entstehung und älteste Gestaltung der Stube in Südtirol, Tiroler Heimatblätter 1953, H. 7/12, Innsbruck

Gschwend, Max Die Bauernhäuser des Kantons Tessin, Basel 1976

Gschwend, Max Schweizer Bauernhäuser, Material, Konstruktion und Einteilung, Bern 1971

Gschwend, Max Schwyzer Bauernhäuser, Bern 1957

Gschwend, Max Ballenberg Führer durch das Schweizerische Freilichtmuseum für Ländliche Bau- und Wohnkultur, Brienz 1978

Güthlein, H., Ritz, J. M., Wittgenstein, Franz Prinz Das Feuchtwanger Heimatmuseum, Die Bayerischen Heimatmuseen Bd. 1, München 1962

Haberlandt, Arthur Taschen-Wörterbuch der Volkskunde Österreichs, Wien 1953

Hager, Franziska – Hans Heyn Das alte Dorf, Vom Leben in der guten alten Zeit, Rosenheim 1977

Haus und Hof in Österreichs Landschaft, Notring Jahrbuch, Wien 1973

Hillenbrand, Karl Schwäbische Ofenwandplättchen, in: Der Museumsfreund, Heft 12/13, Aus Heimatmuseen und Sammlungen in Baden-Württemberg, Stuttgart 1971

Himmelheber, Georg (Redaktion) Bayerisches Nationalmuseum, Führer durch die Schausammlungen, München 1977

Illerbeuren Bauernhofmuseum in Illerbeuren, Memmingen 1972

Karlinger, Hans Bayern, Deutsche Volkskunst Bd. IV, Weimar 1925

Kastner, Heinrich Die Obstädter Kistler, in: Bayerisches Jahrbuch für Volkskunde 1957

Kempf, Julius Die Bayerische Heimat, Bildtafeln für Heimatkunde und Heimatkunst, München 1924 f.

Klaar, Adalbert Die Hauslandschaften Niederösterreichs, in: Festschrift für Franz C. Lipp, Volkskultur, Mensch und Sachwelt, Wien 1978

Könz, J. U. Das Engadiner Haus, Bern 1952

Kriechbaum, Eduard Das Bauernhaus in Oberösterreich, Stuttgart 1933

Lipp, Franz C. Festschrift zum 65. Geburtstag, Volkskultur, Mensch und Sachwelt, Wien 1978

Lipp, Franz Das Mondseer Rauchhaus, in: Notring Jahrbuch 1973, Haus und Hof in Österreichs Landschaft

Lipp, Franz Oberösterreichische Stuben, Bäuerliche und bürgerliche Innenräume, Möbel und Hausrat, Linz 1966

Lipp, Franz Volkskultur, in: Führer durch die Sammlungen Schloß Museum Linz, Linz o. J.

Lipp, Franz C. Oberösterreichische Bauernmöbel, Katalog des Oberösterreichischen Landesmuseums, Nr. 48, Linz 1965

Ludwig, Herrmann Der Schniederlihof, Heimatmuseum in Hofsgrund-Schauinsland, Freiburg i. Br. o. J.

Moser, Oskar Kärntner Bauernmöbel, Klagenfurt 1949

Moser, Oskar Das Kärntner Freilichtmuseum in Maria Saal, Klagenfurt 1970

Moser, Oskar Das Bauernhaus und seine landschaftliche und historische Entwicklung in Kärnten, Klagenfurt 1974

Nolfi, Padrot Das bündnerische Münstertal, Schweizer Heimatbücher, Bern 1969

Pöttler, Viktor Herbert Führer durch das Österreichische Freilichtmuseum, Stübing bei Graz, Stübing 1978

Pöttler, Viktor Der »Großschrotter« ein weststeirisches Bauernhaus im Österreichischen Freilichtmuseum Stübing bei Graz, in: Hansen Festschrift, Münster 1978

Ritz, Josef Maria Das Luitpoldmuseum der Stadt Kulmbach, Kulmbach 1951

Roller, Hans-Ulrich Volkskultur in Württemberg, Ein Querschnitt durch die Volkskundliche Sammlung des Württembergischen Landesmuseums, Stuttgart 1974

Rumpf, Karl Hessen, Deutsche Volkskunst, Neue Folge, Marburg/Lahn 1951

Schilli, Hermann Das Schwarzwaldhaus, Stuttgart 1953

Schilli, Hermann Der Vogtsbauernhof, Das Schwarzwälder Freilichtmuseum, Lahr, Schwarzwald, 1975

Schmidt, Leopold Bauernmöbel aus Süddeutschland, Österreich und der Schweiz, Wien 1967

Schmidt, Leopold Volkskunst in Österreich, Wien 1966

Schmidt, Leopold Alte bemalte Möbel aus dem Egerland, in: Volkskunst, H. 1./1978, S. 55 ff.

Schmitt, Fritz Heimatmuseum der Stadt Kaufbeuren im Allgäu, Kaufbeuren 1965

Schuberth, Ottmar Die Bauernhöfe auf der Glentleiten, München 1979

Schuberth, Ottmar Führer durch das Freilichtmuseum des Bezirks Oberbayern an der Glentleiten, Großweil bei Murnau 1978

Seyfert, Ingeborg Der Einfluß von Bauvorschriften und Forstordnungen auf die ländliche Bauweise im Bayerischen Wald, Sonderdruck Bayerisches Jahrbuch für Volkskunde 1972/1975

Swoboda, Otto Alte Holzbaukunst in Österreich, Salzburg 1975

Werner, Paul Der Bergbauernhof, Bauten, Lebensbedingungen, Landschaft, München 1979

Wolf, Alois Aus alten Stuben und Kammern, München 1978

Zeller, Hermann – Walter Braun Das Bauernhofmuseum in Illerbeuren, Memmingen 1972

Bayerische Blätter für Volkskunde, Mitteilungen und Materialien, Würzburg und München

DIE NIEDERDEUTSCHE STUBE

Führer des Niedersächsischen Heimatmuseums der Hauptstadt Hannover, Altes Sachgut des Niedersächsischen Dorfes, Hannover 1957

Aus dem Flensburger Museum, Flensburg 1953

Ahrens, Claus Dat ole Heidehuus, Hamburg o. J.

Ahrens, Claus – Hans-Joska Pintschovius Freilichtmuseum am Kickeberg, Hamburg 1975

Bomann, Wilhelm Bäuerliches Hauswesen und Tagewerk im alten Niedersachsen, Weimar 1933

Borchers, Walter Volkskunst in Westfalen, Münster/Westf. 1970

Brandt, Gustav Bauernkunst in Schleswig-Holstein, 1939

Brandt, Gustav Führer durch die Sammlungen des Thaulow-Museums in Kiel, des Kunstgewerbe-Museums der Provinz Schleswig-Holstein, Kiel 1912

Fließ, Ulrich Westfälische Volkskunst, Katalog der Ausstellung, Schloß Cappenberg 1962

Grundmann, Günther Bunte schlesische Bauernstuben und Dorfkirchen, in: Westermanns Monatshefte Jg. 1935, S. 357

Hansen, Wilhelm Das Lippische Landesmuseum, Detmold 1972

Hansen, Wilhelm Festschrift für, Museum und Kulturgeschichte, Schriften der Volkskundlichen Kommission für Westfalen, Band 25, Münster 1978

Heinemeyer, Elfriede – Helmut Ottenjann Alte Bauernmöbel aus dem nordwestlichen Niedersachsen, Leer 1974

Kamphausen, Alfred Das Schleswig-Holsteinische Freilichtmuseum, Häuser und Hausgeschichten, Neumünster 1974

Kamphausen, Alfred Von der Farbigkeit nordfriesischer Paneele, in: Volkskunst H. 1/1978, S. 26 ff.

Kamphausen, Alfred Schleswig-Holsteinisches Freilichtmuseum, ein Bildband, Neumünster 1975

Kamphausen, Alfred Dithmarschen, Land und Leistung, Hamburg 1946

Kamphausen, Alfred Schleswig-Holstein, Land der Küste, Heroldsberg 1977

Kamphausen, Alfred Unter alten Reetdächern, Hamburg 1977

Kaufmann, Gerhard Das Rieck-Haus in Curslack, Vierländer Freilichtmuseum, Altonaer Museum in Hamburg 1969

Kaufmann, Gerhard Zur Möbeltischlerei in der Wilstermarsch, in: »Volkskunst«, Zeitschrift für volkstümliche Sachkultur, Heft 1/1978

Kettel, W. O. Paul Museumsdorf Volksdorf bei Hamburg, Hamburg 1974

Könenkamp, Wolf-Dieter Der Kulturraum (am Beispiel der Vierlande), Blätter des Museums für deutsche Volkskunde 913/22

Lehmann, Otto Das Bauernhaus in Schleswig-Holstein, Altona 1927

Lindner, Werner Das niedersächsische Bauernhaus in Deutschland und Holland, Hannover 1912

Lühning, Arnold Bäuerliches Mobiliar im Kreise Pinneberg, in: Jahrbuch für den Kreis Pinneberg 1967, S. 21 ff.

Lühning, Arnold Schleswig-Holsteinische Museen und Sammlungen, Flensburg 1976

Lütgens, J. J. H. Kurzgefaßte Charakteristik der Bauernwirtschaften in den Herzogthümern Schleswig und Holstein, Neudruck, Nachwort Prof. A. Kamphausen, Kiel 1977

Möser, Justus Patriotische Phantasien, herausgegeben von J. W. J. v. Voigt geb. Möser, Berlin und Stettin 1820. Fast alles in den hiesigen Intelligenzblättern 1767–1782

Ottenjann, Helmut Führer durch das Freilichtmuseum Cloppenburg, 10. Aufl., Oldenburg 1974

Ottenjann, Helmut Möbeltischlerei im nördlichen Niedersachsen, Städtische Einflüsse und ländliches Eigenverhalten, in: Festschrift für Wilhelm Hansen, Münster 1978

Ottenjann, Heinrich Die Wiedererrichtung des Quatmannshofes im Museumsdorf zu Cloppenburg, Oldenburger Jahrbuch des Vereins für Landesgeschichte und Altertumskunde, 40. Band, 1936

Peßler, Wilhelm Niedersächsische Bauernstuben, Beispiele ländlicher Handwerkskunst im Niedersächsischen Volkstumsmuseum in Hannover, in: Niedersachsen, Zeitschrift für Kunst und Kultur 42/1937

Peters, L. C. Das niedersächsische Bauernhaus an der Nordgrenze seines Verbreitungsgebietes, Schleswiger Nachrichten vom 11. 5. 1932

Riedel, Karl Veit Landesmuseum Oldenburg, Ein Wegweiser durch die Sammlung, Oldenburg 1974

Saeftel, Friedrich Das Altsachsenhaus an der Westküste Schleswig-Holsteins, in: Nordelbingen, Bd. 11, Flensburg 1935

Sandstede, Heinrich Führer durch das Ammerländer Bauernhaus, Heimatmuseum Bad Zwischenahn o. J.

Sartorie Paul Westfälische Volkskunde, Leipzig 1929

Sauermann, Dietmar Gesindewesen in Westfalen, Dienstzeit, Lohn, Herkunft, in: Festschrift für Wilhelm Hansen, Münster 1978

Schepers, Josef Der lippische Meierhof, Museum und Kulturgeschichte, Festschrift für Wilhelm Hansen, Münster 1978

Schepers, Josef Haus und Hof deutscher Bauern, Bd. 2, Westfalen-Lippe, Münster 1960

Schepers, J. Westfälisches Freilichtmuseum bäuerlicher Kulturdenkmale des Landschaftsverbandes Westfalen Lippe, Detmold 1971

Schlee, Ernst Die Herdstelle im niederdeutschen Hallenhaus, in: Zeitschrift für Volkskunde, 51. Jahrgang 1954, S. 77 ff.

Schlee, Ernst Schleswig-Holstein, Reihe Deutsche Volkskunst, Weimar 1939

Schlee, Ernst Schleswig-Holsteinische Volkskunst, Flensburg 1964

Schlee, Ernst Über das Wohnen, in: »Kunst in Schleswig Holstein«, 1958, Jahrbuch des Schleswig-Holsteinischen Landesmuseums

Schleswig-Holsteinisches Landesmuseum, Schleswig, Schloß Gottorf, Kurzer Führer, Flensburg 1972

Schloen, Hinrich Das nordhannoversche Bauernhaus (zugleich Führer durch das Heimathaus Irmintraut in Fischerhude), Fischerhude o. J.

Schröder, Albert Bemalter Hausrat in Nieder- und Ostdeutschland, Leipzig 1939

Schwindrazheim, Hildamarie Führer durch das Altonaer Museum in Hamburg, Schausammlungen, Bauernstuben, Hamburg-Altona o. J.

Sievers, Kai Detlev Schleswig-Holsteinische Bauernstuben, Heide in Holstein 1963

Stierling, Hubert Die Wilstermarschstuben im Heimatbuch des Kreises Steinberg II o. J.

Thiede, Klaus Bauernhäuser in Schleswig-Holstein (Kleine Schleswig-Holstein Führer), Heide in Holstein 1976

Wohlenberg, Erich Das Ostenfelder Bauernhaus in Husum Freilichtmuseum, Husum 1974

Wolf, Gustav Haus und Hof deutscher Bauern, Bd. 1, Schleswig-Holstein, Berlin 1940

Zippelius, Adelhart, u. a. Rheinisches Freilichtmuseum Kommern, Braunschweig 1979

Register

Gerade Ziffern verweisen auf Seitenzahlen, kursive auf Bildnummern.

Den Aufnahmen von Helga Schmidt-Glassner wurden noch folgende hinzugefügt:
Foto-Fürböck, Graz-St. Peter   63
Hauptamt für Hochbauwesen, Nürnberg   269, 270
Pöttler, V. H.; Stübing bei Graz   111

Die Karten auf dem Vor- und Nachsatz zeichnete Erik Pellikan, München.

Die Textabbildungen wurden folgenden Büchern entnommen:
Schmidt-Stieler, Wanderungen im Bayerischen Gebirge 1875   1
V. J. Pöttler, Österreichisches Freilichtmuseum, Stübing bei Graz   2, 4, 5, 8
Das Bauernhaus in Österreich-Ungarn 1905, herausgegeben vom Österreichischen Architekten- und Ingenieur-Verein   3, 6
Deininger, Das Bauernhaus in Tirol und Vorarlberg, Reprint Callwey 1979   7, 10, 9
Max Gschwend, Ballenberg Führer durch das Schweizerische Freilichtmuseum für Ländliche Bau- und Wohnkultur   11, 12,
    13, 15
E. G. Gladbach, Die Holzarchitektur der Schweiz, Zürich 1885   14
J. U. Könz, Das Engadiner Haus, Bern 1952   16
Otto Völkers, Wohnraum und Hausrat, Bamberg 1949   17
Julius Kempf, Bayerische Heimat, Bildtafeln für Heimatkunde und Heimat-Kunst München 1924f.   18, 19
O. Schubert, Die Bauernhöfe auf der Glentleiten, München 1979   20
Das Bauernhaus im Deutschen Reich und in seinen Grenzgebieten, Dresden 1906   21, 26, 32, 37, 45
»Kunst- und Gewerbeblatt« des polytechnischen Vereins für das Königreich Bayern, 1821, Beilage »Monatsblatt für
    Verbesserungen des Landbauwesens und Verschönerung des baierischen Landes«, München 1821   22, 23
Schilli, H., Das Schwarzwaldhaus, Stuttgart 1953   24
T. Gebhard, Wege zur Bauernhausforschung in Bayern, München 1957   25
W. Bomann, Bäuerliches Hauswesen und Tagewerk im alten Niedersachsen, Weimar 1933   27, 28, 30, 36, 41
J. J. Lütgens, Kurzgefaßte Charakteristik der Bauernwirtschaften in den Herzogthümern Schleswig und Holstein nebst
    Grund- und Aufrissen einzelner Gehöfte verschiedener Landestheile, Neudruck, Kiel 1977   33, 40, 48, 50
K. D. Sievers, Schleswig-Holsteinische Bauernstuben, Heide in Holstein 1963   38, 47
J. Wolf, Haus und Hof deutscher Bauern, Band 1, Schleswig-Holstein, Berlin 1940   34, 39, 42, 43, 44
H. Ottenjann, Führer durch das Freilichtmuseum Cloppenburg, Oldenburg 1974   31, 35
J. Möser, Patriotische Betrachtungen 1767–1782   29
A. Kamphausen, Das Schleswig-Holsteinische Freilichtmuseum, Häuser und Hausgeschichten, Neumünster 1974   46, 49

Bildnachweis